한
스
푼

한 스푼

차 한 잔 한숨 한 스푼,
술 한 잔 눈물 한 스푼

글·사진 고충녕

어문학사

머리말

   근자 약 6년여 기간 강원도 양양군 깊은 청정의 오지 산골짜기에서 변화하는 사계절, 시시각각으로 다가오는 대자연의 가르침과 감동은 생경함을 넘어 차라리 충격이었습니다.
   언필칭 '대자연과 인간의 공생공존 그 치열한 삶에 대한 보고서'랄 수 있음에, 창작이라기보다 대자연이 들려주는 내밀한 언어를 인간의 언어로 단지 번역하기에 불과했단 소회를 토로합니다.
   '평범한 대자연 속에 숨어 있는 참 깊은 세상', 인간과 불가분 밀접하면서도 평소 무심하기 마련인 생명의 근원 대자연, 그 막강한 포용력 앞에서 기성의 앎을 모두 편견의 바탕 아래 내려놓고, 관념상 이론이 아닌 몸소 실증으로 체험해 가는 중에 몇 방울의 땀, 때론 눈물, 혹간 육골즙을 찍어 토해낸 자연수상록입니다.
   지표로서 흔들림 없는 참 가치, 감동어린 생명의 진정성에 깊이 목말라 하는 우리 이웃들에게 내미는 생수 한 그릇, 산소 한 모금이고자 하는 간곡한 바람을 담았습니다.

의외로 사람에겐 옛 추억을 골라서 생각하는 능력이 없다. 불수의(不隨意) 능력이라 쉽지 않으며
가지이면서도 자신의 맘대로 다룰 수가 없다. 그러기에 어떤 특별히 지정된 정보 또는
지식을 딱히 골라 뽑아 되새긴단 의미와는 분명 다르다.
잊지 않으려 애쓰는 추억과 잊어버리려 애쓰는 추억이 간단히 구분되지도 않는다.
오히려 잊으려 애를 쓰면 쓸수록 가슴에 각인되는 깊이는 거꾸로 더 깊어진다. 잊지 않으
려 쓰는 의지는 기억의 창고에 수납되기가 쉽고 무의지한 감성적 느낌이라 추억의
매 추억이란 말이 붙으면 그건 이미 절반은 자신의 의지를 벗어난 자신의 옛일이다.

억은 바다와도 같은 것 날씨에 따라서 잔잔히 흐르는 것도 있고 격랑을 이루며 구비치
은 날씨의 추억은 햇살을 닮아 맑고 투명하지만 흐린 날씨의 추억은 역시 회색이며
장 괴롭고 어려운 추억은 거친 격랑에 휩쓸리듯 사나운 추억이 아니다. 끝도 모르며
매는 것처럼 방향을, 갈피를 잡지 못하는 오리무중인 것이다.

은 차 한 잔 앞에 놓고 떠올리는 추억은 맑고 투명하지만, 맑은 술 한 잔 앞에 놓고 떠올
번 진회색 투성이다.
래된 어릴 적 추억은 돌아보매 슬며시 미소를 보이지만, 근래 만들어진 추억은 눈물
어나는 게 많다. 아직 설익은 탓이리라.
살찌게 하는 추억도 있고 마르게 하는 추억도 있다.
미 청춘을 한참 넘어선 난 추억의 깊이를 헤아릴 정도는 된다.
욱한 재주로 인해 원고지에 힘들게 풀어놓는 글도 추억과 기억을 밑바탕으로 싶은 수밖
억도 시간이 지남에 따라 과일처럼 익는다. 익고 또 익다가 삭는다.

람이 한평생 살아가는 동안 꽤 많은 인연들과 만나게 된다. 만남은 만남으로 완성되는
프게도 매번 이별을 통해 완성되기 마련이고, 이제가 마지막이길 늘 소원한다.
억 중에 가장 질긴 게 있다면 바로 인연과의 이별이다. 깊이 사랑을 나누던 연인도
누던 친구도 있다. 호칭이 이별인 만큼 예후가 즐겁고 유쾌할 순 없다.
일피일 맘으로만 안타깝던 오랜 옛 친구의 부음을 전해 들었을 때 벼락을 맞은 듯
지가 갈피를 잡지 못하고 방황 속을 헤매고 있는 사이 친구는 기억의 창고에서 추억의
식이 하나씩 넘겨진다.
연과의 이별이라 해서 기억이 모두 추억의 방으로 옮겨지는 것도 아니다.

차례

| 제1부 |
편년체(編年體) 구성

가을 단상 13 | 황당한 삼각형 18 | 송이 꽃 25 | 억새꽃 피는 언덕 32 | 장지 도마뱀 38 | 겨우살이 42 | 길 50 | 설해목 57 | 물 긷기 63 | 난 봄빛을 봤다 68 | 봄 마중 73 | 동박새 77 | 밀화부리 사투리 82 | 버러지 살리기 89 | 올챙이 살리기 95 | 딱정벌레 101 | 골안개 104 | 호식총 110 | 어느 여름밤, 녹턴 117 | 해바라기 123 | 다람쥐 구하기 129 | 황금색 달 136 | 개구리 장날 145 | 산중에만 있는 슬픔 148 | 인연과 길들임 156 | 사랑의 묘약 164 | 굴참나무 밑에서 172 | 긍휼히 여기소서! 177 | 두 번 뜨는 해 183 | 가랑잎 한 장 189 | 다람쥐네 가을서리 199 | 백학 나는 산마을 204 | 가을 속에 숨은 세상 208 | 달님만 아는 밤 217 | 멍청한 꿩 서방 220 | 예쁜 놈 때문에 230 | 휘청거리는 눈길 234 | 휘청거리는 언어 239 | 벽오동 심은 뜻은 243 | 네 버킷 250

| 제2부 |
기전체(紀傳體) 구성

싱가폴 슬링 259 | 부운의 운향을 흠향하다 266 | 선배, 그러면 안 돼 274 | 분위기가 사람 잡는 곳 291 | 산 위에서 부는 바람 297 | 방랑예찬 303 | 잡석에 대한 단상 308 | 사은숙배 315 | 섭생의 의미 319 | 도토리와 운명방정식 337 | 차 한 잔 한숨 한 스푼, 술 한 잔 눈물 한 스푼 348

'평범한 대자연 속에 숨어있는 참 깊은 세상'
인간과 불가분 밀접하면서도 평소 무심하기
마련인 생명의 근원 대자연,

이른 봄 새벽부터 여름날 오후까지 이어지는
자연의 목소리······

음향파일 순서

소쩍새
호랑지빠귀
꾀꼬리
개개비
딱따구리
산꿩
뻐꾸기
멧새
수탉
참새
암탉
까치
오골계(닭)
참개구리
산비둘기
매미

후반부 연주곡 : 찰리 채플린 영화 '라임라이트' 주제곡 / 연주 '만토바니'

의외로 사람에겐 옛 추억을 골라서 생각하는 능력이 없다. 불수의(不隨意)적이고
의지이면서도 자신의 맘대로 다룰 수가 없다. 그러기에 어떤 특별히 사랑하는
지식을 딱히 골라 뽑아 되새긴단 의미와는 분명 다르다.
잊지 않으려 애쓰는 추억과 잊어버리려 애쓰는 추억이 간단히 구분되진 않는다.
오히려 잊으려 애를 쓰면 쓸수록 가슴에 각인되는 깊이는 거꾸로 더 깊이 새겨진다.
애쓰는 의지는 기억의 창고에 수납되기가 쉽고 무의지한 감성적 느낌일수록 쉽다.
하매 추억이란 말이 붙으면 그건 이미 절반은 자신의 의지를 벗어나 자신만의 것이다.

추억은 바다와도 같은 것 날씨에 따라서 잔잔히 흐르는 것도 있고 거칠 수도 있다.
좋은 날씨의 추억은 햇살을 닮아 맑고 투명하지만 흐린 날씨의 추억은 흐릿한 것이다.
가장 괴롭고 어려운 추억은 거친 격랑에 휩쓸리듯 사나운 추억이 아니라, 짙은 안개에
헤매는 것처럼 방향을, 갈피를 잡지 못하는 오리무중인 것이다.

검은 차 한 잔 앞에 놓고 떠올리는 추억은 맑고 투명하지만, 맑은 술잔 앞의 추억은
매번 진회색 투성이다.
오래된 어릴 적 추억은 돌아보매 슬며시 미소를 보이지만, 근래 받은 상처의 추억은
묻어나는 게 많다. 아직 설익은 탓이리라.
날 살찌게 하는 추억도 있고 마르게 하는 추억도 있다.
이미 청춘을 한참 넘어선 난 추억의 깊이를 헤아릴 정도는 된다.
미욱한 재주로 인해 원고지에 힘들게 풀어놓는 글도 추억과 기억을 반추한 것이다.
추억도 시간이 지남에 따라 과일처럼 익는다. 익고 또 익다가 삭는다.

사람이 한평생 살아가는 동안 꽤 많은 인연들과 만나게 된다. 만남은 만남을 낳고
아프게도 매번 이별을 통해 완성되기 마련이고, 이제가 마지막이길 느낀다.
추억 중에 가장 질긴 게 있다면 바로 인연과의 이별이다. 깊이 사랑했던 사람과
나누던 친구도 있다. 호칭이 이별인 만큼 예후가 쓸쓸하고 유쾌할 수 없다.
차일피일 맘으로만 안타깝던 오랜 옛 친구의 부음을 전해 들었을 때에도 한동안
의지가 갈피를 잡지 못하고 방황 속을 헤매고 있는 사이 친구는 기억의 상자에서
인식이 하나씩 넘겨진다.
인연과의 이별이라 해서 기억이 모두 추억의 방으로 옮겨지는 것은 아니다.

| 제1부 |

편년체(編年體) 구성

가을 단상

 찬란한 태양의 축제에 끼어들어 활기 가득하게 보낸 나날들에 대한 보답으로 알차게 맺은 자신의 열매를 땅으로 다시 돌려보내는 결실나무는 그래도 덕이 있는 셈이다. 요 며칠 새 풀빛은 제 색깔을 대부분 잃어버리고 말았으니, 짙게 푸르던 밤나무 잎새가 윤기를 잃고 다소곳이 먼저 고개를 떨군 것이다. 가지 꼭대기 일부에 힘들게 남아있는 늦밤송이 몇 알갱이만 흐르는 계절을 안타깝게 지키고 있다.

 사람들은 저마다 가을걷이에 부산한 시간, 틈틈이 모아 두었다가 가끔씩 들르는 이웃들에게 양껏 나눠 들려 보내고도 남은 알밤이 다시 한 바구니를 넘었다.
 토종다람쥐 녀석들도 풍성한 제철을 만나 발걸음이 나보다 더 부산하다. 기운이야 내가 한참 셀 것이니 맘만 먹으면 한 톨의 알밤도 남겨놓지 않을 수도 있겠지만 차마 그럴 순 없는 일, 서운하지 않을 만큼의 알밤을 이곳저곳에 남겨둔다는 성의가 오늘 아침엔 그만 허망무색해지고 말았다. 어제 오후쯤에 길을 지나가던 여행객이 나도 모르는 사이에 싹쓸이를 해가 버린 것이다. 미리 알았다고 해서 주워가지 못하게 악착같이 말리진 않겠지만, 힘들게 비집고 들어가야 하는 가시넝쿨 밑에까지 파고들어가 저처럼 깨끗이 비워두게 하진 않았을 텐데, 거긴 토종다람쥐와 나 사이에 불침범 경계선으로 은밀히 밀약을 맺어놓고 양보해 주고 있는 지역인데 말이다.

밀약이긴 해도 다분히 일방적이다. 덩치가 크고 기운이 다소 세단 이유 하나만으로 나만 지키면 그만인 일방적인 약정인 것이다. 따라서 워낙 알이 굵어 입주머니에 들어가지 못해 차마 가져가지 못하고 아무 곳에나 껍질을 홀랑 까놓은 채 한 입만 살짝 베어 물고 내버려둔 얄미운 행위까지도 양해를 해 준다.

하긴 다람쥐네 겨울철 동면용 먹거리까지 배려할 수 있는 사려 깊은 여행객이란 생각하기 어려울 뿐더러, 겨울철 다람쥐 입장에 대해 구구히 말로다 이해를 구하기도 난처한 일이다. 그에 못지않게 서운한 일은 덕만 가득하지 아무 연유도 죄도 없는 밤나무가지를 함부로 꺾는 경우다.

탐스럽게 주렁주렁 매달려 휘늘어진 밤송이들은 누가 봐도 하늘 한가득 풍요롭게 보인다. 생판 콘크리트 천지에 묻혀 사는 도시인들에게 제 속을 알알이 다 드러낸, 눈앞에 광채 영롱한 밤송이들은 가히 충동적이랄 만큼 맘 한 편을 강하게 자극하기 마련이다. 자극은 시각적으로만 그치지 않아 기어코 자신의 것으로 만들고 싶은 소유욕이 함께 발동되어 버린다. 욕구가 다소곳하면 그마저도 참아줄 수 있다. 하지만 한번 발동된 탐심은 과장되기 일쑤이고 숨겨져 있는 잔인성이 바깥으로 함께 표출된다. 처참하리만큼 나뭇가지들이 함부로 찢겨나가고 뒤에 남겨진 처연한 모습에 이번엔 내가 충격을 받는다. 이런 경우에 대비해 흉되지 않도록 잘 골라둔 가장 튼실한 알밤을 비닐봉지에 절반쯤 따로 넣어두고 인연이 닿는 여행객들에게 나눠줘 계절적 풍요와 갈 빛 미소를 함께 전달해 준 경우도 몇 번은 되는데, 나도 미처 모르는 틈에 찾아와 보호구역까지 넘어서 털어가는 건 어쩔 도리가 없는 일이다.

멀리 창밖에서 부르릉거리던 차량 엔진 소리가 이유도 없이 뚝 멈추거나

인적이 언뜻거리면 난 상황을 쉽게 짐작하고 천천히 채비를 한다. 적당한 비닐봉지에 따로 골라둔 건강한 알밤 한 되 가량을 주섬주섬 담는 것이다. 잠시 뜸을 들이다가 일부러 내는 인기척과 기침소리를 앞세워 그들에게 다가가면 아니나 다를까, 십중팔구는 부러진 나뭇가지에 올라가 설익어 채 벌어지지도 않은 초록의 여린 송이, 아직 버틸 힘없는 밤나무가지들과 한바탕 씨름을 벌이는 중이다.

 섬뜩 놀라는 표정도 가지가지다. 그런 그악스런 사람들의 공통사항이란 괜한 흰소리로 저들의 알밤서리하다 들킨 상황을 얼버무리거나 뒤덮으려 들기 마련이다. 거기엔 성인이건 젊은 층이건 예외가 없다. 설사 밤나무골 주인일진 몰라도 초라한 차림의 갈데없는 산골짝 촌부인 내게 던져지는 말투에도 성의란 일점도 들어있지 않다. 따라서 어떤 소리이건 난 조금도 귀담아 듣지 않는다. 그들의 난처한 입장을 표 안 내고 강조하지 않으려 내 쪽에서 먼저 웃으면서 유순한 여유를 건네준다.

 "날씨 그만이지요?"

 "저것 좀 보세요, 알이 얼마나 굵은지 우리 애들 머리통 깨뜨리겠어요!"

 말끔하고 점잖은 서리꾼들의 표정엔 굳은 경계심이 사라지고 순한 황송함이 금세 가득히 퍼진다. 그런 홍조 띤 표정을 기껍게 바라보며 알밤봉지를 앞으로 내밀면 누구라도 얼른 이해하지 못한다.

 "올해 추수한 햇밤인데, 좀 나눠드릴게요."

 결실이 딱히 필요해서라기보단 절반은 운동 삼아 알밤을 하루에 여러 번이라도 자주 주워 모으기에 땅에 알밤이 고여 있을 시간이 거의 없음은 사실이다. 결국 알밤서리 빌미의 일부를 내가 제공해준단 점도 내심에서 인정하지 않을 순 없다. 아무리 그래도 일부러 두터운 풀을 베어 넘겨 알밤이 떨어질 자리를 미리 봐둔 수고로운 자취를 보면 가꾸고 기대하는 임자가 따로 있음을 모르진 않을 텐데…….

　어른들은 하나같이 알밤봉지를 선뜻 받아들이지 못한다. 얼굴이 붉어지지 않는 사람도 거의 없다. 작아도 빠르게 자리 잡아가는 그들 풋풋한 양심에 일개 알밤봉지는 보답이 되고도 남는 겸허한 계절적 은혜가 된다. 난 그 모습이 반가워 아무것도 아니란 듯 태연하게 손을 이끌어 쥐어준다. 끝까지 거부하는 사람도 없다. 아니 최면에 걸린 듯 거부하지도 못한다. 알밤이 어디 귀하고 특별해서 그렇겠는가?

　만약 일행 중에 아이들이 있다면 양상은 또한 달라진다. 알밤서리의 면구스러움은 잠깐이지만 반가움과 안도감을 감추지 못해 순박한 감성이 금세 밖으로 표출된다. '까르륵, 와르르' 녀석들 웃음소리에 가을하늘은 그렇지 않아도 희고 아득한 뭉게구름을 밀고 한층 더 높이까지 일로 솟구쳐 오른다.

　이럴 땐 어른에게 알밤봉지를 들려주는 게 아니다. 당연히 아이들에게 들려준다. 눈치에 때 묻지 않고 이율계산에 서툰 동심들이 마냥 솔직 담백하기에 어른들처럼 쭈뼛거리지도 않는다. 둘이면 둘, 넷이면 넷, 작은 꼬마 손들이 있는 대로 불쑥불쑥 앞으로 튀어나온다. 가지런한 그의 끄트머리마다 활짝 펴진 단풍잎을 꼭 닮은 손, 손, 손들, 여리고 뽀얀 다섯 장 잎새들이 얼마나 다정하고 예쁜지 모른다. 그럼 난 일껏 내밀었던 손을 뒤로 슬며시 도로 빼본다.

　아하! 천지 동심원에 가을날 초록빛 은총이 가득차고 다채색 단풍의 화사함도 만면에 넘치는 순간, 누구랄 것도 없이 서러울 정도로 푸르다 못해 시린 가을하늘의 포로가 되는 순간, 어른이건 아이이건 만산에 가득한 가을빛에 풍덩풍덩 빠져들어 제 풀에 알밤이 '와르르' 쏟아지고 마는 바로 그 순간에 나까지 하나로 몽땅 함몰되고 마는 것이다.

원처에서 방문한 귀한 인연을 작은 접대로 정성껏 포장해 고운 추억과 일단의 미소와 함께 곱다시 되돌려 보낸다지만, 감출수도 되돌릴 수도 없는 손님들의 흔적, 갈데없는 서리꾼의 소행은 밉다시 내 몫으로 남는다. 저간의 자세한 영문을 알 리가 없는 이웃한 토종다람쥐 녀석들은 필시 내게 고스란히 원망을 돌릴 것이다. 몇 년 동안 사람 얼굴이라곤 거의 내 얼굴 하나만 바라보고 자랐을 테니 말이다.

(인정머리라곤 다람쥐 눈곱만큼도 없는 정녕 잔인한 이웃 같으니라고)
(제 스스로 정해 놓은 약정조차 쉽게 무너뜨리는 역시 못 믿을게 인간이라고) 거참!

토종다람쥐 먹거리가 산골짝 천지에 비단 알밤뿐이겠는가, 흔한 도토리도, 고염열매도, 잣도 있고, 다른 결실들도 사람들 발길이 닿지 못하는 우거진 산속 깊숙한 여기저기에 아직은 넉넉하겠지만, 최소한 내게 돌아올 오해만은 일간 풀어줘야 할 것 같다.

황당한 삼각형

여름에서 가을로 접어드는 계절이면 짓궂은 여름의 끝머리가 종종 집중호우를 불러오곤 한다. 이대로 가을에게 계절의 주도권을 곱게 넘겨주고 그냥 물러가긴 억울하다는 여름 씨의 마지막 투정인 것이다.

올해도 어김없이 늦여름 긴 복더위 끝에 퍼붓듯 연 일주일을 두고 본판 장마철 보다 더 거센 폭우가 내리고 말았다. 거대한 태풍 두 개가 꼬리에 꼬리를 물고 연이어 올라오기 때문이란다. 맘 유순한 가을의 성질을 잘 아는 여름의 교활함이 분명히 드러나는 마지막 연례행사라고 이해를 한다지만, 그렇다 해서 맘이 편해지는 일도 아니다.

아무리 생각해 봐도 이 계절에 내리는 비는 누구에게도 이익될 것 같지가 않다. 자연의 섭리를 어찌 다 쉽게 이해할 수 있을 것인가만은, 지금처럼 추수를 코앞에 둔 시점의 폭우는 곱다시 양해가 되지 않는다. 거의 아물어 가는 무논에 나락들 피해가 연일 안타깝게 뉴스를 장식하고 있는 것도 듣기 괴로운 일이 아닐 수 없다.

우리 같은 농군의 자손들의 공통적인 심사는 추수결과가 내년 경기에 미치는 타산적인 경향 이전에, 인간 생명의 본격을 감당한다는 면에서 감정적으로 먼저 진술해지기 마련이다.

작은 동물들에 있어서 갑자기 내리는 폭우는 인간들의 느낌보다 훨씬 절

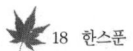

박해서 삶과 죽음의 기로를 함부로 가름하게 한다. 느닷없는 기상변천은 생명을 다투는 일이기에 인간들이 감지하는 한가로운 느낌보다 훨씬 절실하고 본능적인 행동력을 갖추게 됨이다.

　유난히 비가 많이 내릴 것 같은 기후엔 땅속 개구리들도 움직임이 각별하다. 신경 쓰지 않으면 여간해서 눈에 띄지 않던 녀석들이 갑자기 떼 지어 땅 위로 한꺼번에 기어 나온다. 온 천지가 개구리들로 일거에 정복당하는 순간인 것이다. 그래도 낮엔 덜 충격적이지만 밤엔 여간 난처함이 아니다. 촉촉이 젖은 아스팔트 표면에 반사되는 내 자동차 전조등 불빛에 폴짝거리기도 하고 엉금엉금 기어 다니기도 하는 녀석들의 예측할 수 없는 움직임이 차를 자꾸 멈추게 한다. 초기엔 자동차를 자주 멈추었지만 요즘은 요령이 생겨 멈추기까지 하진 않는다. 그땐 자동차 속도가 아무리 빨라도 시속 35킬로미터를 넘지 못한다.

　신경을 잔뜩 곤두세우고 어둔 땅만 주시하며 기어가듯 속도를 늦추다보면 내가 지금 차를 운전하고 있는 것인지 밀고 가는 것인지조차 분간되지 않을 때도 있다. 달리는 속도가 늦다보니 뭣보다 안전하기야 하겠지만, 때론 어쩔 수 없는 신경질이 조금씩 고개를 쳐들기도 한다. 오로지 벌벌 기어 다니는 맹랑한 녀석들의 박자에 내 처신을 맞춰야 한다는 한심한 일념뿐이기에, 승용차 헤드라이트 불빛에 반사되는 도로와 주변의 환상적인 밤경치를 여유 있게 완상할 수 없음은 당연하다.

　작은 미물들의 하찮은 생명에 그토록 유난을 떨 필요가 뭣이냐고 할 수도 있지만, 그래도 산 녀석들의 건강하고 멀쩡한 육신이 내 자동차 바퀴아래 무참히 짓 뭉개지도록 하고 싶진 않다.

　편도 1차선, 의미를 몰라서 무심한 자동차들이 뒤에서 상향등을 함부로 번쩍거리며 달리기를 재촉 받을 땐 졸지에 난처해진다. 빤한 결과일 줄을 알기

작은 동물들에 있어서 갑자기 내리는 폭우는 인간들의 느낌보다 훨씬 절박해서 삶과 죽음의 기로를 함부로 가름하게 한다. 느닷없는 기상변천은 생명을 다투는 일이기에 인간들이 감지하는 한가로운 느낌보다 훨씬 절실하고 본능적인 행동력을 갖추게 됨이다.

에 묵묵할 뿐 내 편에서 차마 통과신호를 넣어주지 못해도 저들이 알아서 다 앞질러가지만, 나 혼자 아무리 조심해 본들 저처럼 '쌩' 하고 총알처럼 지나쳐 가는 다른 자동차들 발길은 난들 어쩔 수가 없는 일 아닌가 말이다. 아니나 다를까, 뒤따라가는 내차 불빛에 처참무지한 광경이 이내 질펀하게 드러나고 만다.

살아있는 녀석들과 이미 유명을 달리한 녀석들과는 우선 모습부터가 확연히 다르다. 움직이진 않지만 살아있는 녀석들은 어쨌든 도로 위에서 뾰족한 머리가 분명하게 솟아 보이는 삼각형을 이루고 있다. 몇 번을 마주쳐도 참으로 황당한 삼각형들이다. 서있는 황당한 삼각형의 방향을 봐 어느 쪽으로 튈 것인지 방향은 넉넉히 짐작할 순 있겠으나, 언제일지 녀석이 튀는 순간만은 아무래도 짐작할 수가 없다.

사위가 모두 물에 흠씬 젖은 이런 날 이런 밤 외진 시골길엔 의례 오가는 차량이 드물기에 차선 규정도 일절 무시하고 상향등도 곧게 또 멀리 밝힌 채 차를 몬다. 점선이건 실선이건 백색 중앙선을 차량 가운데 두고 녀석들을 피할 수 있는 핸들 여유를 좌우로 가능한 넉넉히 확보하기 위해서다.

요리조리 절묘하게 핸들링을 취하며 피해가다 도저히 피할 수 없다고 판단될 땐 차라리 약간 스피드를 올려 차량 정 중앙부로 가급적 빨리 지나치기도 하지만, 공교롭게도 차량이 녀석 몸 위를 지날 때 돌연 튀어 오르는 것까지 예측하고 피해 갈 순 없다. '덜커덕' 자동차 하부에서 들리는 작은 소리를 듣고서야 어떤 멍청한 녀석이 기어코 차량 바닥에 스스로 헤딩을 했다고 느낄 뿐이다.

초기엔 '덜커덕' 헤딩 소리를 듣고 녀석의 안위가 궁금해 도로 한복판에 차를 세우고 일껏 뒤돌아가 확인까지 해 본 적도 있었다. 차량 바닥에 한차례 호되게 헤딩을 한 녀석은 약간 찌그러진 삼각형을 하고 있긴 해도 목숨은 넉

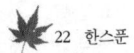

넉히 붙어 있었기에 그저 웃고 지나칠 뿐 나로선 별수가 없었던 것이다. 때문에 기왕에 헤딩을 해버린 녀석에겐 난 더 이상 유감을 표시하거나 신경을 쓰지 않기로 했으니, 다음차례 황당한 삼각형들이 길바닥에 연이어 질펀하게 대기하고 있고, 그 녀석들에게 계속 나머지 신경을 써야만 하기 때문이다.

　말 하나마나 바퀴에 치어 유명을 달리한 채 개구리 포가 되어 널브러진 녀석들의 모양새엔 정형이 있을 수 없다. 그저 허망하단 한 가지 표현일 뿐 형편이 말이 아닌 만큼 일일이 힘들여 설명하고 싶지 않음도 이해해 주시길 바란다.

　이런 폭우 뒷날 아침엔 아닌 까마귀들의 질펀한 포식 잔치가 이어서 벌어진다. 대도시 근교에선 이미 오래 전 눈에 띄지 않게 귀해진 까마귀 모습을 이곳 오지 산골짜기에선 매일처럼 흔히 보게 된다. 숫자가 많기만 한 게 아니라 덩치도 매우 크다. 언뜻 보면 독수리로 오인할 만큼 날개를 활짝 펼친 너비가 1미터를 훌쩍 넘길 정도로 대단히 큰 녀석들도 많다. 자연의 정갈함이 아직은 확보되어있단 의미라서 얼마든지 반갑고도 다행스런 일이다.

　아침 하늘에 먼동이 훤하게 밝아오면 물기가 거의 가신 도로 위를 이번엔 까마귀 떼들이 정신없이 설쳐대기 시작한다. 이번엔 황당한 삼각형 때문이 아니라 그들의 널브러진 시신에 몽땅 정신을 팔리고 있는 까마귀들 때문에 자동차 속도를 역시나 올릴 수가 없다.

　힐끗 자동차가 접근하는 모습을 바라보면서도 움직임은 태연하다. 다른 때 같으면 어림도 없는 방자한 태도다. 날지도 뛰지도 않고 느릿하게 걸으면서 푸짐한 아침 만찬을 방해하는 내가 귀찮단 듯 엉금엉금 기어서 간신히 길을 내어줄 뿐이다.

　자주 있는 포식 기회가 아닌 걸 나도 이해하기에 그들을 타박하지 않고 클

랙슨도 울리지 않은 채 천천히 라도 길을 내어준단 것에 그저 고마움을 조금 느낄 따름이다. 워낙 한적한 개울 곁 오지 산길이기에 문제될게 없을지언정 밤중엔 황당한 삼각형들 때문에 그랬다지만, 아침엔 납작한 개구리 포 하나에 목숨을 건 까마귀들 때문에 차선규정은 간단없이 또 무시되기 마련이다.

이런 때 난 누구 편을 들 수도 없는 어중간한 입장이 된다. 수적으로야 개구리 쪽이 월등히 많겠지만, 그렇다고 녀석들 불행이 당연시될 수도 없는 일이다.

일부는 자신의 굴속에서 익사 당하지 않으려고 기어 나온 녀석들, 대부분은 낮아진 체온을 포장도로의 따스한 온기에 의지해 도움 좀 받아보려는 가느다란 발상이 전혀 엉뚱한 이유로 죽음을 당해야 한다는 건 도저히 참을 수 없는 일이다. 그저 대자연의 일상적인 흐름이고 먹이사슬의 일반적인 현상이려니 라고 치부할 수도 없다. 철저히 인공적인 자동차 바퀴는 아무리 생각해 봐도 다만 비극적 사고일 뿐 자연적인 먹이사슬 또는 기상 여건과는 전혀 무관하단 생각 때문이다.

자신들과 전혀 무관한 다분히 인공적인 인간의 자동차 바퀴를 이유로 얻어지는 까마귀들의 잔치를 지켜보매 자랑스럽거나 대견스럽지도 않다. 모른 척 묵묵하면 그만이지 편이라도 난 좋아서 팔짝거리는 아침 까마귀들 비공식 포식 잔치에 무고한 공을 세우지 않으려고 극력 애쓰는 반대편이기 때문이다.

송이 꽃

양력 팔월을 넘어 가을이 오면 이곳 산마을은 조금씩 술렁이기 시작한다. 계절의 진객이자 축복인 송이버섯이 찾아오기 때문이다. 여기 본고장 송이는 일본을 비롯해 세계적으로 명성이 드높거니, 원자병을 치료하는데 필요한 특수 비타민 성분이 유독 이곳 송이에만 들어있기 때문이란다. 그런 이유로 세상에서 유일하게 원자탄 세례를 받은 후유증이 아직도 선명하게 남아 있는 이웃나라 일본에서 특히 그의 효용가치를 높이 사고 있는 것 같다. 이를 기념하고 강조하기 위해 매년 가을 송이 철엔 국제 규모의 송이버섯 축제도 성대하게 벌어진다. 가을철 송이의 축복과 은혜를 함께 나누기 위해 일부러 찾아오는 외국손님들도 해를 더할수록 늘고 있다니 반가운 일이다.

명성에 더해 독특하고 강한 솔향기는 송이버섯의 가치를 잘 모르는 사람들에게도 진한 감동을 주기에 충분하다. 얇게 조각을 내 날것으로 먹을 경우는 말할 것도 없거니와, 넉넉한 칼국수 위에 얹힌 약간의 송이 조각만으로도 온통 향기 밭을 이루고 그릇 속을 빼곡히 지배하기에 부족함이 없다.

올핸 안타깝게도 송이 철 초입에 내린 기나긴 늦장마로 인해 예년의 절반도 안 되게 송이가 드물었단다. 이럴 땐 드물기에 더욱 귀하고 비싸진 가치 때문에 사람들 맘도 다소 강퍅해지고 긴장되는 분위기가 불가피 만들어진다. 매우 중요한 수입원이고 잠시 수확으로 다른 농사보다 월등한 현금수익을 보장받기 때문이다.

개인 소유지 산림이야 말할 나위도 없거니와, 한 달 남짓한 가을 송이 철이 되면 개방된 국유림이라도 아무나 함부로 들어갈 수가 없다. 5~6명, 7~8명씩 소단위로 조직이 짜이고 피치 못할 분쟁을 방지키 위해 각 조직마다 일정한 송이 채취구역을 할당받게 된다. 제한된 자신들의 이익을 지키기 위해 그토록 큰 산 곳곳에 빙 둘러 금줄이 둘러쳐지고 심지어 철야 불침으로 번을 서는 송이 감시원까지도 생긴다. 이방인이야 말할 나위도 없겠지만, 같은 마을사람이더라도 때때로 남의 구역에 잘못 들어갔다가 송이 도둑으로 몰려 작지 않은 봉변을 당하는 난처한 경우도 없지 않다. 그래서 꼭 이 시기에만 사람들 맘이 다소 강퍅해진단 억척스런 표현을 한 것이다.

송이가 이곳에만 존재하는 건 물론 아니다. 서울 근처 북한산에도 있고, 경북 청송에도 있고, 더 멀리 지리산에도 있다. 그러나 효과와 성가에서는 아무렴 월등하게 차이가 난다.

송이채취가 다른 지역에선 일부 호사가들의 한 시즌 취미수준에 머무를지 몰라도, 이곳 본바닥 송이 고장에선 대단히 중요한 임산물의 일부이고 거의 직업적 수준으로 자리를 확실히 매김했다. 그만큼 질적 양적으로도 넉넉하단 말이니 말끔한 자연이 주는 커다란 혜택이 아닐 수 없다.

이처럼 귀하고 높은 가치를 인정받기에 곳곳에서 이를 인공적으로 재배하고자 첨단의 기술력과 막대한 자금도 투입하는 등 무진 애를 쓰기도 했지만, 하나같이 모두 실패에 그치고 말았다. 덕분에 그런 허망한 시도가 자연산 송이의 가치를 한층 더 높여주는 반사경 역할을 하기도 했다.

생명조차도 창조와 가변성에 능숙해진 현대의 높은 과학 수준으로도 다

풀어낼 수 없을 만큼 일개 송이버섯의 생태는 아직껏 많은 부분 미지에 둘러 쌓여있다. 싱싱하고 깔끔한 소나무만을 필수조건으로 몇 가지 균주들이 적절한 자연조건과 딱 맞을 때에야 송이가 제 모습을 드러내는 것으로 되어있다지만, 이처럼 말은 쉽고 거의 증명은 되어있어도 그런 조건을 아직까지 인공적으로 만들어 낼 순 없는 것 같다. 예민하고 까다로운 균주들이 제대로 자리 잡기 위해선 그토록 치밀한 자연조건이 필요한 것인가 보다. 설령설령 변화와 적응성의 폭이 워낙 너른 산천이라고 아무렇게나 되는 대로 생겨먹은 것은 아니란 뜻, 생명체에 있어서 내심에서의 존재조건은 이처럼 엄중 지엄하기 짝이 없단 확실한 증빙이자 경이로움 앞에서 도저히 겸허해지지 않을 도리가 없음이다. 언젠가 송이버섯 생육조건이 보다 완전하게 밝혀지고 인공적인 생산도 가능해진다 해도 이곳 자연산 송이처럼 온전한 성분이 고스란히 갖춰질 것인가는 역시 의문이 들지 않을 수가 없다.

쉽게 저절로 갖춰지는 것처럼 보이는 자연조건들이 생각보다 엄격하고 놀랄 만큼 치밀한 것이란 점에서 다시금 대자연의 오묘하고 위대한 능력에 그저 고개가 숙여질 따름이고, 이에 우린 모르는 것이 아직껏 너무도 많음을 인정하지 않을 수 없다.

하긴 우리 인간들도 말로는 자연을 정복하고 우주의 주인처럼 충분히 활용하고 있다지만, 기실은 위대한 대자연이 내리는 혜택에 의존 기대기해 살아가는 단순 피조물의 일부일 수밖에 없지 않은가.

송이가 나는 지역의 산들은 역사가 아주 오랜 곳이어야 한다. 수억 년 이전에 생성된 토양 중에도 화산암 지대가 아닌 곳이어야만 송이는 비로소 자리를 잡는다. 그토록 장구한 세월을 빗물에 씻기고, 산소 가득한 바람에 동화되고, 햇볕에 땡땡 익어야 토양에 녹아있던 기름 성분과 독기가 제거되고 약성만 고스란히 남겨지기에 생산물 또한 그를 닮아서 정갈해지는 모양이다. 당연히 송이버섯이 나는 산천의 개울물은 아무 곳에서나 거침없이 퍼마셔도 아무런 탈이 나지 않는다.

송이가 나는 곳의 맑은 조건과 산삼이 나는 자연 조건은 서로 비슷한 점이 많아서 이곳의 자연산삼 또한 성가가 드높다. 그런 결과로 이곳에서 생산되는 장뇌산삼의 성가도 상당히 높고 재배 기술 또한 매우 전문적이다. 송이버섯과 영물 중에 영물이란 산삼이 이곳의 자연을 두 말이 필요 없을 만큼 잘 대변해주고 있다 해도 과언이 아니다.

다른 이들에겐 송이가 그저 귀한 임산물이고 중요한 현금수입원일지 모르나 내게 있어서 송이는 식도락가들의 요리재료 이상이어야 한다. 이런 다정다감한 이유로 난 송이를 꽃이라 부르고 싶다. 단지 송이 꽃이 핀단 이유 하나만으로도 눈만 뜨면 무시로 상접하는 앞산은 신비감을 한층 더해준다. 그토록 귀한 송이 꽃을 잉태하고 내어주는 모태로서의 산, 솔숲이 송이 꽃만 못할 리는 없을 테니까.
하루해가 자꾸 짧아지는 아쉬운 계절을 보상하고 위로하듯 송이 꽃의 팽배한 봉오리는 깊은 산그늘 가을 솔잎 두터운 아래 숨어있는 산천은 그래서 신비감과 경이로움 자체일 따름이다.
(그래, 저기 산속 어딘가에 소담스런 송이 꽃이 숨 쉬고 있어) 보이지 않고 가져지지 않아도 생각만으로도 마냥 그득해지는 심사를 아는 이들은 안다. 겨울이 오기 전 요란하지 않은 음전한 몸짓으로 자신의 계절을 그렇게 조용히 풍미하는 송이 꽃의 존재 의미를 귀하게 아는 이들은 안다.

한 계절 남대천 맑은 물과 따가운 햇살과 산비탈 토양의 정갈함을 먹고 소박하게 자라나는 송이 꽃 봉긋한 얼굴 위로 무심한 말잠자리가 또렷이 제 모습 그려내는 꿈같은 계절을 이곳 산골짝에선 가을이라 한다.

만개할 대로 만개한 억새, 황금색 햇살을 온몸으로 받아 농익은 금 억새에 렘브란트 사광, 반 역광으로 어슷하게 햇살이 비껴 들어올 때 억새밭은 숨겨있던 빛과 꿈의 날개를 순순히 펼쳐준다.

억새꽃 피는 언덕

　외로움과 공포심, 이 두 가지는 현실 의식에서 일찌감치 졸업하지 않으면 한 달도 버틸 수 없는 산골짝 현상에서의 누구네 입장이다. 우리가 느끼는 대부분의 추상이란 지극히 관념적인 가상의 공간에서 가공되고 조작되고 또한 증폭도 되는 말짱 헛것이더란 증빙을 난 온몸으로 체감 실증하며 두해를 넘겨 묵연히 살아내고 있으니 하는 말이다.
　각오와 준비가 되어 있다 손치더라도 애초부터 모르면 모르겠거니 왔다가 사라지는 벗들로 인해 이따금씩 몰려드는 고독감까지 다 막아낼 순 없다. 이는 이해로서 의식상의 표면요소가 아니라 다분히 느낌이란 감성 안쪽의 소관이기 때문이리라. 게다가 고독감 또한 내겐 창작과 발상에서 더없이 긴밀한 요소가 됨이니, 도정을 함께하는 도반으로 필연의 벗 삼을지언정 마다할 요소가 결코 아님이다.

　억새도 마찬가지, 제1의 도반이자 긴밀한 벗인 반딧불이가 사라진 마당에 그나마 짧은 계절을 위로해 주는 누구에겐 은근한 벗이 아닐 수 없다. 짧은 기간 곁에 머물다 사라진 다음에 몰려드는 허전한 뒷맛을 누구는 매년 이겨내야 하는 것이다. 의존함의 숙명으로 다만 다소곳이 받아들이면서 말이다.
　아직 여름 끝자락이 남아있는 9월도 초순, 다소 이른 억새부터 제 꽃을 피

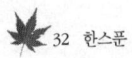

우기 시작했다.

먼저 개화되는 억새는 눈처럼 찬란한 은 억새다. 은 억새가 금 억새로 치장을 슬며시 바꾸고 금 억새가 갈 억새로 바뀔 때쯤이면 계절은 드디어 가을도 마무리로 접어든다.

조금만 관심을 기울이면 대형 난초라 할 수 있을 정도로 장대한 잎과 줄기엔 의외로 관심을 두는 이가 드물다. 흔하기 때문이다. 이름처럼 억세기 때문이다.

얼마나 흔하고 억세면 악착같기로 소문난 잎벌레조차 선뜻 달려들지 않는다. 그러다가 문득 눈길이 억새 줄기와 피어난 잎새로 다가가면 사람들은 그때서야 깜짝 놀란다. 올곧고 기운찬 자태에서 귀한 난초의 청초함에 더해진 강인한 호연지기가 함께 발견되기 때문이다.

억새와 난초의 강건함은 비교조차 되지 않는다. 강건함은 호연지기에서 나온다. 만일 청초하면서도 강건하다면 그건 참으로 희귀한 존재가 아닐 수 없다. 흔하되 희귀한 가치, 가을철 억새가 바로 그러하다. 이처럼 많고 많은 식물들 중에서 억새풀의 감성은 사람의 감성과 통하는 바가 아주 많다. 많고도 진하다.

대궁 끄트머리에서 하얀 꽃이 밀고 나오기 시작하고 가을 태양이 개화를 부추기기 시작하면 난 그제야 비로소 '아하! 너 거기 있었구나?' 하며 퍼뜩 관심을 차리게 된다. 관심은 곧 감탄으로 이어지고 감탄은 이내 유혹으로 성장한다. 유혹 다음은 빈틈없는 몰입이고 이는 11월 상순경에 절정을 본다. 나머지 여진일랑 12월까지 진하게 이어진다. 꽃 피는 제철 이외엔 있는 것 같지도 않은 음전한 친구, 잡풀이면 한갓 잡풀일 뿐인 존재가 종국엔 대기와 누구의 영혼을 이처럼 하루에 한 치씩 확실하게 점령해 가는 것이다.

억새가 가장 볼만할 시기는 금 억새에서 갈 억새로 바뀌기 직전, 늦가을도 지나 초겨울의 채비를 거의 갖춰 갈 즈음이다. 개화 초기 순백색으로 한껏 전개될 땐 눈에 와 닿는 감이 다소 강경해 부담스러운 일면이 없지 않으나, 다소곳한 금 억새로 안정을 이루게 되면서 무리 전체엔 윤기 있는 기품과 함께 지상의 것으로부터 천상의 것으로 소관이 이전되는 그때부턴 지상의 한갓 억새가 아닌 것이다.

만개할 대로 만개한 억새, 황금색 햇살을 온몸으로 받아 농익은 금 억새에 렘브란트 사광, 반 역광으로 어슷하게 햇살이 비켜 들어올 때 억새밭은 숨겨 있던 빛과 꿈의 날개를 순순히 펼쳐준다. 조용히 잠자듯 꿈꾸고 있던 순정한 세상이 표현할 수 없을 정도로 청량한 광채를 발하며 잔바람에도 쉬이 몸을 뒤채는 억새꽃의 금빛 바다가 일렁이기 시작한다. 세로로 누울 땐 은발 옷자락이 가로누울 땐 금색 옷자락으로 얼굴 표정을 달리해 가며 이곳 세상과 저곳 세상의 시간을 바람의 끈으로 엮어두려 한다. 빠르게 흐르는 가을이란 시간이 아무래도 안타까운 모양이지만 서두름도 없다.

거대한 날개가 은가루와 금가루를 공중 높이 뿌려대고 바람은 그를 다시 땅으로 넓게 펼치며 살아있는 융단의 파도를 이룬다. 비단옷자락이 서로 비벼지고 스쳐지는 소리가 온 대기에 아찔하도록 채워진다.

아무에게나 보여주는 몸짓이 아니니 함부로 이르지 말란 당부와 함께 그의 가느다란 숨소리가 '사그락사르락' 리듬을 탄다. 저들에겐 의당한 몸짓 하나 하나가 누구에겐 기적의 연속이고 손가락 하나 움직일 수 없는 정밀한 시간으로 곧장 이어진다.

언어가 닫힌 무한 침묵 속이라야 천상에서 심상으로 흐르는 대화는 영혼의 울림이 되고 억새네 몸짓 춤사위를 따르기 마련, 자아는 간 곳 없고 초자아로서 무아의 정묘한 세상 경지를 억새와 더불어 더듬어 가는 것, 어딜 돌아

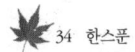

봐도 나그네는 없고 구도자 그만 서있다.

 높은 억새가 가로로 누울 때 낮은 쪽 억새는 옆으로 길을 비켜준다. 휘돌다 만나기도 하고 나란히 달리기도 하며 천사의 옷자락이었다가 휘날리는 머리카락이 되어 심상의 시정을 마구 흔든다. 희나리 티끌 하나 없이 맑은 가을 공기 속엔 계절의 대화, 시간의 서정시가 절절히 흘러넘친다. 땅에서 울리는 피콜로 소리가 하늘에선 코넷 테누토의 긴 여운이 된다.
 뭣을 향한 손짓이던가, 솔베이지 흰 손수건은 가슴에 오롯한 감동의 물결로 구비치고, 이노크 아덴의 그리움인 듯 메아리를 안고 감돌아든다. 가슴이 비어 허전하게 서있는 누구를 두곤 차마 멀리가지 못하는 것이다.
 황금빛 억새의 손, 서둘지 않는 완만한 손길은 자신의 세상 한구석에 서있음을 무심이라면 허락하고, 부지 간에 고여지는 회한의 뜨거움을 아무도 막지 못한다. 귀한 그리움이 행여 황토 바닥에라도 떨어질라 너울거리던 솔베이지 손수건은 남들 모르게 누구의 눈가로 다가온다. 바람의 모습으로 다가온다. 이노크 아덴은 입술만 살짝 깨문다. 핏빛 가을 내음이 입술 사이에서 터지고 오래 맴돈다.

 참 자연의 은밀한 비밀은 아쉽게도 오래 유지되지 않는다. 햇살이 제 각도를 조금만 무너뜨리면 억새는 그냥 평범한 억새로 곧 돌아오고야 만다. 언제 살아서 숨 쉬는 천사가 제 옷자락을 펼쳐 보인 적이 있었냐는 듯 고요함의 새침떼기로 냉큼 돌아서고 마는 것이다. 정지된 몸짓에선 더 이상 노랫소리가 흐르지 않는다.
 아무리 귀 기울이고 기다려도 금 억새 숨 고르는 새근거림조차 들리지 않을 때, 깊어지는 산그늘이 억새를 숨기고 들 때, 누군 비로소 제 세상으로 돌

아오고 두 다리에 간신히 힘도 들어간다. 급속히 내려가는 대기의 찬 기온에 멈췄던 긴 한숨이 무겁게 토해지면 이제 그만 발길을 돌려야 하는 것이다.

그리움이 깊어서라도 좋고 감동을 잊지 못해서라도 좋다. 기억된 시간에 간곡한 맘을 앞세워 다시 그곳에 발길을 넣어 보지만 똑같은 감흥으로 다시 만나지는 경우란 없다. 우주의 내밀한 비밀이고 감춰진 선녀의 옷자락이고 구도자의 순정한 뒷모습일진데 그게 그리 흔하게 내보여질 리 없음이다.

 금 억새 밭, 비록 찰나에 지나쳐 버린 짧은 정경이라도 누구네 영원의 연못 속에 깊이 각인된다. 그저 가슴에만 담아둘 뿐 아무에게 말도 하지 못한다.
 전달할 방법도 언어도 모를 뿐 밖으로 내지 못하는 속 깊은 사연이기에 가을에서 겨울사이 환절기 그맘때쯤 누군 한 번씩 억새꽃 가슴앓이를 속절없이 홀로 그냥 앓아내야 한단다. 스무 번, 서른 번을 거듭해도 도무지 인이 배기지 않는 이노크 아덴의 혹심한 계절병이란다.

장지 도마뱀

요즘 도시 근교에선 보통 도마뱀이라고 불리는 토종 장지 도마뱀을 여간해선 찾아보기 힘들다. 어릴 적 한강변 야산에만 가도 그토록 흔하던 장지뱀, 꼬맹이들의 호기심과 모험심을 엄청 자극하던 아무르 장지 도마뱀이 모르는 새 슬며시 자취를 감추고 말았던 것이다.

토종 장지 도마뱀은 몸체의 넓이에 비해 그 길이가 무척 길다. 눈으로 뒤쫓기도 벅찰 만큼 재빨리 움직이는 자취만 보면 일반 뱀이라고 오인 할 정도로 길다. 회갈색 바탕에 푸른빛이 살짝 감도는 몸체 양옆으로 검은 띠가 길게 그어져 있어 날렵함이 훨씬 강조되어 보인다. 얼핏 징그러워 보여도 잠시만 두고 바라보면 곧 친근해질 정도로 귀여운 표정도 있는 녀석, 위험성이라곤 전혀 없으면서도 뱀의 이미지와 너무도 흡사한 덕택에 억울한 대접을 면치 못하는 녀석, 알밤 철도 끝난 지 한참 되는 지금은 장지 도마뱀이 본격적으로 동면에 들긴 아직 이른 계절이다.

이곳 강원도 산마을에 도정의 터를 잡기로 결정, 거처 공사 중 땅에서 나온 잔돌들을 모아 쌓아놓은 위치가 하필 잘생긴 밤나무가지 아래였다. 무심히 떨어진 알밤들이 잔돌 틈에 배길 경우 나도 손댈 수 없겠지만 몸집 작은 다람쥐도 손에 넣기가 어려웠다. 누굴 위한단 의미보다 1년 밤나무가 헛농사를

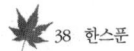

짓지 않도록 하려는 의미에서라도 돌무더기 위에 널찍한 비닐포장을 펼쳐 덮어놨었다. 공사용 포장덮개가 거센 골바람에 날려가지 못하도록 군데군데 잔돌을 올려 쐐기를 던져두기까지 했으니, 알밤 철이 끝나서도 구태여 철거할 필요가 없었기에 잊은 듯 그냥 놔두고 있었던 것이 원인이었다. 사흘 만에 둘러본 비닐포장 위에 말끔하게 생긴 어른 장지 도마뱀 한 마리가 허우적거리고 있었다. 아마도 한 가족이 아닐까? 역시 그럴 가능성이 높았으니, 지금 갇혀 있는 녀석 말고도 더 작은 녀석이 동산에 함께 살고 있다는 걸 안다. 비닐이 바람에 날려가지 못하도록 쐐기돌을 던져놓은 덕분에 군데군데 오목하게 함정이 생겼던 것이고, 간밤에 얼핏 내린 가랑비 때문에 함정에는 빗물까지 제법 고여 있었다.

경사 가파른 비닐 함정 깊이가 약 30여 센티미터, 빗물 깊이라야 수 센티미터에 불과하겠지만 미끄러운 비닐만 해도 스스로 빠져나오긴 어려웠을 텐데 비까지 젖어 있었으니 꼼짝없이 우물에 빠진 몰골이었다. 이곳 밤나무엔 처음 꽃피울 때부터 지금까지 농약이라곤 단 한 차례도 뿌리지 않은 덕에 밤벌레가 제법 많았다. 장지뱀들은 그 풍성한 밤벌레를 잡아먹기 위해 주변에 머물며 설쳐대고 있었던 것이다.

내가 다가온 눈치를 채고 녀석이 정신없이 탈출을 위해 더 설쳐대지만 어림도 없는 일, 산책길에 짧은 시간 가끔씩 봐온 귀한 녀석을 모처럼 코앞에서 자세히 관찰할 수 있는 좋은 기회라서 잠시 동안 그냥 두고 보기로 했다. 실컷 움직이다가 지치면 돌에 기대 쉬기도 하고 다시 퍼덕이기도 하는 사이 녀석의 모습은 완전히 지쳐버리고 말았다. 녀석의 바쁜 움직임뿐 아니라 얼음장 같이 차가운 새벽 물 온도 때문에 움직임에 더욱 제약을 받는 듯 했다. 녀석은 고정적인 정온동물이 아니라 가변적인 변온동물이니 당연했다.

같은 도마뱀 종류라 해도 도롱뇽은 물과 뭍 양쪽에서 살 수 있는 분명한 양서류이나 장지뱀은 물에선 오래 살지 못한다. 바짝 마른 돌 틈, 산 흙 등 마른 땅을 더 좋아하는 장지뱀은 엄연한 양서류이면서도 양서를 하지 못하는 골치 좀 아픈 녀석이다.

더 있으면 위험하려니 이제 그만 녀석을 꺼내주려 해도 쉽지가 않았다. 함정엔 가시에 바짝 성이 오른 사나운 밤송이가 적지 않게 모여 있어서 맨손으론 아무래도 무리였다. 주방에 있는 작은 집게를 이용하면 쉬운 일이었으나 그전에 얼핏 생각이 다른 곳에 미쳤다.

누구나 아는 것처럼 도마뱀 종류는 위험에 빠졌을 경우 자신의 꼬리를 스스로 떼어버리는 기막히게 독특한 방어능력이 있다. 꼬리는 몸에서 떨어져 나온 이후에도 한동안 저 혼자 꿈틀거리며 본체가 안전하게 달아날 시간 여유를 주는 것이다. 고육지계(苦肉之計)의 전형, 누가 뭐래도 생존을 위한 전략과 전술에서 가장 극적인 경우임이다.

꼬리를 불가피하게 떼어버린 본체는 신비스런 재생 능력을 발동해 다시 본래대로 자라난다. 기억하기론 도마뱀의 꼬리가 처음처럼 완전하게 복구되려면 약 3개월 이상 긴 시간이 필요하다고 한다. 게다가 장지 도마뱀이 자신의 몸체보다 더 긴 꼬리를 제대로 자라나게 하려면 그동안 소모되는 모든 에너지를 꼬리로만 일방 집중시켜야 한다. 고단백질 덩어리인 꼬리가 많은 영양분을 필요로 한단 사실은 어렵지 않게 짐작할 수 있는 일이다. 꼬리가 제대로 자라날 때까지 3개월 이상 장지도마뱀은 모든 성장과 번식 행동을 멈춘다. 흡수하는 영양분을 모두 재생되는 꼬리로 집중시키기 위해서다.

내가 주목한 문제는 시간이었다.

첫 서리가 내린다는 상강이 지난지도 여러 날, 이제부터 불과 한 달이 되기 전에 겨울 추위는 찾아올 것이고, 장지도마뱀이 제 꼬리를 다시 성장시킬 먹이와 시간적 여유를 갖지 못하게 될 건 빤한 사실이었다. 꼬리 단백질을 조금씩 소모해가며 살아남기에도 벅찬 겨울 동면기간일진대 그같이 중요한 꼬리를 없앤다면 혹독한 겨울 동안 생존에 필요한 기초 신진대사도 유지하지 못해 무사히 살아남지 못할 건 자명했다. 각박할 뿐 지금은 꼬리를 다시 생성시킬 만큼 사방에 먹이가 넉넉한 여유 있는 계절이 아니지 않은가.

빗물 함정에 빠진 시간이 언제부터인지는 정확히 모르겠지만 이미 작지 않은 스트레스를 받아 한껏 지쳐있는 녀석의 처지를 감안해 보다 안전한 다른 방법을 강구해야만 했다. 집게를 사용하긴 쉬웠으나 그건 능사가 아닐 것이란 판단이 들었다.

문제는 어려워 보였어도 답은 생각보다 간단했다. 녀석에게 손도 대지 않고 스트레스도 없이 탈출시키려면 비닐포장을 통째로 뒤엎는 방법뿐이었다. 한참 성나있는 밤송이 가시에 내 손도 찔리지 않는 서로에게 피차 좋은 방법이었다. 그새 바짝 성난 밤송이가시 때문에 여러 번 서툰 생손을 아파봤으니 피할 방법이 있다면 악착같이 피하고 싶었다.

언제 지쳐있었냐는 듯 녀석은 땅에 내리자마자 멀쩡한 꽁지가 빠지라고 언덕 위로 총알같이 줄행랑을 쳤다. 녀석의 꽁지가 빠질까봐 일껏 힘들여가며 넓은 비닐을 통째로 뒤집어 주는 수고를 감수했는데, 저처럼 꽁지가 빠지게 허둥지둥 달아나는 뒷모습을 보니 맘이 편치 않았다. 맘은 편치 않아도 얼굴에선 일갈 웃음이 절로 터져 나왔다. 참으로 오랜만에 원 없이 웃어보는 파안대소(破顔大笑)였다.

녀석은 그렇게 꽁지가 빠지게 달아나고 난 한참 동안 배꼽이 빠져라 혼자 웃고 있었다. 이른 아침 청량한 공기를 가르는 낭랑하고 천진한 내 웃음소리가 건너편 산을 감고 돌아 메아리로 다시 되 오더라.

겨우살이

　같은 눈이 내려도 오롯한 운치에다 쓸쓸함까지 더해서 내리는 곳도 이곳만은 아니겠지만, 너무 춥지도 덥지도 않은 기상과 눈이 만났을 때 비로소 눈은 자신의 진면목을 내보여준다. 나뭇가지에 설화도 활짝 피워주고 그렇지 않아도 조용한 거리를 더 조용하게 만들어 놓는다.
　산중에 내리는 눈을 유심히 살펴보면 흰색만이 아니다. 옅은 옥색일 때도 있고 온통 연 푸른색일 때도 있다. 역시 대도시에 내리는 질척하거나 도로가에 함부로 꽝꽝 얼어붙은 잿빛 눈과는 우선 표정부터가 다르다.
　다른 소음이 거의 없는 조용한 지역이라 눈 내리는 미세한 소리까지도 들을 수 있다. 물리적인 의미로 눈 내리는 소리만이 아닌 걸 아는 사람은 안다.
　완전한 정적 속에서야 눈은 자신의 내밀한 속내 비밀을 그렇게 이야기해 주고 싶어 한다. 그래 그런지 대부분의 눈들은 낮보다 밤에 몰래 내리길 더 즐겨하는가 보다.

　원래 눈이 많이 내리기로 유명한 강원도 산골이지만 영서지방보다 영동지방이 지형적 특성상 한 번에 내리는 눈의 양은 더 많다. 난 아직 진짜를 만나진 못했으나 이곳에선 한 차례에 무려 2미터를 넘는 강설량도 드물지 않다고 한다. 듣잡기로 눈에 덮인 공중전선에 발이 걸려 넘어질 정도라니 말이다.

이곳 산간마을에 남자 어른이라면 누구든 지금도 가족을 위한 설피 정도는 스스로 만들 수 있다. 예전 겨울 생활필수품 중 결코 빠질 수 없는 하나, 긴밀한 교통수단이기 때문이다. 발이 눈 속에 깊이 빠지는 걸 방지하기 위한 눈신발인 설피는 강설량이 60~70센티미터를 넘는 지역에서나 볼 수 있는 독특한 것이다. 어지간한 체중의 사람들이라도 눈길에선 쉽게 70센티미터 정도는 빠진다. 아무리 부드럽고 연한 게 눈이라지만, 이정도 깊이는 장난이 아니다. 설피가 준비되지 않은 맨몸으론 불과 몇 백 미터도 걷지 못해 몸은 지치고 만다. 마냥 부드러워 보이던 눈도 이쯤에선 한순간에 냉혹한 죽음의 사신이 될 수가 있다. 대피할 장소가 마땅치 않은 산중에서 체력이 떨어지고 몸까지 지친다면 체온보존이 될 수가 없기에 금방 위기를 맞게 된다.

설피를 신으면 발이 눈 속에 빠지는 깊이를 20센티미터나 30센티미터 정도로 막을 수 있어서 설피에 익숙한 사람은 하루 종일이라도 어려움 없이 행동을 할 수가 있다. 이처럼 간단해 보이는 도구 하나가 때론 사람의 생명을 유지케 하는 수단이 될 수 있을 정도로 이 지방 눈은 내려도 워낙 많이 내린다.

결이 질긴 물푸레나무와 쇠가죽으로 정성들여 만든 다음 관리만 치밀하게 한다면 한번 만들어진 설피를 무려 10년도 넘게 신을 수가 있단다. 한 계절을 잘 신고 난 뒤 설피의 쇠가죽을 다시 풀어 들기름도 듬뿍 먹이고 소나무 연기로 훈제시켜 좀이 스는 걸 막아줄 정도로 정성을 들인다면, 말할 나위 없이 대를 물려 사용할 수도 있다. 지금이야 발달된 중장비에다 길도 넓어지고 포장까지 말끔한 덕분에 설피의 필요성도 거의 사라지고 말았지만…….

깊은 눈이 사람에게만 불편을 주는 건 아니다. 막상 본판의 산중에선 인간들보다야 덜 하겠지만, 곳의 주인인 뭇 산짐승들도 생존에 절대위기를 맞는 건 마찬가지이다. 겨울철, 그렇지 않아도 먹거리가 귀한 계절에 넓은 지역을 자유롭게 돌아다니며 먹이를 모아들여야 할 어려운 시기에 내리는 무심한 눈은 특히 동물들의 생존엔 절대 방해물이 될 수밖에 없으니 말이다.

네발짐승들의 발이 눈 속에 빠지게 되면 우선 배가 눈 위에 닿아 끌리게 된다. 배가 눈 위에 끌리게 되면 자연히 발끝이 지지할 땅에 닿지 못해 거의 공중에 뜨게 된다. 이건 산길을 걷는 게 아니라 눈 속을 떠서 헤엄치는 경우라 함이 옳겠다. 아무리 험악한 지형이라도 뛰고 달리기에 익숙하도록 발달된 산짐승들의 가느다란 다리가 눈 속에선 단지 꼬챙이가 될 뿐 적합하지 않을 것은 당연하다. 그렇듯 눈에 약한 짐승일수록 눈도 적고 먹이도 풍부한 인가 근처를 어쩔 수 없이 찾게 되고, 당연히 사람들 눈에도 자주 띄게 된다. 체력이 달리거나 노쇠한 짐승들은 그래서 겨울에 자연 도태되는 안타까운 경우가 얼마든지 많다. 모든 게 꽝꽝 얼어붙는 혹독한 계절엔 생존 자체가 얼마나 힘든 일인지 상상하기 어렵지 않을 것이다.

지금이야 불법 행위로 규정되어 있어서 드러내놓고 산짐승을 잡을 수가 없어졌지만, 예전엔 이런 계절을 이용해 평소엔 어림도 없었던 멧돼지 사냥도 했었다. 그것도 간단하게 사냥총을 사용하는 게 아니라 지극히 원시적이고 전통적인 방법으로 2미터가 넘는 긴 나무 손잡이가 달린 날카로운 쇠창, 겨울 산중에선 다목적으로 쓰임새가 너른 쇠창으로 찔러서 잡는 것이다. 못할 것도 아닌바 쇠창의 날만 예리한 돌로 바꾼다면 원시석기시대 형편과 하나도 다름이 없다.

깊은 눈길에 쫓기다 코너에 몰려 지친 채 허우적대는 산돼지는 설피를 신고 끈질기게 추적하는 사람들로부터 결국엔 함정으로 내몰리게 된다. 이때의 설피야말로 말하나마나 마누라보다 중요하다.

　두터운 눈 위에 산돼지 흔적이 고스란히 도장처럼 남아있어서 발자국을 분석해 보면 언제 지나갔는지, 크기와 체중은 어느 정도이고 몇 마리인지, 언제쯤이면 따라 잡을 수 있을 것인지를 노련한 추적자라면 쉽게 분석할 수 있다.

　언덕이고 돌밭이고 가릴 것 없이 말 그대로 저돌적(猪突的)으로 치달리는 산돼지는 우리 상상을 초월할 정도로 전광석화(電光石火) 같이 빠르다. 따라서 산돼지를 발견하면 놈이 달아나는 방향을 눈이 많이 쌓여있는 계곡 쪽으로 몰아붙여야 한다. 눈이 없는 말짱한 곳에서 느려터진 인간의 두 다리로 원주인 네발 산돼지를 따라잡기란 사실상 불가능하기 때문이다. 따라서 유리한 녀석의 뒤를 무망하게 쫓기보단 멀리서 우회로 에워싸 미리 정해둔 골짜기 눈의 함정으로 몰이함은 지당하다.

　사람에겐 기감이란 게 있어서 산돼지도 사람의 강한 기감에 질리는지 새끼가 곁에 있거나 더 이상 도피가 불가능할 정도로 부상을 입거나 지치지 않은 상태에선 결코 먼저 공격을 가해오진 않는다. 잔뜩 두려움을 느끼고 그저 멀리 달아나려 기를 쓸 뿐이다.

　우리가 생각하는 집돼지완 극단의 차이가 있는 만큼 설익은 공격에 부상을 당한 산돼지는 용맹한 맹수나 다름이 없다. 어지간한 표범이라도 다 큰 어른 산돼지를 혼자 쉽게 포획할 수 없을 정도로 무거운 체중이 실린 산돼지의 힘과 빠르기는 역시 야생의 맹수라고 해도 절대로 과언이 아니다. 하물며 고초 끝에 부상을 입거나 화딱지가 도를 넘은 산돼지에게 거꾸로 사냥꾼이 되치기 당하는 경우도 드물지 않다. 때문에 독이 잔뜩 오른 산돼지에게 역습당할 땐 사람이 눈밭 깊은 함정으로 도리어 뛰어들어야만 살 수 있다. 산돼지나 사람에게나 함정은 똑같은 함정이겠지만, 사람에겐 바로 필생의 도구인 설

피가 있어 도피할 여지가 얻어지기 때문이다. 그래서 있으나 마나인 마우라보다 설피 쪽이 더 긴요하단 뜻이다.

　사람의 힘을 한곳으로 모으기 위해 커다란 일갈 기합소리와 함께 목덜미 정동맥 급소를 시퍼렇게 날이 선 예리한 창끝으로 정확히 찔러서 산돼지가 미처 고통을 느낄 사이도 없이 단번에 숨통을 끊는 게 가장 일반적이고 능숙한 방법이다. 사냥 도중에 사람이 입을 위험성과 짐승에게 가하는 고통도 생각해서 뇌로 향하는 대동맥을 차단하고 호흡기관도 동시에 차단해 산돼지의 고통을 가장 적게 줄여주며 단시간에 생명을 끊어주는 신중하게 고려된 방법인 것이다. 허나 산돼지의 강인한 목살과 튼튼한 뼈 덕분에 사람이 내지르는 힘만으론 중추신경계까지 단번에 차단하긴 무리일성 싶다. 앞다리 바로 뒤쪽 몸통 중간에 진짜 제 1의 급소 심장이 있긴 하지만, 완강한 늑골로 막혀 있는데다 범위가 워낙 좁다보니 함부로 길길이 날뛰는 상태에선 도무지 위험할 뿐 제대로 지르기가 쉽지 않다.

　어지간한 담력과 두둑한 배짱이 아니면 잔뜩 흥분해 벌겋게 충혈 된 두 눈과 입에 흰 거품을 가득문 채 희고 거친 숨결마저 '씩—씩' 내뿜는 거대한 산돼지와 정면으로 마주해 사람도 지친 상태에서 급소에 정확히 창을 내지르기란 생각처럼 말처럼 쉬운 일일 수 없다. 그래서 가장 먼저 산돼지의 목줄에 창을 내지르는 사람을 제1창이라 하며 용기와 공을 가장 높게 쳐주는 건 당연하다.

　값비싼 웅담 대용으로 제법 귀하게 여기는 산돼지 쓸개를 비롯해 노획물의 절반가량을 제1창이 차지하고, 나머지를 함께 사냥에 참여한 일행들이 분배하는 원칙 또한 당연한 일이라 하겠다. 사냥의 절반은 대자연의 폭설이 알아서 해주고 사람들은 나머지 절반의 역할만을 담당한단 표현이 차라리 옳겠다.

잔인하다거나 위험하단 한가한 의미에서가 아니라 이들에겐 산간오지에서의 필연적 생존수단이었고, 힘든 겨우살이를 살아남기 위한 정당한 권리행사의 하나였던 것이니, 원시시대부터 근래까지 깊은 산골짝 겨울나기의 지당한 일환으로 내동 그래 내려왔음이다.

각박한 현실은 사람을 내쫓고 사람은 산돼지를 뒤쫓으며 힘겨운 겨울나기를 하는 동안 산마을의 대소사는 시방도 내리는 눈처럼 한 줄씩 쌓이거나 더러는 덮여갔으리라. 그렇듯 짙고 농밀한 시간의 야사가 되어 산골짝에 남겨진 전설보다, 눈밭을 치달리며 돼지 쫓아 솔숲 능선을 넘어간, 혹독한 겨울날을 살아남기 위해 가쁜 숨소리 끝에 혼신을 다한 외침, 흰 눈 덮인 산천을 쩌렁토록 울리던 그들의 '앗!' 고함소리 일갈이 더 도탑고 아련해진다.

길

내가 사는 산속 오두막 거처 바로 곁에 간신히 흔적만 남은 오솔길 하나가 있다. 지금은 전혀 사용하지 않는 온전히 퇴락한 자취지만 형태는 분명한 길 모양을 하고 있다. 길의 흔적은 앞쪽 가파른 능선을 타고 내려와 오두막 바로 곁을 스치듯 지나간다. 토박이 촌로 말씀에 의하면 오래 전엔 산판을 헤집고 다니던 산 꾼들과 화전민들이 이용하던 분명한 길이었으나, 좀 더 평탄한 곳에 새로운 길 신작로가 뚫리자 드디어 길이란 케케묵은 역할이 사라지면서 한동안 화전 밭으로 사용되기도 했었단다.

공사를 위해 중장비로 집터를 고를 때 깨어진 옹기조각 등 화전민들이 근대에까지 살아오던 흔적을 곳곳에서 찾을 수 있었던 것으로 봐 한때는 제법 여러 채의 집들이 모여 있었음을 알겠다. 그도 그럴 것이 통행로 바로 곁에 위치한데다 극심한 가뭄에도 결코 마르지 않고 수질도 좋은 귀한 샘터까지 누리고 있으니, 옹기종기 몇 집의 터전으론 전혀 모자람이 없었던 것이다. 주위에 높직한 산마루가 병풍처럼 둘러져 있어 겨울철에 한번 내린 눈은 건너편 가파른 능선 일부를 제외하면 봄이 될 때까지 고스란히 쌓여있는 그런 응달진 북향길이다.

생긴 모양으로 미루어 백여 년 전 이상으로부터 근래 수십 년 전까진 줄곧 사용됐던 듯하다. 지금이야 저만치 물 건너편에 잘생긴 포장도로가 시원하

게 뚫려 있어서 완전히 무용지물(無用之物)로 그림자 속에나 남아있게 되고 말았지만…….

    시간은 발전만 가져오는 게 아닌 것은 분명하다. 한때는 여러 채의 집이 모여 살던 복된 땅이 지금은 한적한 산속 버려진 땅으로 변하고 말았으니 말이다. 버려진 땅이란 표현이 틀리지 않은 이유는 오두막 바로 곁 예전 길 터 복판에 산돼지가 숨어살며 새끼도 치던 뚜렷한 흔적을 발견했기 때문이다. 용도가 끝나 사람조차 모두 떠난 빈터를 그 뒤로 산돼지가 대신 차지하고 있었던 것이다. 칡넝쿨과 찔레나무로 뒤덮여 깊숙이 가려진 땅은 짐승들이 편안히 깃을 틀고 쉬기엔 더없이 적절했던 모양이다.
    지금은 한겨울, 잡풀들도 잎을 다 떨구고 키 낮은 나무들은 전혀 힘을 쓰지 못하는 계절이라 길의 흔적은 더욱 확연해진다. 지난여름 이곳에 처음 왔을 땐 한껏 우거진 녹음 때문에 전혀 보이지 않던 흔적이었다. 활동을 멈춘 지 수십 년이 지났어도 옛 자취는 저토록 질기게 남아 있다. 오랜 세월 무수한 발길과 사연에 밟히며 두고두고 다져진 길이라서 그 동안 쌓여진 인연들의 무게가 결코 가볍지 않았던 모양이다.
    예전엔 그처럼 부산했던 땅이 시간의 지엄한 명령에 따라 온전히 자연으로 되돌려졌고, 또 다른 시간의 흐름은 지금처럼 다시 사람의 자취가 깃을 틀도록 유도하고 있는 것, 형편에 따라 달라지는 게 세상인심이라지만 자연의 부침 또한 이토록 명확하다. 유한한 우리 삶으론 시간의 깊은 의미를 다 알 수 없는 것이라서 그저 보이는 일면이라도 느끼고 남기려 애쓸 뿐이다.

    살아있는 생명도 주검도 실어 나르고 희망도 절망도 포용하길 마다하지 않는 길은 시간마저도 어쩔 수 없는 존재인 것 같다.

작은 산사태 토석으로 인해 그동안 군데군데 끊겨있긴 해도 긴 시간 온갖 사연과 사건을 실어 나르던 길의 의미마저 완전히 사라지진 않았다. 사는 겉모습이야 지금과 별반 다를 게 없을지 몰라도 예전에 살던 사람들의 희미한 자취는 그래서 더욱 그립고 궁금한 것이 아닐 수 없다. 용도가 지워진 길이기에 거기서 미래와 희망을 찾기보단 과거와 지나간 인연들의 내력에 더욱 집착하게 된단 말이다.

온갖 애환과 사건을 실어 나르던 길의 흔적을 바라보면 난 좀처럼 과거의 상념에서 벗어나질 못한다. 와글거리며 넘어갔던 옛 자취들이 마치 좀 전의 일인 냥 깊은 착각에 빠진다. 이쯤 되면 옛 시간이 나를 찾아 현재로 걸어 나오는 것인지, 현실의 내가 과거로 걸어 들어가 동화되는 것인지 전혀 중요한 일이 아니고 만다. 그러나 얼마든지 뭣이라도 수용할 것 같이 폭 넓어 보이는 길의 생리는 사실 의외로 완곡하다. 산짐승이건 사람이건 우마차 건 자동차 건 이용하는 종류는 어느 것이나 가릴 것 없이 무한한데 내부 생리는 지극히 냉정 무색하단 말이다.

길에 있어서 과거와 미래, 지난 사건과 앞으로의 발전은 전혀 무관한 것이 된다. 원인이 없는 현상과 결과와 미래는 없다고 볼 때 길만은 예외이며 시간조차 초극하기 일쑤이다.

모든 걸 무한히 수용하기만 할 뿐 나름대로 의지를 작위적으로 개입시키는 일은 결단코 없다. 이처럼 길은 존재 자체만으로 자기분수를 확실히 정해 놓고 있는 것 같다. 오히려 그걸 이용하는 사람들이 거기에 감정도 이입하고 기분도 의지하고 사건도 실어 나르면서 길을 더 기록적으로 철학적으로 만들고 나아가 시적으로 만들기도 하는 것이다.

길의 본 생리가 그러할지라도 난 시적이고 감정이 들어있어 온기가 살아 있는 길이 좋다.

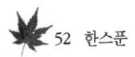

끝이 보이지 않게 쭉 뻗은 한적한 여름 길이 주는 아득함에 취해보면 이유를 금방 알 수 있다. 잠자는 듯 휜 차고 외로운 겨울 오솔길을 망연히 바라보자면 이유는 더욱 아련해진다.

그저 흙이고 돌이고 눌린 자취일 뿐 길은 홀로서는 무의지랄 지라도 그 위를 무수한 생명들이 지나고 있다. 길은 자체로서 무감동할지라도 그 속엔 더운 눈물이 사연이 흐르고 있다. 그래서 차고 무감한 게 길의 틀림없는 본성인데도 난 그를 인정하고 싶지가 않다.

단순한 우리 인간들이 느끼는 길에도 두 가지가 있다.

먼저 육신의 눈으로 느끼는 길이 있다. 대부분 경치도 좋고 가로수도 잘 정비되어있는 그림같이 아름다운 길, 소문이 짜한 길이다. 하늘이 비치는 호수라도 곁으로 지나치면 길의 경치는 더할 나위가 없어진다. 아무리 걷고 달려도 싫증이 나지 않는 아름다운 길, 좋은 사람과 함께라면 즐거움이 배가 되는 길, 누구에게나 자랑하고 싶은 길이다. 희망을 주고 자신감도 줄 줄 아는 끼가 넘치는 이런 길을 자동차로 한참을 달리고 보면 가벼운 우울증 정도는 저절로 치료가 되기도 한다. 계절에 따라 경치도 각기 달라지는 길은 역시 눈으로 보고 즐기며 행복을 느낌으로 자족한 길이다.

다음엔 가슴으로 느껴야 하는 길이 있다.

도로포장도 시원치 않고 인위적인 꾸밈새가 없어도 왠지 아늑하게 느껴지는 그런 길도 있음이다. 사방에 고즈넉함이 가득하고 저절로 가슴이 일렁거리는 곳, 초행길인데도 언젠가 한번쯤 와 본 것 같은 착각이 드는 길이라면 더 이상 말이 필요 없어진다. 이런 곳에선 육신의 눈을 감으나 뜨나 가슴으로 느끼는 감동엔 아무런 차이가 없다. 운치에 흠뻑 취해서 시간의 흐름조차 잊

온갖 애환과 사건을 실어 나르던 길의 흔적을 바라보면 난 좀처럼 과거의 상념에서 벗어나질 못한다. 와글거리며 넘어갔던 옛 자취들이 마치 좀 전의 일인 냥 깊은 착각에 빠진다. 이쯤 되면 옛 시간이 나를 찾아 현재로 걸어 나오는 것인지, 현실의 내가 과거로 걸어 들어가 동화되는 것인지 전혀 중요한 일이 아니고 만다.

고 가는 소중한 곳, 가급적 누구 없이 혼자여야만 하는 길, 남에게 자랑도 못 하는 그런 길도 더러는 있음이다. 맘이 산만하고 분노 좌절에 빠져 헤어나지 못할 때 만나는 이런 길은 더없이 훌륭한 위안이 되어주기도 하지만, 깊은 우울증에 시달리는 사람, 슬픔에 잠겨 가슴앓이를 심하게 앓는 이들은 이런 길은 오히려 피해가야 할 경우도 있다. 본성과 내면으로 이끄는 길의 너무 짙은 성격 때문에 슬픔이, 아픔이 더욱 깊어질 수도 있기 때문이다.

새벽녘 구름에 닿는 서광과 저녁 무렵 황혼이 색깔은 비슷해 보여도 성격은 엄연히 다른 것처럼, 똑같은 길의 시작점과 끝점은 의미가 다르다.

길은 어딘가 막연함이 있다.

무작정 끝없이 길을 따라 걷고 싶단 사람이 많은 걸 보면 길이 주는 이미지가 모든 이들에게 똑같은 느낌으로 다가오기도 하는 모양이다. 암담하고 지루한 현실일수록 그런 느낌은 더욱 강렬해진다.

어딘가로 현실을 피해 떠나고 싶을 때 지금과는 또 다른 희망이 길 저편에서 기다리고 있을지도 모른다는 막연한 바람이 누구에게나 있다. 자신의 앞길이 저처럼 시원하게 뚫려 있어서 길도 없는 벌판을 헤매는 고통을 피해 원하는 목적지로 곧바로 갈 수만 있다면, 하는 바람이 누구에게나 있다.

길 저편 끝에 설사 절망이 준비되어있더라도 일단 현실을 회피하고 싶은 이들은 그래서 (어서 떠나가거라!)는 길의 은근한 재촉에 넘어가기가 쉽다. 사주팔자에 나오는 역맛살이라 해도 좋고 방랑벽이라 해도 좋다. 이런 사람들은 대부분 머리보다 가슴이 뜨겁고 이성보다 감성이 앞서는 사람들이다. 현실보다 높은 이상을 좇아 끝없는 방황도 마다하지 않는다.

피안의 세계를 찾아 맘으로 방황하는 사람은 그의 뒷모습을 보면 대번에 알 수가 있다. 어딘가 둥둥 떠 있는 듯 한 모습은 현실과 동떨어진 독단의 이미지를 특히 강하게 풍기기 마련이다. 어깨에서 등으로 흐르는 완만한 곡선이 일견 차분해 보여도 내면엔 현실을 거부하는 완강한 몸짓을 분명히 담고 있는 것이다. 아무리 묵묵한 표정으로 내심을 감추려 해도 자신의 뒷모습까지 연출하는 사람은 거의 없다.

의상 디자인 업계의 어려운 숙제 중 하나가 어깨에서 등으로 흐르는 독특한 곡선은 의복과 장신구 등으로 아무리 치장을 하려해도 여간해서 온전히 감춰지지 않음이란다. 그런 중에도 유독 허허로운 뒷모습을 가진 이들을 우린 나그네라 부른다.

제 길을 떠나는 나그네의 등 뒤를 빈 곡선의 완만함이 그림자처럼 함께 따른다. 목적이 있어도 좋고 의미가 없어도 상관없는 일, 목마른 맘가짐, 속내 하나는 떠나는 자라면 늘 한결같기 때문이다. 그런 나그네의 허전한 뒷모습이 보이면 난 나도 몰래 한숨을 쉰다. 눈 밝고 현명한 어떤 이가 있어 내 뒷모습을 보고도 같은 느낌을 받을 수 있을지도 모르겠지만, 난 영원히 내 뒷모습을 볼 수가 없으니 그 또한 끝내 모를 일이다.

곧 날이 밝으면 간신히 흔적만 남은 눈 덮인 옛길, 키 낮은 잡목에 넝쿨도 듬성한 빈곳을 다시 돌아봐야겠다. 혹 먼저 지나간 옛사람들의 허전하지만 정감어린 뒷모습이, 빈 곡선이, 얼핏 눈 바탕에 등 그림자로 남아 엿보일지도 모르니까.

설해목

 가파른 산등성이를 힘겹게 타넘는 산마을의 겨울 해는 유난히 짧다. 겨울 해가 짧은 만큼 겨울의 꼬리는 반대로 길다. 산그늘이 겨울의 긴 꼬리를 따라 깊어지면 을씨년스러운 나무들 그림자도 함께 깊어진다.

 인적도 드문 겨울 산골짜기에 밤이 깊어지면 천지는 조용한 정적에 파묻힌다. 그러나 산 전체가 소리도 없이 고스란히 잠들어버리는 것은 아니다. 거긴 바람결에 우는 나뭇가지도 있고 한창 제시간을 즐기기 시작하는 야행성 짐승들도 얼마든지 많다. 단지 주행성인 우리 인간들만이 정적에 빠지고 밤 세계로 더 깊숙이 들어갈 뿐이다. 우리 식대로 편하게 생각해서 그렇지 한밤중에도 대개의 산은 그렇게 열심히 살아서 움직이는 것이다.
 산이 살아서 움직인단 증거는 도처에 있다. 가만히 귀 기울이면 그 안에서 살아 움직이는 생물들의 숨소리가 와글거린다.
 기온이 어쩌고 기압이 어쩌고 구태여 딱딱하고 재미없는 과학적 이유를 들어 논할 필요도 없이 한낮보다 특히 밤에 눈이 더 많이 오는 건 엄연한 사실이다. 그 또한 살아있는 산의 생명력이 조용한 밤에 더 강하게 작용하기 때문이라고 생각하면 그만인 것이다.

'사르륵사르륵' 내리는 눈은 사진을 그림으로 만드는 재주가 있다.

명징하게 자태도 분명한 다채색 겨울 산, 컬러사진같이 분명한 모습을 그만 바탕도 단순한 흑과 백의 무채색 그림으로 잠깐 틈에 만들고 만다. 검 초록 일색인 소나무가지 위에도 어김없이 온통 하얀 눈으로 뒤덮인다.

작은 바람에도 반쯤은 공중을 나르듯 소리 없이 내리는 솜털 같은 눈이라 해서 무게조차 없는 건 아니다. 밤새 내리는 눈의 자취는 나뭇가지 위에 고스란히 내려 쌓이고 마침 내린 눈이 끈기도 좋고 알도 굵은 찰 눈이라면 가지 위를 수북하게 덮는 건 잠깐 사이다.

한밤중, 조용한 산마을엔 그렇게 가지 위에 수북이 쌓인 눈 무게를 이기지 못해 힘없이 부러지는 나뭇가지의 비명소리가 '뚜두둑—딱' 메아리 되어 울려 퍼진다. 살아있는 산이 외치는 비명처럼 온 계곡에 가득히 울려 퍼진다. 작은 소리조차 모두 매몰되어 지극히 고요한 산천에 홀로 울리는 비명, 가슴마저 서늘한 나뭇가지 비명 소리가 완전히 사라진 뒤에도 뒤 잔향만은 차가운 밤의 기운을 타고 꽤 오랫동안 귓가에서 떠나질 않는다.

있는 듯 없는 듯 그저 가볍고 보드라워 보이는 눈송이라도 가지 위를 조용히 덮으며 두께를 더해 가면 제아무리 굵고 강인한 나뭇가지라도 견디질 못할 정도로 무게가 느는 것이다. 수십 수백 년을 꿋꿋이 견뎌온 역전의 굵직한 나뭇가지가 어느 날 한순간의 눈 무게에 그만 어이없게도 손을 내리고 항서를 쓰고 마는 것이다. 아침이 되어 하얗게 제 속살을 드러낸 채 부러진 가지를 길게 늘어뜨리고 있는 나무들은 마냥 처량한 모습을 띄고 있으니, 이렇게 눈으로 인해 깊은 상처 입은 겨울나무들을 설해목이라 부른다.

특히 소나무 등 침엽수 종류는 바늘잎일지언정 한겨울에도 잎새를 다 떨구지 않는 사철나무이기에 제 알아서 미리 잎새를 다 털어내는 낙엽 활엽수에 비해 가지에 쌓이는 눈을 피할 수도, 떨굴 수도 없는 양상을 띄우기 마련이다. 그래서 설국 한복판을 오래 살아 주변정리가 된 소나무들은 옆으로 뻗은 곁가지가 적고 위로 곧게 뻗은 쓸모 있는 아름드리 둥치가 리 둥치이름조차 황송하리 금강송(金剛松)이란다. 설국에서 오래 살아남은 역전의 침엽수들이기에 그런 호칭의 영예도 정당할 뿐 아까울 리 없음에, 역시 일생을 잔꾀에 의존로 곧낙엽 활엽수에 노거목이새를 다반면, 수령 가년을 넘기 곧대부분의 노거수는 절개 우직한 침엽수더란 사실은 감성에 의거한 나만의 관념적 비약은 아닐 것이다.

큰 나무는 탄력이 적어서 자신의 가지를 부러뜨려야 눈 무게를 이기지만 작은 나무는 나무 끝이 땅에 대일 정도로 둥글게 휘어져 온몸의 탄력으로 힘겨운 버티기에 들어간다. 어린 나무들의 유연성은 일견 대견해 보이기도 하지만 우선은 애처롭게 느껴지기 마련이다. 보기가 딱해 도움을 줄 요량으로 가지를 툭 건드려주면 이때를 간절히 기다렸단 듯 '와르르' 가지에 쌓인 눈을 떨구며 재빨리 제자리를 찾아 다시 일어선다.

잔뜩 허리가 꺾일 만큼 휘어져 있던 작은 나무들이 더 이상 버티질 못하고 그대로 꺾여버리는 경우도 드물다. 날씨 풀리고 눈도 녹으면 거의가 다시 허리를 펴고 제 모습을 찾는다. 다만 연이은 강추위에 쌓인 그대로 얼어붙은 눈덩이의 눌림이 워낙 극심해 목심부까지 상처가 깊은 경우엔 처음과 같이 완전한 복귀가 어려운 경우는 더러 있다. 그런 나무들은 한 폭 동양화에서나 볼 수 있는 멋들어지게 휘어진 모습을 언제까지나 간직하게 된다. 구불청 휘어짐이 나무에겐 혹독했던 계절의 증거이고 아픈 불구이자 상흔이겠지만, 우리 인간들은 그 꺾이고 휘어진 멋들어진 모습에서 그림도 한 폭 구하고, 시 한 구절도 얻는다. 허나 이것도 눈이 덜 오시는 지역에서나 가능한 일, 본판의 설국에선 한번 휘어진 나무는 결국 길게 버티질 못하고 언젠가 마저 꺾임으로써 소임을 끝내 접고야 만다.

그렇다. 사람에겐 가장 조용하고 정밀한 계절, 은근한 겨울잠에 들어야 할 깊은 산속 나무들은 오히려 일 년 중 가장 큰 힘을 들여가며 정중동(靜中動)의 안간힘으로 생과 사의 버티기를 치열하게 하고 있는 것이다.

겨울나무가 얼마 되지 않는 제 에너지마저 성장과 번식에 쓰질 못하고 단지 개체생존을 위한 버티기에 모두 사용하느라 겨울날에 남겨지는 나이테는 유달리 짙고 근육처럼 단단하게 뭉쳐져 있어 언어보다 짙은 자취로 저간의 정황을 또렷이 기록하고 있음이다. 결국 부름켜에 기록된 성장의 증거로 나

이젠 겨울나무가 생존의 무게를
오랜 동안 감당해 내려오면서 남긴 고난의 불가피한 흔적,
군더더기 덜어냄이야말로
노익장의 덕목이라고 단번에 이해할 줄도 안다.

무들 나이를 세는 게 아니라, 온 용력을 다해 버텨낸 겨울의 증거인 굳은살, 색 짙은 고난의 흔적을 헤아려 하필 나무의 세월을 읽어낸단 뜻을 우린 모르는 사이에 계수하고 있음이다. 설해목, 이처럼 곁가지를 무참하게 떨군 덕분에 위로 곧게 뻗은 둥치만 눈에 남은들 원래부터 그렇겠지, 날이 풀려 부러지고 꺾인 상처가 아물면 겨울나무 안간힘의 속내를 사람들은 막상 겉으로 봐선 모른다.

이곳에서 진짜 겨울을 만나기 전엔 나 또한 오래된 나무가 제 가지를 함부로 부러뜨린 채 흉하게 서있는 모습에 그리 깊이 유념하지 않았었다. 그저 (멀쩡하게 생긴 나무가 아깝게 됐구나!) 라는 정도로 가벼운 관심뿐이었지만, 이젠 겨울나무가 생존의 무게를 오랜 동안 감당해 내려오면서 남긴 고난의 불가피한 흔적, 군더더기 덜어냄이야말로 노익장의 덕목이라고 단번에 이해할 줄도 안다.

쌀과 옥수수엿을 고아서 만드는 이 마을 고유의 동동주가 제대로 익는 시간은 이때가 가장 적절하다고 한다. 몇 대를 이어 자연에 잘 순응해 가며 삶을 영위하는 순박한 산골 사람들의 영혼도 달래주는 옥수수 동동주는 산속 눈밭에 나뭇가지 부러지는 소리를 들으며 이같이 깊은 밤에 몰래 더 깊이 익어 간다고 한다.

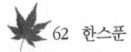

물 긷기

대한 날부터 닷새 넘어 맹추위가 기승을 부리더니 집안에 물이란 물은 모두 얼어붙었다. 주방 수도꼭지는 물론이려니와 보일러실이라 안심하고 있던 물 펌프까지 얼었으니 가까운 시일 내에 물을 거저먹긴 틀렸음이다. 하지만 이럴 줄 알고 대형 물통에 가득 받아둔 비상식수가 있어 대책 없이 멍청한 꼴은 피할 수 있을 것이다.

산골짜기 외딴집에서 예상할 수 있는 최악의 상황이 기어코 벌어지긴 했지만, 아무려나 난 걱정일랑 한 톨도 하지 않는다. 눈이 내려주시면 눈을 끌어들여 사용하면 그만일 테고 눈이 내리시지 않는다면 오고가는 오솔길이 대신 편할 테니 물통으로 하나씩 개울물을 길어 나른다 해도 어색함이란 하나도 없다. 원래부터 이곳은 그런 곳이었으니까, 물론 허드렛물도 모자람 없이 사용하려면 제법 작지 않은 수고를 들여야 하겠지만, 혼자 쓰는 물의 양은 빤할 따름이다. 도시에선 일부러 비싼 비용을 들여 행사하는 운동비용이 이곳에선 소득 있는 행위가 되니 그로서 그만이다.

물통 하나 바가지 하나 들고 목도리에다 목장갑까지 끼고 나서는 이른 아침의 산책로가 별스러웠다. 겨우 남은 그늘진 눈길 위에선 밤새 언 눈밭의 뽀드득거림이 참말로 경쾌하다. 돌밭 급경사로를 갈 짓자 옆걸음으로 지나 천

'쪼르르 주르르' 물통에 담겨지는 물소린 겨울의 서정이 뛰어와 담기는 소리가 무조건 한 바가지씩, 숭고한 시간의 과업을 무념 무색 중에 수행하는 엄밀한 과정을 방해하지 않으려는 듯 바람도 한 점 없다.

연 바위들로 함부로 울퉁불퉁한 냇가에서 물 흐름이 유독 격한 곳을 찾는다. 흐름이 완만한 곳은 얼음의 두께가 너무 부담스럽기 때문이다. 이미 알고 있는 일, 멋대로 불거진 얼음 아래를 '돌돌 또르르' 흐르는 물소리가 겨울도 한복판임을 곧이곧대로 알려준다. 사방을 빙 둘러봐 바닥이 특히 말갛게 비치는 얇은 곳 얼음 바탕을 골라 동그란 차돌을 들고 몇 차례씩 쥐어박자 얼음뚜껑이 쉬이 열리고 으아! 세상에 다시없이 투명한 옥수, 희나리 하나 비치지 않는 청수가 거침없이 앞으로, 미래로 내달리고 있었다. 밤새 그렇게 몰래 또 멀리 달아나고 있었던 게다.

잠시 목적과 함께 만사를 다 잊은 채 넋 놓고 바라보는 물길엔 한없이 투명한 겨울 아침 창공이 말갛게 비치고 있었다. 알알이 따로 따로 굴러 내리는 영롱한 물소린 옥구슬들의 자리다툼인 듯 서로 부대끼고 섞이는 몸짓이었다. 소름이 돋도록 맑음이 하도 기가 막혀 바라는 것도 없는 빈 눈으로 얼마라도 그렇게 멍하니 지켜볼 따름이었다.

하얗게 배어나오는 호흡의 김 서림 끝에 이어 쨍한 자극적 향기 한 줄금 냉큼 입안으로 달려든다. 한 모금 깊은 들숨 나도 모르게 꿀꺽 삼키면 아침나절 향기는 머리끝에서 폐부를 거쳐 내장 속까지 속속들이 적셔온다.

오래 멍청하게 앉아있을 순 없음에 퍼뜩 정신을 차리면 그새 냇물 튀긴 장갑이 얼어들어 아직 손에 들려있던 물돌, 차돌을 꽉 붙들고 있다. 날씨가 많이 풀렸다지만 새벽 기운이 아직 차긴 찬가보다. 하지만 넋을 절반쯤 빼앗긴 난 잘 모르겠다.

바가지에 냇물을 조금만 퍼 올려 먼저 한 모금 입에 넣었다. 세상천지 겨울 향기란 그 한 모금 안에 몽땅 녹아들어 있었다. 이도 시리긴 하겠지만 이보단 머리에서 쩡하는 울림이 깊다. 겨울 하늘로부터 심상으로 전해오는 영혼의 동기신호임에 틀림없으려니, 인간사 호사를 멀게 막아서는 오지 산골짝에서 다만 이것으로나마 깊이 있게 누려보란 당부인가 싶다. 청명한 옥수 단지 한 모금이면 모자랄 리 없다.

세상에 다시없는 맑은 청수를 바가지로 떠올려 물통에 천천히 담는다. 한 방울이라도 허실이 없도록 십분 주의를 기울인다. '쪼르르 주르르' 물통에 담겨지는 물소린 겨울의 서정이 뛰어와 담기는 소리가 무조건 한 바가지씩, 숭고한 시간의 과업을 무념 무색 중에 수행하는 엄밀한 과정을 방해하지 않으려는 듯 바람도 한 점 없다.

처음 같지 않은 처음, 그저 할 일을 묵묵히 하고 있을 따름 중에 문득 난 지금 개울에서 뭣을 길어 올리는지, 통에 담겨지는 것은 도대체 뭣인지 아득해진다. 모를 일이다. 심신이 하얗게 비워지는 삭제현상을 단지 받아들일 뿐, 할 일이되 미리 생각해 두지 않았던 돌연한 느낌이기에 그럴 것이려니와, 친구 동장군의 농밀함에 간단없이 함몰되어간단 뜻일 것이다. '하늘이, 물이, 세상이 너무나 맑다'란 원초적인 느낌 하나만 겨우 남아서 맴돌고 있음을 어렴풋이 깨닫는다.

한 손엔 겨울 아침의 운치로 가득한 빈 바가지, 한 손엔 냇물로 가득한 물통, 가끔씩 오솔길 눈 위에 물통을 내려놓고 허리도 펴며 뒤를 돌아본다. 맑고 청아한 좀 전의 개울물이 차마 믿어지지 않기로 그러하다. 돌아선 김에 기왕이면 멀리 햇살에 머리부터 조금씩 젖어드는 산마을도 한번쯤 건너다본다.

손을 교대로 바꿔가며 두어 차례 쉬엄쉬엄 쉬면서 돌아와도 20킬로그램 물통 하나의 무게는 별 것 아니다. 호흡도 적당히 올라있고 체온도 꼭 그만큼 올라있으니 맘이야말로 참으로 가벼울 뿐더러 맑은 대기를 무한히도 닮아있

다. 이 순간의 심상이야말로 더도 말고 덜도 말고 통째로 맹물표 일색이다.

　한 가지는 잘못됐다. 아침 일찍 목도리 채비까지 단단히 하고 나서는 산책 길에 20리터 물통은 너무 컸음이다. 일부만 사용된 대형 비상수 물통에 '쏴—아' 옮기다 부으니 겨우 반 통으로 다시 가득 채워질 뿐 고스란히 남겨지고 말았다. 차라리 작은 물통을 이용했더라면 하루에도 여러 차례 개울물 긷기의 고전적이고 야한 과정을 두고두고 가져 볼걸 그랬다. 어쨌든 비상 식수 물통이 짙은 청공 색으로 입구까지 찰랑댐을 바라보면 난 맘으로 불쑥 부자가 된다. 곁엔 반통이나 남은 옥수 물통까지 보너스로 기다리고 있다.

"부자 되세요!"
얼마 전 어느 분이 전해준 새해 덕담이 내겐 너무 일찍 성사됐다.
이젠 단지 페트 병 하나 내지 둘로 옥수 같은 냇물 아닌 보물을 길어 와야 할까 보다. 반쯤 장난삼아 즐기는 깊은 산골짜기 냇가에서의 천진난만한 물 긷기도 도정의 분명한 일환일진대, 남아돈단 사실이 짐짓 부담스럽기 때문이다.
'감하기 절반' 이것이 깊은 산골짝 오지 냇가에 의지해 한겨울을 살아내는 오늘 누구네 행복 공식이란다.

난 봄빛을 봤다

오늘 아침 겨울 햇살 속에서 난 봄빛을 봤다. 양력도 2월 초하루이니 아직 겨울 한복판임은 분명한데도 말이다. 즉 절기상 입춘도 아직 사흘은 남았단 말이다. 남들은 과장이 좀 심하지 않느냐고 타박을 던져줄지 모르지만 난 분명히 봄빛을 봤다고 강력하게 주장한다. 그렇겠지, 긴 겨울 동안 혼자 극도로 외로운 입장이었을 테니 맘이 먼저 앞서기 때문일 것이란 넓은 이해도 필요 없다. 곧 죽어도 난 봄빛을 봤단 말이다. 남들보다 내 원안 또는 심안이 더 넓고 멀리 열려있기 때문이란 말까지는 차마 하지 못하겠다. 때문에 강력한 주장이더라도 홀로 속내로만 한다.

시린 듯 파란 하늘 배경에 각도가 좋은 구릉엔 흰 눈 자취가 거의 사라졌지만, 벌써 열흘 가량 지속되는 겨울 추위에 낮은 곳 눈은 절반이 얼음으로 공고하다. 햇살의 극성 때문에 표면의 눈은 녹으려 애를 쓸지라도 차가운 기온이 협조를 해주지 않을 경우 눈은 녹다가 어는 변덕에 몸살을 앓게 되고, 덕분에 서릿발처럼 뾰족하고 창날처럼 사납게 강퍅한 모습을 표정으로 확실하게 남긴다. 이 시기부턴 겨울 동장군의 고집스런 자취와 봄의 은근한 부추김이 공존하는 어중간한 시기인 것이다.

어제 달포 만에 아래 양지마을 오 선배에게서 안부 전화가 왔다. 말하기 쉬워 아랫마을이래도 예서 30리, 거기 비 올 때 여기 눈 온다. 새해 들어 아직껏 얼굴 마주할 기회가 없었으니 연하 인사를 겸해 간만에 회포란 한번은 풀어야 하지 않겠느냔 뜻이다. 뜻은 그래도 말씀은 '죽었니? 살았니?' 라 신다.

내 성격상 싹싹하게 먼저 찾아다니는 붙임성은 없으니 십중팔구는 외부에서의 초청이 일반적이다. 더 솔직하게 표현하자면 자주 찾아가 어울려 봐야 어렵게 목까지 채워놓은 찰랑찰랑한 푸른빛 감성이 덜어지면 덜어졌지 남는 건 일절 없더라니……. 하지만 사람 사는 이유가 계산기 답처럼 똑떨어지게 분명한 건 아니지 않은가, 인정이 어디 늘 파랗기만 하던가, 두말할 나위 없이 초청은 고마운 일이지만, 얼음으로 변한 눈밭이 우선 머리를 가로막았다. 한껏 눌리고 다져진 높이가 10여 센티미터에 불과해 별건 아니라 쳐도, 길이 100여 미터의 눈길도 별것 아니라 해도, 긴 기간 슬로시티의 고요함에 깊이 길들어있는 지금의 컨디션에선 녹녹치 않은 시련이 된다.

아침 산책 시엔 눈 위를 걸어도 발자국이 생기지 않을 정도로 표면이 굳다. 자주 밟고 다니던 눈길은 내 걸음에 하도 다져져서 거울같이 윤기마저 난다. 행여 미끄러지랴 새 눈을 골라 살금살금 걷다가 뒤를 돌아다보면 청개구리처럼 싸돌아다니는 내 흔적이 언 눈 위에 전혀 보이지 않는다.

아니나 다를까, 오솔길을 몇 삽 뜨는 시늉만 하다가 포기하고 말았다. 일의 진도도 지지부진하고 바닥까지 완전히 밀어내지 않는 한 빈 트럭이 안전할 순 없었다. 길바닥이 아예 말끔하지 않을 경우 비스듬한 내리닫이야 탄력을 받아 어찌어찌 나간다쳐도, 다시 들어오진 못한단 걸 경험으로 잘 알기 때문이다. 다시 들어오지 못할 경우 불쌍한 내 차 고물이는 안심하고 잠잘 곳이 햇살의 극성 때문에 표면의 눈은 녹으려 애를 쓸지라도 차가운 기온이 협조를 해주지 않을 경우 눈은 녹다가 어는 변덕에 몸살을 앓게 되고, 덕분에 서릿발처럼 뾰족하고 창날처럼 사납게 강퍅한 모습을 표정으로 확실하게 남긴다.

없다.

 여러 날 다져지고 언 눈이 삽으로 말끔하게 떠지지 않는 건 당연하다. 흙보다 돌이 많은 울퉁불퉁 돌길, 만들 때 유난히도 힘들었던 오솔길, 소문 자자한 강원도 산길이라 긁어도 쉽게 긁히지 않는다.

 아무리 인정이 그립고 초대가 고마워도 돌아서야 한다. 서운함이 넘쳐 뭣 때문에 누구 도저히 나가지 못하겠노란 인사치레도 차라리 떼어먹고 만다. 속상하게시리 괜스런 전화나 하지 말 것이지…….

 봤다. 깨금발로 다가오는 새아씨 걸음발 같은 봄빛을 분명히 보긴 봤어도 이 계절 깊은 산골짜기 누구는 아직 동장군 벗님네와 그럭저럭 함께 어울리며 살아내고 있단다.

봄 마중

"달캉달캉"

　따사로운 햇살이 너무 아까워 모처럼 문이란 문은 방충망까지 모조리 열어 제치고 겨우내 묵은 공기를 새 공기로 바꿔 놨더니 누군가 가만히 문을 흔들고 있습니다. 얼핏 창밖을 내다보면 아무도 없습니다. 동장군의 작별 인사는 아직은 아닐 테고, 겨우내 뜨락 백설 위에 던져 놨던 내 그리움의 지긋한 눈빛이 녹아내리는 소리도 아니었을 겝니다.

　눅진한 습기가 부담스러웠던 실내도 아주 빠르게 말라감에 속이 다 개운해집니다. 빨랫줄에 내다 얹은 이불까지도 햇살에 햇살을 받아 온기가 한껏 올라갑니다.

　건너편 북향 산등성이 골 깊은 음지는 아직 9할이 눈밭, 그러나 색 바랜 백설의 눈빛도 이미 설국의 강건함을 잃었습니다. 시험 삼아 밟아보는 눈 표면은 푸석거리는 소리만 깊습니다. 올려다보면 눈높이가 무릎만큼 낮아진 지붕 테라스에서 폭포 되어 쏟아져 내리는 낙수방울이 마치 진 보석인 냥 반짝입니다. 더 올라 구름 한 점 끼지 않은 청천을 바라보자니 벅찬 광휘가 차라리 내 눈을 감깁니다. 실눈도 부럽단 뜻입니다.

아침에 나가 본 개울물이 맑은 청록 빛에서 붉은 흙탕물로 바뀌어 있었습니다. 눈과 추위로 한동안 멈추었던 도로 복구 작업이 드디어 봄날을 앞질러 탄단 말입니다.

장화 발로만 눈을 슬슬 밀고 지나간 침목다리 위도 말끔히 녹아 벌써 뽀송하게 말라 있습니다. 남은 눈이 거의 사라진 포장도로엔 물기가 거의 없어 연례행사인 이른 아침 얼음지치기 행사는 올해 기대치 말아야 할 모양입니다.

"달캉달캉"
다시 누군가 창문을 조심스럽게 흔들어 옵니다. 만사가 고요하기로 바람

한 점 붙지 않는 뜨락 쪽이었습니다. 들키지 않으려고 곱게 묶어둔 내 그리움은 아닌 줄을 알기에 이번엔 내다보지도 않습니다. 누군지 몰라도 그냥 혼자 놀다 가시란 뜻이지요.

참으로 긴 겨울이었습니다. 일찌감치 쳐들어온 혹한 때문이기도 하려니와, 1주일에 한차례 이상 눈 오시는 횟수도 가장 잦았던 겨울이었습니다. 결국 엊그제 내린 뻠치 눈으로 3미터를 꽉 채운 적설량이었지만 여느 해보다 힘은 덜 들었습니다. 골고루 나눠 옴으로써 단번의 폭설은 피해 줬기 때문입니다.

어차피 이력이 붙은 외딴 산마을에 겨우살이, 한꺼번에 왕창 쏟아져 준다 해도 그럭저럭 살길은 있었을 겝니다. 덕분에 병풍 같은 참숲 소나무들이 설해를 입지 않았음만 그저 은혜로 여기면 그만입니다.

수일 내 하조대 바닷가 시린 파도 머리에 마중 한번 다녀올 예정입니다. 작년 겨울 초입 달빛 가득한 트럭 적재함에 함께 실려 온 동장군 대신 이번엔 봄 처녀를 마중 나가야 하겠기 때문입니다. 내가 잠시만 수고를 해주면 이곳 산골짜기 봄날은 그만큼 빨라질 걸요, 이젠 길을 온전히 믿을 수 있는 만큼 고즈넉한 한밤중을 골라서 한번쯤 다녀올 예정입니다. 산 그림자 은빛으로 짙은 달밤이면 더더욱 좋겠지만.

"달캉달캉"
처음과 똑같은 소리 박자로 창문 밖에서 또다시 누군가가 부르고 있습니다. 부르는 청이 하도 정겹고 워낙 은근해 이번엔 아무래도 아는 척을 해줘야 할 것 같았습니다. 한 모금 남아있던 찬 커피를 마저 입에 물고 가벼운 차림

새 그대로 거실을 가로질러 뜨락으로 난 쪽문을 가만히 밀어보았습니다.

아하! 방금 전까지 말끔하던 묵은 눈밭 위엔 자그마한 노루 발자국이 진하게 새로 찍혀있었습니다. 시절이 정히 힘들 땐 콩도 배추도 나눠, 감자도 나눠, 그에겐 맹한 나로서 은혜로운 이웃으로 굳이 자리를 잡았을 진 몰라도, 겨우 한줌어치 은혜를 구태여 인연으로 엮고 싶지 않은 내 속셈, 구휼(救恤) 보시(普施)이되 무상공식임을 마저 다 아진 못할 겝니다.

그랬습니다. 눈 나라 깊은 산골짝에 기대어 혼자 사는 맹물 글쟁이 찾아온 노루 한 마리, 유난히 걸음발 느린 아랫녘 봄 아씨 함께 마중가자는 소심한 청노루가 내민 더 부끄러운 데이트 신청이었던 겝니다.

뜨락 묵은 눈밭을 얌전히 가로질러 밤나무동산 잔등너머로 자박하니 사라진 청노루 발자국, 그쪽은 틀림없이 봄 오시는 방향이었습니다.

동박새

 올 들어 처음으로 밤나무 동산 마른 풀잎 위로 날아오르는 키 낮은 아지랑이 한 무리를 만났습니다. 눈 가늘게 뜨고 유심히 잘 봐야 보입니다.
 마냥 평온한 듯 반가운 정경 속에서 불현듯 치밀어 오르는 느낌 하나, 가슴이 덜컹하는 가운데 찾아오는 느낌 하나가 예사롭지 않습니다. 하나가 찾아오면 넘치지 않도록 다른 하나는 떠나야 하는 산골짜기의 분명한 인연공식 때문일 겁니다.

 아지랑이 추임새를 믿고 겨우내 방 한가운데 앉은뱅이 탁자에 내려뒀던 컴퓨터를 탁상 위로 옮겨놨습니다. 방석도 옮기고 무릎 덮개도 치웠습니다. 하마 넉 달만의 일입니다. 그간 계속 가부좌를 틀고 앉은 자세에서 작업을 하다 보니 무릎도 시큰, 허리도 뻐근합니다. 오른다리 복사뼈 근처에 두텁게 내려앉은 굳은살은 처치가 곤란할 정도로 공고합니다.
 컴퓨터가 앉을 자리는 드디어 제자리를 잡았어도 트럭, 불쌍한 내 트럭 고물이가 제자릴 잡으려면 아직 보름은 실히 더 걸려야 할 듯합니다. 햇살 각도가 워낙 좋은 뜨락 위편에서부터 바닥이 서서히 드러나기 시작했어도 돌고 도는 오솔길, 정겨운 오솔길을 가득 덮은 눈 아닌 얼음은 녹아 줄 기미가 아직은 전혀 보이지 않기 때문입니다.

오솔길 옆 이 서방 네 다락 논에도 이제 겨우 바닥이 드러나기 시작했으니 평년 같으면 지금쯤 개구리들의 노랫소릴 밥반찬 삼을 만도 하건만, 오래 전 지난 경칩이 무색할 지경으로 그저 잠잠합니다. 이러다가도 하루 사이에 한꺼번에 와글거리는 개구리 녀석들의 속성을 잘 알고 있어 염려하진 않습니다. 일면 딱하고 일면 웃기는 녀석들이거든요.

따끈한 봄날 오후, 말갛게 끓인 쑥국에 찬밥 말아서 개구리 말고 개구리 노랫소리만 반찬 삼아도 그게 나로선 최상의 만찬입니다.

올해도 어김없이 밤나무 동산에서 알밤을 찾아냈습니다. 어제오늘 각각 한 알씩 두 알, 토종밤입니다. 겨울 동안 눈 밑에서 잘만 버텨낸 알밤인지라 속껍질을 벗기지 않아도 떫은맛이 전혀 없습니다. 얼고 녹기를 밥 먹듯이 했음에도 외형상 변화는 물론 윤기도 크게 탈색된 바 없을 뿐만 아니라, 맛의 고소함은 표현하기 힘이 들 정돕니다.

아무리 우연이래도 난 알밤을 까먹을 때마다 양심의 가책을 약간씩 느끼긴 합니다. 내 몫이 아니라 다람쥐 녀석들 몫일 수도 있기 때문입니다. 올해처럼 기록적인 적설량일 경우엔 더더욱 그렇습니다. 하지만 눈에 빤히 보이는 산뜻한 알밤을 모른 척 그냥 지나치기도 힘들거니와, 다람쥐 녀석들이 언제 겨울잠에서 깨어날지도 알 수 없는 노릇에선 내가 먼저 취해도 할 수 없을 겝니다. 격언처럼 부지런한 누군가 먹이도 먼저 취한다고 했듯이 나중에라도 다람쥐 녀석들은 설마하니 모를 겝니다.

장담하거니와 일부러 알밤을 찾아 나서진 않습니다. 그저 우연히 가라앉은 나뭇잎 사이로 비어져 나온 저절로 숨어있던 것들일 뿐입니다. 그것도 시즌이 한참 지난 뒤 늦서리 재촉에 못 이겨 어쩔 수 없이 떨어진 늦둥이들인 건 그간의 경험으로 확실합니다. 다람쥐 녀석들이 춘궁기를 대비해 알밤을

모두 땅속 깊이 파묻어 감춰 둔단 사실을 모른다면 그조차 차마 주워 들진 않았을 겝니다.

드디어 거실 안과 바깥 기온이 쉽게 역전됐습니다. 높은 곳은 허리, 낮은 곳은 무릎까지 여태 남아있는 지붕 테라스에 눈 아닌 얼음 때문입니다. 혹한기엔 이불처럼 실내 과냉각을 막아주던 빙설이 이때쯤이면 온도상승에 오히려 방해꾼이 됩니다. 한낮이라도 밖은 봄, 안은 겨울입니다. 몇 차례 눈삽을 들고 지붕에 올랐다가 해바라기 자세로 포근한 세상 구경만 하곤 그냥 내려왔습니다. 남아있는 얼음의 양도 아직 너무 많거니와 악착같이 치워야 할 이유 대기가 어려웠기 때문입니다. 보일러 연료가 좀 더 드는 것만 참아주면 날짜가 어련히 알아서 치워갈 텐데 말입니다.

기왕에 올라간 걸음, 눈에 눌려 테라스에 가지 끝을 기댄 덕분에 운 좋게 설해목의 위기를 겨우 면한 밤나무가지를 억누르고 있던 언 눈만 슬쩍 치워줬더니 스프링처럼 잽싸게 몸을 일으킵니다. '어휴! 많이 힘들었습니다.' 란 한숨 소리가 들리는 듯 내 허리가 다 편안해집니다. 작년에 거기서 쉽게 주워 올린 때깔 좋은 은혜, 통통한 알밤이 한 주먹은 된답니다.

'또랑또랑' 하루 온종일 실로폰 소리를 내며 떨어지는 낙숫물을 받아 다양하게 허드렛물로 거저 사용하는 재미도 있기는 있습니다. 눈 녹아떨어지는 낙숫물이라도 아무렴 도시형 비싼 수돗물과 바꾸지 않습니다. 낮엔 봄 아지랑이에 낙숫물이 폭포처럼 흘러내려도 일교차가 15도를 가볍게 넘는 골짜기 낙수그릇에 고인 눈물은 밤으론 아직 두텁게 업니다. 겨우 드러난 산책길도 새벽엔 서릿발이 '뽀도독' 비명을 내지르는 어정쩡한 계절, 낮과 밤으로 의복의 입성이 달라져야 하는 헛되이 바쁜 계절이기도 합니다.

있으나마나 일 것 같은 방충망이 감각적으론 차이가 큽니다. 해서 무심코 통째로 열어놨던 창문을 통해 작고 여린 동박새 한 마리가 또 잘못 들어와 있었습니다. 다람쥐도 꿀벌도 활동을 개시하기 전인 이 계절에 말썽을 일으키는 건 아직은 새들뿐입니다. 늘 그렇듯 나갈 곳을 몰라 엉뚱한 서편 산으로 막혀있는 쪽 고정식 창유리에다 애써 작은 몸을 밀어붙이고 있습니다. 다행히 이번엔 별로 어렵지 않게 녀석을 붙들 수가 있었습니다. '할딱할딱' 빠르게 맥박 치는 작은 동박새의 심장 고동이 고스란히 손을 타고 전해져 왔습니다. 따스한 체온을 간절하게 느끼며 북쪽 창문을 열고 손을 쑥 내밀었습니다. 곱게 털끝 하나 다치지 않은 동박새 녀석은 뒤도 한번 안 돌아보고 힘찬 날갯짓으로 초봄의 푸르고 너른 창공을 곧장 차올랐습니다. 방충망만 가만히 닫았습니다.

아! 화답.

그랬습니다. 처음 예사롭지 않았던 진한 느낌 하나의 정체는 바로 이것이었습니다. 성깔은 꼿꼿하나 속 깊은 내 친구 동장군 녀석이 제 동생 동박새를 시켜 그렇게라도 내 작별인사에 대한 화답을 대리로 전하고자 했던 겁니다. 제 체온은 내게 남겨놓고 내 체온은 두 날개에 가득 담아갔습니다. 작별이란 늘 그렇듯 가슴 한구석 먹먹해 옵니다.

동박새가 사라진 아득한 북쪽 푸른 하늘엔 벌써 그리워지는 내 친구 동장군이 타고 갈 백설구름 한 조각 둥둥 떠 있었습니다. "안녕 동장군!"

밀화부리 사투리

　무더운 여름이 예고되면서 소리가 들리지 않던 생물들도 모두 깨어났는지 사방이 크게 분주해졌다. 단풍나무 줄기에서 청개구리 우는 소리를 오늘 아침 처음 들었다. 녀석은 일반 개구리 같지 않아서 이른 봄엔 흔적을 찾기가 어려운 계절적 게으름뱅이다. 이제 5월의 시작인데 벌써 30도를 웃도는 폭염 속에서 어린것이 어떻게 견디려고 이제야 활동을 시작했는지 모르겠다.

　새들의 존재 구분을 가장 분명하게 인식하는 수단은 아무래도 울음소리이다. 날아가는 모양, 앉아있는 모양으론 종의 분간이 불분명할 때가 많기 때문이다. 다행히 울음소리만은 개별적인 생김새가 완전히 구분된다.
　청개구리 소리에 맞춰 비슷한 시기에 활동을 시작하는 새가 밀화부리이다. 여름철새인 밀화부리가 울기 시작하면 이젠 봄이라 하긴 민망할 만큼 날씨는 한껏 더워진다.
　부럽기 짝이 없는 수단 날개가 달려있는 새라고 얼마든지 자유로운 것도 아닌 것 같다. 지나치는 여행길이 아닌 주 거주지로 삼는 목표 지역은 거의 정해져 있단 말이다. 특히 영서지방과 영동지방처럼 높고 긴 산맥이 가로막혀 있는 경우는 이들의 갈림은 더욱 확연하다.
　누대를 이어 살며 번식해 가는 지역은 마치 전통처럼 내리닫이로 작용을 한다. 경기 지역의 밀화부리가 거대한 산맥의 영을 넘어 영동지방으로 주 거주지를 스스로 옮기는 경우는 거의 없단 말이다. 무리 단위 가족 단위로 이동을 하는 계절별 철새일수록 한 지점을 고집하는 집착성은 당연히 대를 이어 내려간다. 목표 서식처에 심각한 변화가 있을 경우에만 불가피 장소를 바꿀 뿐이란다.

잘 알려진 대로 인간을 그리 두려워하지 않는 제비는 작년에 집을 짓고 살았던 처마 밑 정확한 그 장소에 다시 회귀해 올 정도로 장소 집착이 강하다.

사람들도 마찬가지인 것처럼 오랜 기간 일정한 지역을 거점으로 삼아 대를 이어오다 보면 새들도 나름대로의 고유함이 몸에 붙는다. 말투에서부터 생활 방식에 고유함의 흔적이 고스란히 묻어난다. 이어 온 삶의 내력이 워낙 길고 오래다 보면 유전자 속에까지도 독특한 지역적 특성이 각인 기록될 것이란 추측도 사실에서 크게 틀리지 않을 것이다.

밀화부리 울음소리는 청이 매우 맑다. 마치 옥을 굴리는 듯한 명쾌함은 듣는 이의 가슴을 시원하게 위무해 준다. 맑은 하늘을 배경으로 공중을 타고 넘는 밀화부리 울음소리는 어느 악기와도 견줄 수 없을 만큼 청아하다. 그런 밀화부리에게도 사는 지역에 따라 독특한 사투리가 있다. 경기도나 충청도 지역에 사는 밀화부리는 지역적 유사성이 많아서 그런지 울음소리에 차이가 적은 편이나, 이쪽 영 넘어 강원도 지역은 역시 두드러진 사투리를 가지고 있다.

밀화부리는 처음에 다소 긴 초성이 있고 다음에 짧은 본성이 있으며 끝마침이 분명한 종성의 똑떨어지는 3단계 음성 구조를 하고 있다. 이는 손꼽히는 명조(鳴鳥)인 꾀꼬리, 휘파람새도 마찬가지이다.

음성 구분이 3단계로 길고 명확한 종일수록 사투리 구분이 분명한 편이나,

밀화부리 울음소리는 청이 매우 맑다. 마치 옥을 굴리는 듯한 명쾌함은 듣는 이의 가슴을 시원하게 위무해준다. 맑은 하늘을 배경으로 공중을 타고 넘는 밀화부리 울음소리는 어느 악기와도 견줄 수 없을 만큼 청아하다.

까치나 까마귀처럼 단순한 음성구조를 가진 새들에게 지역 사투리 구분은 사실상 거의 불가능하다.

다른 지역 밀화부리는 1초를 넘지 못하는 경우가 드문 편이나 영동지방 밀화부리는 1초를 넘기는 적이 거의 없다. 길어야 1초 안에서 끝나는 짧은 울음소리이지만 성문이 비교적 복잡하기에 억양 차이는 확연히 느낄 수가 있다.

영동지방 밀화부리의 3단계 울음소리는 중간 본성 첫 음이 다른 곳의 그것보다 약 3음 정도로 불쑥 높다. 아울러 끝마침도 한음 정도가 짧고도 분명한 편이다. 길고 짧은 특성과 높고 낮은 특성이 함께 분명하기에 다른 곳 밀화부리와 분명한 차이가 나는 것이다.

무심할 것 같은 새들의 음성이 경기 지역과 강원도 지역의 사람 언어가 다른 정도로 심한 차이를 보일 뿐만 아니라, 억양까지도 사람의 그것과 영락없을 정도로 닮았단 사실은 아무리 생각해 봐도 기이한 일이 아닐 수 없다. 새와 사람이 같은 지역적 서식 조건에선 목소리 구조와 삶의 전통도 닮아 가는 요인인지는 전문가들의 심도 깊은 연구과제가 될 수도 있을 것이다.

난 성문학의 전문가는 아니지만 광활하고 넓은 평야지대와 험악하고 좁은 산간 지역의 음성 전달 특성이 지역 사투리 형성에 미치는 영향도 없지 않을 것으로 생각된다. 즉 사방이 활짝 열려있어 메아리가 적은 평야지역에선 음성의 끝을 길게 연장시켜 소리 에너지의 양을 풍부하게 함으로서 먼 곳까지 좀 더 확실하게 소리를 힘으로 밀어서 전달하려는 것 같고, 메아리가 많은 산간지역에선 어지럽고 복잡한 반향을 오히려 피해야 함으로서 음성 또한 높고 간결하고 특히 종성이 짧은 것으로 생각된다. 어지러운 소리반향 즉 메아리를 피하지 못할 경우 소리의 정보 내용뿐만 아니라 방향조차도 분별하기 어려울 것이니, 이는 짐승이나 사람에게나 마찬가지라고 생각된다.

다소 극단적인 비교를 말하자면 만일 충청도 사람들이 강원도 산속에서 말꼬리를 길게 늘여서 말을 하면 사방 웅웅거림 때문에 분별이 어려울 것이고, 강원도 사람들이 너른 평야 지대에 가서 산간지역에서처럼 간결한 습성으로 똑 떨어지게 말을 하면 미처 의미가 전달되기도 전에 중간에서 흐지부지 끝나게 될 것이다. 이 같은 자연적인 조건은 귀가 있는 생물들의 공통사항이 되어 음의 높낮이와 색조까지 닮게 하는 요인이 될 수도 있지나 않을까 하는 생각이 있다. 이처럼 밀화부리의 고운 울음소리와 이 지역 사람들 목소리의 성문과 억양에서 상당한 유사성을 발견할 수 있음은 매우 흥미로운 일이 아닐 수 없다.

그렇다. 말하기 쉬워 지방 사투리라 해도 해당 지역에선 가장 원만한 적응력을 가지는 이유도 확실한 전래의 지역 정통 표준어인 것이다.

실인즉 목소리가 아름다운 밀화부리도 무척 오랜만에 들어본 소리이다.

이곳 하늘을 차지하고 있는 텃새들은 종류도 다양하고 다른 곳에선 귀해진 새도 종종 발견할 수 있어 큰 다행이다. 그러나 웬일인지 철새가 귀해진 건 다행 속에 불행한 일이 아닐 수 없다. 그토록 흔한 새인 제비가 이곳에서도 찾아보기 힘들어졌을 정도이니까. 게다가 이처럼 서식 지역에 따른 독특한 성문까지 유전되고 길게 전승하는 새라면 계절적 철새라 한들 주인일지언정 그들을 손님이라 함부로 칭하진 못할 것이다.

제비도 울음소리가 복잡하고 다양하기론 둘째가라면 서러워할 조류이지만, 이즘엔 도무지 눈에 띄질 않으니 목소리를 비교해 보려 해도 거의 불가능한 일이 되고 말았다. 복잡하고도 다양한 제비 성문 비교는 내 짧은 지식으론 다소 무리일 수도 있겠으나, 파리를 깨무는 듯 오밀조밀한 우리네 제비들의 상쾌한 지저귐을 언제 들었었는지 기억조차 가물거린다.

비가 추적거리는 전깃줄에 모여 앉아 희미한 체온이나마 서로에게 의지하며 처량하게 앉아있던 큰 무리의 제비들을 대도시 서울 한복판에서도 흔하게 볼 수 있었건만……. 자연 지표 조류로서 제비가 밀화부리보다 훨씬 더 예민한 종이거나 사람과 가까운 곳은 역시 다른 곳보다 오염으로 한 겹 더 덮여져 있단 가슴 아픈 증거가 아닐 수 없다.

제비가 살기 어려워서 떠나는 대지에 어쩔 수 없이 남아있는 존재들이 딱한 입장이라면 과연 그처럼 서글픈 일은 다시없을 것이다. 금수강산이란 말이 옛날이야기에나 나오는 고전이 되어선 안 될 것인데 인위적인 작금의 흐름엔 여지가 없다.

속세간 시중들의 그악스러움을 피하고 청결함과 정숙함을 쫓아 이곳 강원도 깊은 산골까지 찾아들었어도 아쉬움이 이토록 크게 남을 줄은 미처 몰랐던 일, 제비처럼 더 이상 피할 곳도 달아날 곳도 내겐 없을 텐데 어찌 살아야 좋을지 모르고 또 모를 일이다.

살아있는 생물을 가까이 둔다는 점은 생각보다 많은 배려를 필요로 할 뿐 아니라 정성도 제법 들여야 하는 것이라서 영 자신이 서질 않는다. 책임도 지지 못하는 단순 소유 즉 욕심은 곧 죄악으로 흐르기 쉬운 법이니까.

버러지 살리기

아직 완성되지 못한 건물에서 살다보니 여러 가지로 난처한 경우가 많이 발생한다. 겉보기에 어설픈 점은 둘째로 치더라도 억울하게 목숨을 잃어야 하는 벌레들의 문제가 첫 번째의 난처함이었다.

목욕탕 천장 마무리가 아직 끝나지 않은 상태라서 열린 창문으로 바깥과 실내 구분이 애매한 상황이다. 대충 종이로라도 막아보려 하지만 뱅뱅 돌이 골바람이라도 한차례 불어오면 아무 소용없는 헛수고가 된다.

훤하게 열린 공간 바로 아래엔 공교롭게도 욕조가 설치되어있다. 날개 있는 곤충들이야 별문제이겠지만 벌벌 기어 다니는 곤충들에게 미끄러운 욕조는 커다란 함정이 되고야 만다. 귀뚜라미, 갑충류, 톡톡이 등이 가장 대표적인 희생물들이다.

며칠만 주의를 기울이지 않으면 아사한 벌레들이 욕조 바닥에 즐비하게 모여진다. 까짓 하찮은 벌레라고 가볍게 넘겨버릴 수 없을 만큼 희생되는 종류와 수량이 많다. 봄철 곤충들의 번식기에는 양적으로 늘어났지만 기온이 한껏 오르는 시기엔 양보다 종류가 한결 다양해진다.

처음엔 욕조 전체에 덮개를 설치하려는 생각도 아닌 게 아니라 해보았으나, 그 또한 작업이 만만치 않은 일이었다. 좀 더 간단한 방법이 없을까? 궁리 끝에 우선 잘 쓰지 않는 목재 빨래판 하나를 욕조 턱에서 바닥까지 비스듬하게 걸쳐놨다. 지극히 간단한 방법이었지만 옳거니! 모처럼 발동한 잔머리의 효과는 너무도 분명했다. 잔주름으로 심히 굴곡진 나무 빨래판을 사다리처럼 이용해 제 발로 기어 나옴으로서 무고한 벌레들이 함부로 죽어나가는 일은 이젠 완전히 없어졌음이다.

뭇 벌레들이 스스로 목숨을 건지게 된 건 뭣보다 다행이지만, 처음 보는 온갖 곤충들을 한곳에 앉아서 무시로 관찰할 수 있는 부수의 재미도 함께 사라져 버렸다. 굵은 곤충도감이 필요할 정도로 다양하고 낯선 곤충세상을 관찰하는 재미도 사실은 보통이 넘었던 것이다.

작년 초가을 이곳에 집터를 다듬기 시작할 때 처음 받은 인상을 잊을 수가 없다. 순수한 우리 토종 얼룩 다람쥐가 사방에 얼마든지 많았던 것이다.

이곳은 아직 수입종 청설모가 자리 잡지 않았나 보다. 덩치뿐만이 아니라 같은 먹이를 놓고 벌이는 다툼 때문에 토종의 얼룩 다람쥐와 청설모는 함께 살지 못한다. 뿐만 아니라 심한 경우 청설모가 토종다람쥐를 잡아먹기까지 한다니 공존공생은 어림도 없는 상황일 것이다. 결국 여러모로 청설모 쪽이 우세해 토종은 다른 지역으로 쫓겨나고 만다.

이곳의 다람쥐들은 사람 구경을 많이 하지 않아선 지 사람을 보고도 겁을 내거나 냉큼 달아나질 않는다. 빤히 고개를 들고 바라보거나 아예 무시하는 것 같은 태도가 거침이 없고 당돌하기까지 하다.

자동차가 들어온 적이 있을 리 없는 생짜 배기 산간오지 가파른 언덕바지에 중장비가 다닐 수 있을 정도로 통행로 먼저 개설하고 무수한 잡목을 뽑아 집터도 다듬는 등 땀 흘려 일하다가 잠시 한숨을 돌릴 때 녀석들이 뛰노는 모습을 바라보는 한가로운 재미도 각별한 것이었다.

과일 등 간식으로 먹을 것들은 녀석들과 함께 나눠야 맘이 편하다. 남겨둔 음식들은 다음 날이면 녀석들이 알아서 처리를 한다. 무겁고 커다란 통 과일은 옮겨갈 수 없어 있는 자리에서 조금 파먹고 말지만 작은 것들은 악착같이 제 집으로 가져간다. 녀석들이 돌아가는 길을 눈으로만 쫓아도 녀석들의 집을 찾긴 쉽다.

생각 같아선 다람쥐 몇 마리 정도 거실 안으로 입식해 함께 살고도 싶었으나, 먹거리 조달에서부터 신경 쓰일 면들이 적지 않을 것 같아 사실상 포기한 상태이다. 겨울잠을 자는 다람쥐라면 따뜻한 실내 안으로 옮겨와 힘든 계절 동안이라도 함께 살 순 있을지 모르지만 아무래도 부질없는 발상일 것 같다. 살아있는 생물을 가까이 둔다는 점은 생각보다 많은 배려를 필요로 할 뿐 아니라 정성도 제법 들여야 하는 것이라서 영 자신이 서질 않는다. 책임도 지지 못하는 단순 소유 즉 욕심은 곧 죄악으로 흐르기 쉬운 법이니까.

뜨거운 한낮에 글줄이라도 써볼 요량으로 컴퓨터 앞에 다가앉으면 온통 난리가 난다. 북쪽으로 난 창문 밖에서 매미 떼거리가 한꺼번에 울어대기 시작하는 것이다. 아련하게 멀리서 들으면 마냥 좋기 만한 소리도 바로 코앞에서 단체로 울어대면 그의 소란스러움은 참말이지 대단한 것이 된다. 너무 잘 생긴 층층나무가 제 꼴값을 자랑하느라 매미며 쓰르라미며 가리지 않고 품속으로 불러들이는 모양이다.

평소엔 쥐죽은 듯 가만히 있다가 왜 컴퓨터만 켜면 난리를 치는지 도대체가 모를 일이다. 이같이 햇살 창창한 날에 어둔 골방 안에 깊숙이 틀어박혀 지지리 궁상떨 일이 아니란 뜻인지 남의 입장은 전혀 아랑곳하지 않는다. 글에 깊숙이 몰두하다보면 자연 들리지 않게 되지만 그때까지 한참을 참고 넘기가 쉽지 않다. 그렇다고 알량한 내 졸문 몇 줄을 위해 몇 년 동안의 긴 땅속 준비 기간에 한 주일 정도 짧은 한철을 살다가는 딱하고도 장한 녀석들을 방해할 만큼 나 또한 몰상식하진 않다. 녀석들이 노는 꼴을 기왕에 보다 자세히 확인하고 싶은 맘에 슬그머니 망원경을 찾아들면 다시 조용해지는 건 또 무슨 경우인가?

곤충들이 제 목숨을 건지게 되면서 함께 사라진 관찰 재미가 고맙게도 밤으로 이어졌다.

한낮엔 찌는 듯한 무더위가 그토록 맹위를 떨치더니 밤이 되어선 바람마저 지쳐 잠이 들었는지 사방은 잔 흔들림 하나 없다. 날은 초닷새, 시각은 새벽 2시, 별빛이 보일 듯 말 듯 높은 구름이 밤하늘을 덮고 있다. 도회지의 잔광이 미칠 수 없는 깊은 산중, 달빛도 있을 리 없는 여름밤, 웬일인가? 하늘빛이 검지 않다. 울창한 소나무의 실루엣이 산등성이에 그럴싸하게 그려지고 개구리, 제 놈들만 살아서 원 없이 울어댄다.

불연 듯 혹시나? 하는 생각에 방 안의 모든 불을 끄고 조용히 어두운 거실로 나가보면 아! 역시나, 다래 넝쿨 너머 칡넝쿨 무성한 아치를 향해 짙고 푸른 별빛 하나가 느릿하게 날아가고 가슴은 이내 콩당이기 시작한다.

반딧불이다아,

또 한 마리, 저기도 한 마리.

지극한 어둠이 점잖게 난도질당하기 시작한다.

고개를 돌려 마당가 샘터를 바라보면 어허! 거기도 두어 마리.

산 당귀, 참 당귀 넓은 잎새엔 조금 수줍은 녀석이 움직임을 멈춘 채 꽁무니만 끔벅이고 있다.

그 순간, 내 눈엔 못이 박히고 가슴엔 별이 박힌다.

얼마나 시간이 흘렀는지 나는 모른다.

숨마저 멈추고 있었는지 나도 모른다.

부지불식간에 긴 한숨이 토해지고 그 사위에 퍼뜩 정신이 든 것 같다.

무심코 얼굴 더듬어 본 손바닥에 물기가 촉촉했다. 더할 나위 없는 축복이다. 거의 20 수년 만에 잃었던 눈물을 되찾았으니까, 철든 뒤로 다시는 눈물을 흘리지 못할 줄 알았는데 비로소 되찾은 철부지 동심이 반갑기 그지없다. 맘은 반가움에 겨워 입으로 웃을 수는 있어도 두 눈에 눈물은 아무 소리도 없이 조금 더 흘렀다. 아마 빈 코도 두어 번 훌쩍였을 것이다. 칠흑같이 어둡고 초라한 거실에 아무도 없다는 게 정말이지 다행이다.

빛나는 건 반딧불이고 빛나지 않는 건 그냥 개똥벌레라고 해야겠다.

간단한 버러지 하나가 오래 전 잃어버린 동심을 되찾아 주리라곤 꿈에라도 생각하지 못했던 일, 이래서 하찮다는 버러지 미물이라도 기어이 살려주고 싶은가 보다.

동편 하늘에 서서히 새날이 밝아오기 시작할 때, 철부지 난 새 술 한 병 찾아든다.

올챙이와 벼 사이의 삶의 박자는 서로 어긋난 엇박자
가 아니라 돌멩이 크기를 줄여줌으로써 쉽게 일치되는
순치의 박자이자 결합이었던 것이다.

올챙이 살리기

　누옥 입구, 오솔길 옆 무논엔 지금 한창 버글거리는 것은 올챙이다. 벼를 생육하기 위해서가 아니라 마치 올챙이 양식을 위해 무논이 존재하는 듯하다. 백로와 흑로 녀석들의 올챙이 서리를 눈에 띄기만 하면 말려 준 덕분인진 몰라도, 몇 천 마리인지 셀 수도 없는 숫자가 온통 논바닥을 가득히 차지하고 있다.
　그러나 태양이 이글거리는 한낮엔 잔뜩 올라가는 논물의 온도 때문에 논물 속 세상은 온통 비상이 걸린다. 어젠 특히 논 주인인 이 서방이 벼의 활착과 생장을 돕기 위해 개울 물길을 주먹만 한 돌멩이로 막아놨기 때문에 더 심했다.
　태생이 열대작물인 물벼는 온도가 높을수록 생장이 왕성하고 병치레도 줄어드는 반면, 올챙이와 개구리는 변온동물로서 온도의 급격한 변화에 쉽게 지치기 마련이다. 찬물 공급이 끊김에 따라 물의 순환도 정지, 한낮의 뙤약볕 아래 논물의 온도가 높이 오르고, 덕분에 산소가 부족해진 올챙이들이 가늘게 새어 들어오는 물길 입구에 한 덩어리로 모여서 마구 아우성을 치고 있었다. 살려달라는 외침이 귀에 들리지 않아서 그렇지 눈으로 보기에도 차마 목불인견(目不忍見)이 아닐 수가 없었다. 일부는 벌써 하얗게 배를 까뒤집고 있는 것들도 많았고, 시간이 갈수록 희생되는 녀석들이 급속히 늘어날 건 불문

가지(不問可知)였다. 서로가 몸을 심하게 부대낀 덕분에 눈물 같지 않게 맑기만 하던 물빛은 시커먼 탁수가 되어 바닥이 전혀 보이질 않는다. 주둥이들만 하나같이 탁수 밖으로 내밀고 통사정하는 꼴이란…….

  시급했다. 한가하게 앞뒤를 잴 여가가 없었다. 올챙이들에겐 생존이 걸린 중요한 시기일지라도 벼에겐 여유가 많은 철이라 생각해 즉시 돌멩이를 치워줬더니 효과는 빠르게 나타났다. 거리낌 없이 콸콸 입수되는 차고 맑은 물을 따라 사방으로 '우우' 흩어지며 안도의 숨을 내쉬는 소리가 '와—와—와' 들리는 듯했다. 배를 홀랑 뒤집고 있던 위기의 녀석들도 서서히 제 몸짓을 되찾아 동료들의 뒤를 애써 따르고 있었다. 용케도 시기를 놓치지 않은 녀석들이야 물론이겠지만 내 속도 시원하기 이를 데 없었다.

  이 서방은 막아놓고 나는 몰래 치워주고 하는 엇박자가 누구를 위한 행위인지는 내가 더 잘 안다. 그러나 한발만 모른 척 양보해주면 수천 수만의 무고한 생명들이 보전되어질 뿐더러 벼의 생장에도 영향력이 거의 없을 터인데 무심한 이 서방보다 내 주의력에 여유가 있음을 알더라도 우선은 이 서방 모르게 시행할 수밖에 없음이다. 빤한 사실이더라도 말로서 표현할 수 없는, 자연법 우선의 야생에서나 통하는 사소한 일들이 있긴 있는 것이다.

  올챙이들에게야 생사가 걸린 중차대한 일이겠지만, 이 서방에겐 평생 해온 연중행사 중에도 한낱 사소한일인 것이고, 그의 중재자를 나 스스로 자임할지언정 미리 말로다 양해를 구할 수도 없는 노릇이다.

  큰일도 아님을 알지만 내 행위를 들킨다 해도 달리 구구한 변명을 늘어놓기조차 난처한 일이다. 만일 '내 농사가 중하냐? 네 올챙이가 중하냐?'고 막무가내로 따져온다면 당연히 할 말이 없어지고 만다. 생명 존엄성이 어떻고, 올챙이도 한철이란 등 지껄이는 말들이 일거에 다 허랑해질 게 뻔하기 때문

이다.

　이 서방이 대범하고 내가 소심해서인 진 모르겠으나 눈앞에서 벌어지는 사태, 얼마든지 피할 수 있는 참상을 모른 척 한 대서야 양식을 바탕으로 글을 쓴다는 언필칭 생명론자의 입장에서 이 또한 무심한 일이지 않겠는가. 그럴지언정 올챙이도 잠시 한철임은 분명하다. 아울러 벼의 생장에 도움이 되면 됐지 길게 악영향을 끼칠 녀석들이 아니지 않은가. 살고 죽는 게 자연계의 엄연한 흐름일지라도 죽음에 정당한 이유가 없다면 일단 산목숨은 구하고 봐야 하지 않겠는가. 하지만 농부들에게 있어 제 논에 물대기는 제 몸의 피돌기와 같은 생리적 중요도를 가지고 있기에 어쩔 수밖에 없는 내 참견 개입일지라도 몰래, 가능한 은밀하게 수행할 수밖에 없다.

　헌데 나도 미처 생각하지 못한 너무나도 간단한 방법으로 단번에 최선의 타협이 이루어지고 말았다. 아까 낮에 나가 본 물길은 언제 다시 이 서방의 손길에 의해 막혀있었지만, 이번엔 주먹만 한 돌이 아니라 주먹 절반만한 보다 작은 돌로 가로막혀 있었던 것이다. 따라서 전처럼 물의 흐름이 완전히 끊긴 게 아니라 어느 정도 흐름은 유지되고 있었다.

　맘속으로부터 산뜻한 외침이 절로 새어나왔다. 이처럼 더없이 간단한 방법을 모르고 혼자 도리와 양심의 오지랖 사이에서 끙끙대고 있었으니 나도 참 한심하고 딱한 족속이 아닐 수 없었다. 옳거니, 바깥은 엄연한 디지털 세상임에도 불구하고 여기 산중에선 아날로그 방식의 따스한 감성이 아직 훌륭하게 남아 있었던 것이다.

　계곡형 계단식 무논은 위아래 합쳐서 약 6백여 평에 불과하다. 따라서 기계화 덕분에 모내기도 한 시간, 김매기도 한 시간, 농약 비료주기도 한 시간 등 모든 일들이 불과 한 시간이면 족하다. 하매 6백여 평 정도 논농사는 이

서방 혼자 해도 이젠 일도 아닌 덕분에 한 뼘 정도의 작은 개울 물길 하나면 얼마든지 양쪽에 물을 대줄 수 있음이고, 차단 또한 주먹절반만한 돌멩이 하나로 충분하다.

이른 아침이거나 한낮이라도 후텁지근한 산책일 때 훨훨 얼굴도 닦는 실개천이기에 거기선 비누도 일절 사용치 않는다. 평상시엔 떠내려 오는 나뭇잎 등으로 본의 아니게 물길이 꽉 막힐 때도 드물지 않다. 그럴 땐 스스럼없이 내 손으로 치워주기도 하니 도리에 관한 한 나도 아주 무심한 편은 아닌 것이다. 임자인 이 서방도 크고 중요한 논이 아니다 보니 자주 와서 돌보는 편은 아니기 때문이다.

사정이야 어쨌든 전보다 작은 돌로 다시금 벼와 올챙이 생존에 대한 타협을 양보하면서 이 서방은 어떤 생각을 했을까, 하는 곳에 생각이 미치자 갑자기 겨드랑이가 스멀스멀 저려온다. 생각이 짧은 내 행각 알량함을 한꺼번에 고스란히 들키고 말았으니 말이다, 일차로 무심한 사람은 이 서방일지 몰라도 끝내 생각이 소홀한 사람은 바로 나였던 것이다.

천지의 이치는 아무리 작은 눈이라도 보지 못할 게 없다지만, 생명과 존재의 뜻은 이처럼 욕구와 행위의 크기를 반 박자만 줄여주면 채우지 못할 게 없는 것, 채우지 못해 늘 괴로워하는 것과 넘쳐 남의 감사함을 깨닫지 못한 채 제자리를 마냥 맴돌다 돌아가는 인지의 어리석음을 언뜻 엿보았던 것이다.

독일현상철학을 우리네 동양적 미덕과 접목시켜보려 아무리 재창조에 골몰한다 해도 실천적 입장에선 돌멩이 하나 작게 줄여주는 농부네 이 서방의 아날로그적 행위에 필적하지 못함이다. 올챙이와 벼 사이의 삶의 박자는 서로 어긋난 엇박자가 아니라 돌멩이 크기를 줄여줌으로써 쉽게 일치되는 순치의 박자이자 결합이었던 것이고, 이 서방과 내 행위 사이엔 디지털보다 아날로그의 순차미덕이 훨씬 우월했던 것 '감하는데 답 있다' 는 한줌어치 깨달음에도 온몸에 소름이 서릿발처럼 돋는다. 시간이 좀 더 흐르자 돋은 소름의 한편을 비집고 잔잔하게 슬픔이 솔바람처럼 덮여 온다. 내 우민함과 도정의 허망함과 현상철학 실체상의 무색함도 그 속에 함께 들어있음이 보였기 때문이다.

어쨌든 이런 틈바구니에서도 수많은 올챙이가 제 목숨은 부지하게 됐으니 무심하든 소홀하든 고뇌함의 보람은 있을 테고, 남아있는 슬픔도 나이 값으로 밀어낼 수 있을 테고, 그것으로 내 양쪽 겨드랑이 스멀거림도 얼렁뚱땅 넘어가 줄 수 있을 것이다. 활기찬 생명의 6월도 이제 막 시작됐으니까.

멍청한 녀석들, 제 몸을 둘러싼 단단한 장갑도 회복엔 오히려 방해가 될 뿐, 어떤 이유에서건 한번 뒤집히면 혼자 힘으론 자세를 되돌리지 못합니다. 하루 정도 진이 다 빠질 때까지 누워서 버둥버둥 함부로 버티다가 굶어 죽거나 말라죽는 일이 당면한 귀결입니다.

딱정벌레

눈을 바로 뜨기 힘들만큼 날카로운 기운으로 충만한 성하의 햇살이 아까워 아침 일찍 빨랫줄에 널어놓은 홑이불을 지금쯤 뒤집어줘야 할 시간, 먼저 창문 밖을 내다보니 개가죽나무 바지랑대 끝에 다소곳이 날개 내린 고추잠자리 한 마리가 하필이면 앉아 졸고 있습니다.

현관문을 열고 발을 내딛을 즈음 눈 아래 콘크리트 바닥에 도톰한 딱정벌레 한 마리가 거꾸로 뒤집힌 채 버둥대고 있습니다. 손가락 절반 크기의 깜장색 윤기 자르르한 대형 딱정벌레는 하늘소 일종이 분명합니다. 더듬이가 별로 길지 않을 걸 보면 소문난 족속, 귀하고 드문 장수하늘소는 아닌 것 같습니다.

멍청한 녀석들, 제 몸을 둘러싼 단단한 장갑도 회복엔 오히려 방해가 될 뿐, 어떤 이유에서건 한번 뒤집히면 혼자 힘으론 자세를 되돌리지 못합니다. 하루 정도 진이 다 빠질 때까지 누워서 버둥버둥 함부로 버티다가 굶어죽거나 말라죽는 일이 당면한 귀결입니다. 그렇게 생을 마친 오래 묵은 딱정벌레 잔해 두엇이 거실 창문턱에도 미라가 되어 누워 있습니다.

딱정벌레뿐만 아니라 대형 참매미 한 마리도 벌써 4년째 날개 한쪽, 외형 하나 흐트러뜨리지 않고 바싹 말라있습니다. 초대형 말잠자리 한 마리만은 불개미가 다 파먹어 벌써 깨끗이 사라졌습니다. 언젠지 정확한 기억도 없습니다. 여름에야 그렇다 쳐도 흰 눈 펄펄 나는 한 겨울에 문득 들여다보면 지나간 계절의 찬란했던 감흥을 한참씩 되새겨 되돌려 주는 타임머신 역할도 있어 되는 대로 방치해 두었을 뿐, 따로 의도된 박제 수집은 물론 아닙니다.

여섯 개의 다리를 하늘 향해 마구 휘저어 대는 품새가 아직은 기운이 넉넉합니다. 자빠진 지 오래되진 않았단 뜻입니다. 손가락 하나 슬며시 빌려줍니다. 기다렸단 듯 냉큼 집게손가락을 붙들고 올라섭니다. 아차! 회복되는 과정일 뿐 아직 상태가 완전한 손가락이 아님을 떠올립니다만 이미 늦었습니다. 달라붙는 다리 기운이 놀랄 만큼 셉니다. 뾰족한 다리 끝이 손가락을 피나게 파고들만큼 강력합니다. 이걸 놓치면 아주 끝장이란 표정이 역력합니다. 다소 부담됩니다.

서두를 일은 없다 쳐도 홑이불 뒤집긴 금방은 어려워졌습니다. 녀석을 손가락에 매달고 남은 한 손으로 처리하기가 수월치 않은 커다란 홑이불입니다. 제 풀에 알아서 떨어져 줘야지 내 손으로 일부러 떼어내려면 녀석의 다리가 하나 이상은 떨어져 나갈 정도로 있는 기운을 다해 매달려 있습니다. 덕분에 바지랑대 끝에 앉아 조는 고추잠자리도 좀 더 휴식을 취해도 되겠습니다.

가만히 멈춘 채 지친 숨고르기를 하는 줄 알았더니 그게 아닙니다. 이제껏 뭘 하고 있었느냐는 듯 보기만도 억세고 견고한 갈고리 입이 그렇지 않아도 아픈 손가락 끝을 자세히 보니 마구 물어뜯고 있는 중입니다. 골이 나도 단단히 난 모양이지요, 구해주니 오히려 보따리 내놓으란 격, 하지만 타박을 쏟아 물어뜯는 곳은 하필 손톱입니다. 다행입니다. 난 웃습니다.

참을 수 없어 낄낄거리는 내 웃음기의 진동을 느꼈는지 녀석이 고개를 들

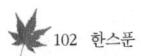

고 빤히 내 얼굴을 올려다 봅니다. 더듬이도 입을 도와 내게 뭐라 뭐라 말을 하고 싶은 모양입니다. 새겨들으나마나 '힘들었다, 죽을 뻔했다'는 타박 일색일 겁니다.

잠시 그렇게 웃고 지켜보며 기다림의 망중한을 보내자니 녀석의 다리에서 스르르 독기가 사라집니다. 초기 생사의 기로에서 얻은 뾰족한 성깔이 누그러들고 심리적 안정감을 되찾았단 뜻, 촉감 압박감이 한결 가벼워 옴을 느낍니다.

뜻밖의 구속으로부터 탈피할 절호의 기회를 놓치지 않습니다. 무성한 풀숲을 향해 얼른 손가락 튕기기를 해줍니다. 방심하고 있던 녀석이 쉽게 떨어져나가며 풀숲으로 날아가 무사히 잠깁니다. 시커먼 하늘소 녀석이 불시에 낙하하는 서슬에 놀란 제법 장성한 풀무치 메뚜기가 화들짝 자리를 피해 날아오릅니다. 한바탕 너털웃음 나머지 한방을 크게 웃어주곤 싹싹하게 뒤돌아섭니다. 오늘도 크게 웃어 줄 일이 한번은 있어줘 다행입니다. 시간이 정지된 공간, 4차원의 천국 화엄경으로 곧게 이어지는 초원, 살아난 녀석은 짐짓 위로가 됐을 것이고 풀무치와 난 계속 늠름합니다.

주방에 들러 찬물 한 모금 개운하게 마시고 거실을 통과, 서재로 들어와 의자에 앉아서야 '아차!' 난 본연의 임무 홑이불 뒤집기를 까맣게 잊었음을 떠올립니다. 고추잠자리야 그렇다 쳐도 이게 다 딱정벌레 그 망할 녀석 때문입니다. 다시 나가야 할까요? 말아야 할까요?

골안개

평소 위태로움을 느끼던 길목에서 기어코 발목을 삐고 말았다. 옥상 테라스로 올라가는 길도 아닌 산길 한복판에 작년부터 풀밭을 가로질러 얕게 파 놓은 두더지 땅굴이 무너지면서 얼핏 발목을 겹질리고 말았던 것, 위대한 태양의 서기를 어서 만나고잔들 어둔 새벽산책은 이래서 맘을 놓을 수가 없다.

부상이 심각할 정도는 아니라지만 약간의 절룩거림은 어쩔 수가 없다. 그래도 할 짓은 다한다. 낮에 아랫녘 양지마을 오 선배 집에 오랜만에 들렀다가 무거운 짐을 몇 차례 거들어 주면서 잠시 불편함을 느꼈지만 내색도 하지 않았다.

전국적으로 비가 올 것이라더니 만 구름장만 온종일 두텁게 하늘을 덮었을 뿐 결국 뜬소문이었다.

창밖으로 보이는 먼 마을 쪽 하늘이 웬일인가, 큰불이 난 것처럼 터무니없이 훤하다. 이곳에 와서 처음 보는 붉디붉은 밤하늘 풍경이다. 싹이 제법 돋아 오른 밤나무가지들의 실루엣이 붉은 하늘 배경에 도장처럼 분명하게 찍혀있다. 아차! 강씨 아저씨네 상추재배용 비닐하우스 온실에 크게 불이라도 났나 보다, 불안 반 궁금증 반의 심사를 참지 못해 어두운 길을 간신히 골라

밟으며 일부러 길까지 나가 봐야 했다.

"랜턴이라도 들고 나올 걸" 마을이 내다보이는 길목에 거의 다 올 때쯤에야 생각이 미칠 만큼 광채 궁금증이 냉큼 앞섰던 모양이다. 걷는 동안 발목 아픈 걸 전혀 의식하지 못한 걸 보면 그동안 부기도 어지간히 가라앉은 모양이다.

천만다행히 화재는 아니었다. 자정이 가까워선 안개까지 잔잔하게 내리는 모양인지 마을 언저리 안개에 쌓인 나트륨 황색 가로등 흔적이 그토록 진했던 것, 짙고 고운 안개 입자들이 투광성 좋은 나트륨 황색 광선을 듬뿍 받아 천지 사방에 함부로 흩뿌려대고 있었던 것이다. 평소엔 거기 나트륨 가로등이 몇 개쯤 있는 줄도 난 전혀 의식하지 않았었다.

하늘은 옅은 구름에 덮여있고 아랫마을 쪽은 온통 안개에 덮여있다. 천지가 몽땅 물기에 점령당해 있는데도 숨 쉬는 밤공기는 그저 포근하기만 할 뿐 조금도 습하지 않다. 폐부 깊숙이 들이마셔 보면 얼씨구? 포근하기만 한 게 아니라 정지된 대기의 한끝이 달콤하기까지 하다. 안개에 쌓인 황색 나트륨 가로등 불빛, 영롱함이란 바로 이런 걸 두고 말하는 모양이다. 황홀한 황금빛 광휘에 금세 가슴이 오롯이 저며 온다. 평소엔 표도 나지 않던 인공의 자취, 자연에 함부로 가해진 가느다란 인공의 흔적도 저토록 널리 아름다워질 수가 있는가? 비대신 내리는 안개가 비보다 더 반가운 깜찍한 밤, 선계를 방불케 하는 산마을의 밤 정취에 의지는 무아지경 속으로 한없이 빨려든다.

둘러보면 사방이 모두 깊은 안개에 젖어있는 건 아니다. 유독 마을 언저리만 이편과 전혀 동떨어진 이역의 세상인 듯 혼자 흠뻑 젖어있는 것이다. 땅바닥만 어두울 뿐 뒷산 등성이와 앞산 소나무들은 제 그림자를 하늘 바탕에 또렷하게 그려대고 있다. 내가 숨을 쉬고 있는 것인지 멈추고 있는 것인지 조차 의식하지 못할 때 빙그르르 현기증이 뇌리를 스쳐간다.

잠시 머무르다 무심코 돌아보는 눈길에 아하! 금방 나온 내 누옥 입구에도 같은 색깔의 광채가 산 같이 퍼지고 있다. 뜨락을 향해 켜놓고 나온 백 촉짜리 현관 백열등이 어느새 거기 숨어서 제 한몫을 단단히 발하고 있는 것이다. 평소엔 동산에 가리우고 어두운 바탕에 파묻혀 있는지도 모르는 내 집 백열등이 안개에 이끌려 거기서 제 빛을 아낌없이 발산하고 있는 중이다.

건너편 녹색 기슭의 뽀얀 수풀이 순광에 파묻혀 한량없이 깊어질수록 앞쪽 나지막한 밤나무 동산은 역광을 앞세워 실루엣이 더욱 짙어간다. 수풀과 언덕 사이에 내 집이 머물러 있음을 평소엔 대낮에도 밤나무 동산에 가려져 있는지조차 잘 모르는데, 오늘은 어두운 밤임에도 안개가 백열등 불빛을 힘껏 끌어 들여 사방으로 눈 소문, 입 소문을 크게 내고 만다.

취한 듯 홀린 듯 누옥으로 다시 걸음이 옮아간다. 땅바닥이 어두운 건 마찬가지인데 익숙한 걸음엔 서투름이 없다. 논물 대기 좁은 시내도 물소리만 쫓아 문제없이 건넌다. 청명하게 맑은 날 밤보다 오늘처럼 안개에 쌓여있는 백열등이 더 명징한 건 또 무슨 이유인가.

방에 들어와 켜진 불 다 끄고 창문 밖을 내다보니 아차! 그 잠깐 사이에 나트륨 광휘는 거짓말처럼 간 곳이 없고 짙고 두터운 어둠만 산마을 빈 하늘을 지키고 있다.

그랬었구나! 땅에서 솟아나는 넓은 물안개가 아니라 계곡을 타고 흘러내리는 좁은 골안개였던 모양이다. 그렇다면 아까 그것은 대체 안개였던가, 구름이었던가? 밤을 곱게 지켜주는 내가 미더워 골안개가 몰래 간직하고 있던 자신의 아름다운 비밀 하나를 내게만 살짝 보여주고 물러난 걸까? 그도 아니면 상상 속에나 있었던 몽환적 분위기에 나만 잠깐 홀린 것일까?

꿈결인 듯 일시에 사라진 광휘가 너무나 아쉽다. 조금만 더 지켜다 볼 걸, 미련이 쉽게 가시지 않아 한참을 창가에 서서 기다려 봐도 진한 어둠은 감은

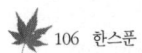

눈을 다시 뜨지 않는다. 구름이었던 골안개였던 사라진 대기에 다시 불을 붙이지도 않는다. 좀 더 기다려 봐도 역시나 마찬가지, 다 포기하고 몽환적 감동이 식기 전에 어서 빨리 탁상용 3파장 형광등 스위치를 더듬어 넣는다, 낡은 컴퓨터도 켠다, 그 잠깐 사이 주전자에 커피 물을 한잔만큼만 올려놓는다.
 오늘밤은 어제처럼 쉽게 잠들긴 당초부터 날 샌 것 같다.

천지가 몽땅 물기에 점령당해 있는데도 숨 쉬는 밤공기는 그저 포근하기만 할 뿐 조금도 습하지 않다. 폐부 깊숙이 들이마셔 보면 얼씨구? 포근하기만 한 게 아니라 정지된 대기의 한끝이 달콤하기까지 하다.

호식총 '虎食塚'

　강원도 깊은 산골로 들어온 지도 약 2년에 가까운 시간이 흘렀다. 드문드문 놀러 다닌 시간이 아니라 주거지를 완전히 이전한 기간이 그렇단 이야기이다.
　오지 산골 생활이란 게 막상 뛰어들고 보니 전혀 다른 환경과의 적응에서 매사 매건이 만만치 않은 일이었다.
　예전에 비해 교통이 훨씬 편리해지고 통신도 불편함이 없을 만큼 진전된 현실을 믿고 들어오긴 했으나, 오랜 기간 대도시 생활에 익숙해 있던 생활 습관이라 다소의 혼란과 갈등까지 모두 감출 순 없었다. 하지만 독하게 맘먹고 들어온 이상 작은 불편함에 연연하지 않으려고 생각을 다그쳐 가며 산속 생활에 익숙해지려 애쓰고 있다. 지척이 천리와 같았던 지난 시절에 비한다면 지금 이곳은 맘먹기에 따라 도시 생활과 크게 다르지 않을 만큼 여유를 즐길 수도 있는 게 사실이다.

　속초에 일시 기거하던 꼭 1년 전 봄날 나는 이곳 산마을에서 그리 멀지 않은 산골을 찾은 적이 있었다. 아직 이곳에 터를 잡기로 결정하기 전의 일이다. 해발 300여 미터 정도이니 그리 높은 편은 아니지만 예전엔 교통이 무척 불편했을 것으로 짐작되는 높이보다 속으로 깊은 산골이었다. 주변이 깊고 높은 설악의 준봉들과 직접 연결된 곳이라 산세가 험악하기도 했고 억장으로 우거진 수풀도 역시 장난이 아니었다. 지금이야 주변에 계곡형의 저수지가 생기는 바람에 등산도 할 수 있고 약초나 산나물 등을 채취할 수 있도록 산길이 다닐 만하게 나 있어 불편을 느낄 정도는 아니었다.

앞으로 갈수록 깊은 산속으로 들어가기만 하는 전형적인 태백준령, 숨 가쁘게 가파른 길을 올라 잠시 쉴 곳을 찾다가 산길에서 약간 안으로 향한 바위 사이로 들어갔다. 바위틈 사이로 맑은 샘이 흐르는 곳에서 물도 마시고 숨도 고르고 있는 사이 뭔가 선뜻하게 머리를 스치고 지나가는 소름이 돋을 만큼 강한 느낌 하나가 있었으니, 뭐라 말로 쉽게 표현할 수 없는 막연하면서도 정돈되지 않는 차가운 느낌은 의외로 강렬했다. 가슴높이로 약간 높은 단애 위에 깨끗한 정화수 한 그릇이 놓여 있었고 누군가 정성을 들인 흔적이 여실한 곳이었다. 날카로운 바위들이 삼면을 둘러싸고 있어 좁은 분지에 해당되는 앞쪽 전망은 탁 트인 곳이었다. 나는 조심스럽게 한쪽 바위틈을 비집고 옆 걸음으로 좀 더 안으로 깊숙이 들어갔다.

아하! 역시 그랬었다.

예사롭지 않은 선연한 내 느낌대로 그곳에서 오래된 호식총(虎食塚) 하나를 어렵지 않게 찾아낼 수 있었다. 호식총이란 그 옛날 호랑이가 사람을 물고 가서 잡아먹은 원한이 깊은 장소 즉 영혼의 묘지인 것이다.

호랑이는 물고 온 사람을 안전하게 잡아먹기 위해 은신하기도 편하고 전망도 넉넉히 확보할 수 있는 안전한 지형을 찾아 제법 멀리까지 이동한다. 전제를 갖고 주위를 다시 돌아보니 내가 당도한 지형이야말로 전형적인 호식총의 조건을 완벽하게 갖추고 있는 장소, 정갈한 마실 샘물까지 근처에 있었으니 더할 나위가 없는 곳이었다.

자연계의 맹주가 신중하게 선택한 호식총은 거의가 대명당이랄 수 있는 역설적인 조건을 모두 갖추고 있다. 지형이 험악하고 원한으로 심히 오염된 곳이라 명당이라도 성격이 대단히 강해서 함부로 사용하기 어려운 난명당이었다.

호식총은 독특한 특징이 있어 한눈에 쉽게 알 수가 있다. 일부러 쌓아둔 돌무더기에 떡시루를 거꾸로 뒤집어 놓고 뚫린 시루 구멍에 쇠 젓가락을 꿰어두는 풍습이 그것이다. 오래되어 옛 떡시루는 깨어지고 일부만 남아있긴 했어도 갈데없는 분명한 호식총이었다.

호랑이에게 죽임을 당한 사람은 죽어서도 억울함 때문에 저승에 가질 못하고 창귀(倀鬼)란 고약하고 무서운 귀신이 되어 차마 이승을 떠나지 못한다고 한다. 창귀는 자신이 이승을 떠나 저승으로 가기 위해선 다른 무고한 사람을 그 호랑이에게 똑같이 잡아먹히도록 유도해야만 비로소 원한으로부터 벗어날 수가 있었다고 한다. 때문에 사람들은 호랑이에게 물려간 자취인 호식총을 반드시 찾아내 그곳에 희생자의 시신을 묻고 무서운 창귀가 밖으로 나돌지 못하도록 떡시루로 덮어 눌러 놓고 부젓가락 등으로 예방을 하는 절박한 전래 풍습이 있었다.

천하의 맹수, 산중 대왕을 상대로 한 후속 조치치고는 참으로 허망한 풍습이라 여겨지는 대목이 아닐 수 없었다. 그러나 내 조사에 의하면 이러한 조치는 단순한 미신적 발상만이 아니라 나름대로 절실한 이유가 있었다.

인공적인 떡시루를 설치함으로써 비장의 안전장소가 마을사람들에게 발각됐단 표시이고, 특히 호랑이가 싫어하는 쇠붙이 냄새가 진하게 나도록 함으로서 다시는 이곳을 사용치 못하게 하려는 방비책이었던 것이다. 동시에 고양이과 동물들의 공통점인 자신의 소중한 눈을 보호하려는 방어본능이 강해서 부젓가락 같이 뾰족하고 날카로운 물체엔 매우 신경질적인 반응을 보이며 피해간단 생태적 약점까지 이용했을 것이라 사료된다. 사람에겐 원한으로 가득찬 영혼의 묘지라 하겠으나, 호랑이에겐 가장 안전한 식당이었던 셈이니 서로 상극인 기묘한 입장에선 산 주인인 호랑이 입장이 우선할 수밖에 없었다.

자연계의 맹주가 신중하게 선택한 호식총은 거의가 대 명당이랄 수 있는 역설적인 조건을 모두 갖추고 있다. 지형이 험악하고 원한으로 심히 오염된 곳이라 명당이라도 성격이 대단히 강해서 함부로 사용하기 어려운 난 명당이었다.

물론 해석자에 따라서 약간의 차이는 있겠지만 이런 곳을 예전 사람들은 가장 대표적인 흉한 터, 악지로 치부하는 경향이 일반적이었다. 그러나 그런 치부는 우리 인간의 공포 본능에 따라 감정적 판단에 의한 것일 뿐, 있는 그대로의 지형 해석에 충실한 것은 아니었을 뿐더러, 그러지 않기도 쉽진 않을 것이었다.

내 분석에 의하면 이런 곳일수록 자연의 악영향을 거의 받지 않으면서도 오랜 기간 얼마든지 영속할 수 있는 천하에 보장된 안전한 공간임이 확연했다. 아무리 대 명당이더라도 지형적 특성상 사람이 살 수 있는 양택은 결코 아니었다. 그렇다고 죽어서 들어갈 음택도 아닌 난 명당터엔 터의 무서운 성격과 세기에 맞는 유일한 대상, 즉 당집과 암자만이 들어설 수 있는 지극히 까다롭고도 신성한 자리였던 것이다.

보통 건강한 호랑이는 사람을 해치지 않는다. 오히려 사람을 두려워하는 경우가 일반적이다. 그러나 어떤 원인에 의해서 호랑이가 자신의 기민한 기동력과 힘을 상실했을 땐 상황이 달라진다. 나이가 많아 행동이 느려질 경우 또는 심한 부상 등 제힘으로 먹이 조달이 어려울 경우엔 최후의 방책으로 동작도 느리고 혼자선 자기 방어력도 지극히 미약한 인간을 부득이 먹이로 선택하는 것이다.

인간이야말로 가장 손쉬운 사냥 대상이란 경험을 한 호랑이는 계속해서 식인 호랑이로 활동하는 습관이 몸에 배어버린다. 조선조 우리역사기록에

의하면 한 마리 식인 호랑이가 400여 명에 가까운 사람을 무자비하게 해쳤단 기록도 있다. 때문에 한번 식인 호랑이가 출몰한 지역에선 지방수령의 제 1 의무로 삼아 무슨 희생을 치러서라도 식인 호랑이를 제거하려고 갖은 애를 다 썼던 것이다.

나는 원한이 가득한 명당자리에 서서 이리저리 돌아보며 많은 생각을 했었다. 언제 누구인진 모르지만 호랑이에게 죽임을 당한 사람의 통한과 억울함을 고스란히 전달받아보고 싶은 맘이었다.

사건 이후로 얼마나 긴 시간이 흘렀을 테고 호랑이도 일절 사라진 지금, 독하고 무섭단 창귀도 역할을 더는 수행할 수 없을 바에야 그의 원한 깊은 옛 내력에 더 의식이 닿았고 애처로움이 궁금하기 짝이 없었음이다.

이미 원한을 풀고 저승으로 가서 안착을 했는지 아니면 저처럼 무거운 예방 조치에 눌려 지금껏 창귀로서 범도 사라진 이승을 안타깝게 헤매고 있는지 다만 잠시 눈을 감고 뒤늦은 묵념을 보낼 뿐이었다.

지금이야 산 바로 아래까지 마을이 바짝 들어서 있지만, 그 옛날엔 약 2킬로미터 정도 떨어진 마을 석교리가 이곳 호식총에서 가장 가까운 마을이었을 것이다.

현재도 마을을 벗어나면 다른 이웃마을까진 제법 거리가 있는 동떨어진 상황이니 예전 교통이 불편했던 시절엔 거의 완벽하게 고립된 두메산골이었을 게 분명하다. 게다가 겨울철 눈이라도 제대로 쏟아지는 날이면 날이 풀려 저절로 길이 뚫릴 때까지 한겨울 내내 깊숙이 고립되고 마는 한참 외진 산골이었을 것이다.

지형상 통행할 수 있는 길도 계곡 등성이를 낀 거의 외길이라서 호환(虎患)의 피해자는 당연히 아랫마을 석교리의 무고한 사람이었을 것이다. 이 작은 외딴 마을이 시작된 역사가 신라시대 초기로까지 거슬러 오를 만큼 무려 천년도 넘는단 기록과 남은 사찰유적은 내 추측과 분석을 확고하게 입증해주는 사실이라 하겠다.

이곳이 호식총임을 나보다 먼저 이해했거나 기존의 내력을 아는 사람이 옛 희생자의 원한인 창귀를 달래주기 위해 정화수 그릇을 마련해 두었는지, 아니면 단순한 무속적인 이유로 기도용 정화수를 모셔두었는지는 모르겠지만, 나는 단애 위에 놓인 그릇에 물을 새물로 갈아 넣는 조그만 정성을 아끼지 않았다.

호랑이가 마냥 극성을 부리던 시절엔 오죽하면 '호식할 팔자' 라는 사주팔자까지도 명부엔 있었는데 요즘은 금수강산이란 단어와 함께 오랜 과거의 깊은 전설로 퇴락해 버렸다. 이젠 공전의 사주팔자까지도 맞지 않는 정말 재미없는 시대가 되어 버린 것이다.

어느 여름밤, 녹턴

자작하게 타 들어가는 모기향의 느긋한 내음에 몸도 맘도 함께 젖어든다. 큰 맘먹고 마당에 널려있는 향당쑥을 한 아름 베어다 말려놓은 게 떨어진 지 오래되지만 마냥 게으른 성격 덕분에 모기향으로 모처럼의 야밤 모깃불을 대신하고 만다.

문득 반딧불이가 보고 싶어 캄캄한 거실에 앉아 한참을 기다려도 오늘은 아닌 모양이다. 잠시 아쉬움은 밤벌레들의 합창으로 대신할 수 있겠지만 이슬에 젖어 마르지 않는 가슴은 가을이 멀지 않았단 뜻이다.
 안개인지 구름인지 옅은 공기가 대기를 채우고 있다.
 벌레 소리에 밤이 깊어지면 계절도 함께 깊어 간다.

짙은 커피 향이 문득 그리워지는 시간, 다가올 이번 가을도 무사히 넘기긴 어려울 듯 걱정이 먼저 앞장을 선다.
 엊그제 거센 바람에 무수히 떨어져 말라버린 설익은 호두열매가 가슴속에선 한 알씩 잘만 익어가고, 속살 은근한 호두열매, 얼마나 혹독할 진 모르지만 올해도 어김없이 다가올 계절병을 이겨내기 위한 나만의 비약으로 꼭꼭 숨겨둘 작정이다.

속으로 그리운 맘과 밖으로 보내는 손짓 사이에서 난 잠시 동안 깊은 갈증을 느낀다. 계절이 무책임이고 시간이 무관함이라면 그것은 단지 감추고 싶은 내 아픔의 진한 증거일 게다.

아직은 여름의 한복판, 대지를 몽땅 불태우려는 듯 한낮 태양의 열기는 매섭기만 하다. 이런 여름을 견딜 수 있는 건 순전히 다가올 가을을 향한 기대 덕분이다.

심하게 계절병을 앓게 될지언정 가을은 무작정 기다려진다. 한 계절을 앓고 나면 부쩍 수척해지겠지만 겨울의 안정이 대비되어 있음에 위로받을 줄 알게 된 것도 나이를 이만큼 먹은 다음의 일, 여름엔 가을을 그리워하고 가을엔 겨울을 생각하는 난 철든 철부지임에 틀림없는 것 같다.

낮에 하늘을 온통 정복하듯 가득 채우고 있던 잠자리 떼들이 눈에 선하다. 수량이 워낙 많다보니 고만고만한 녀석들이 가끔씩 길을 잘못 들어 열린 창문의 방충망에 함부로 노크를 하기도 하더라. 이상한 이웃이 미덥지 않아 방 안 동정을 살피려는 듯 공중에 머문 채 한참 동안 들여다보다가 돌아가기도 하더라.

온갖 물 컷들이 걱정되어 방충망까지 활짝 열진 못하지만 모른 척 방충망을 열어두면 채 한 시간도 안 돼 잠자리는 물론이고 나비, 매미, 사마귀까지 초대하지 않은 방문을 받아내야 한다. 원래 이곳 주인이 그들인 줄은 알지만 우선은 방해받고 싶지 않을 뿐.

하룻밤 지나고 나면 창문 밖 풀 대 중간에 벗어놓은 매미 애벌레 낡고 마른 옷가지들이 부쩍 늘어가는 계절, 지극한 어둠을 타고 고라니의 빠른 발걸음에 밤의 고요가 깨뜨려진다.

좀 더 있으면 감리교회 첫 차임벨 소리가 들려올 시간, 멀리 먼 마을에서 개 짖는 소리가 유난히 더 크게 들리는 시간, 어떤 사람이 누구처럼 잠 못 들어 동네를 서성이는지 아니면 새벽기도를 위해 이른 교회 발걸음을 동네 강아지에게 들켰는지도 모를 일, 두어 번 산중에 아득한 메아리 되어 퍼지곤 이내 전처럼 다시 정적으로 빠져든다.

　어둠이 퍼지면서 구름이 두터워지는가 싶더니 잦은 마른번개에 뒤이어 '우르릉' 먼 곳으로부터의 울림이 되어 뒤를 따른다. 산짐승 폐부에서 새어나오는 것 같이 굵고 낮은 울림은 내일쯤 소나기라도 한줄기 내릴 것 같은 예감이다.
　연일 무더위 끝이 밤까지 이어지는 열대야 때문에 잠들기 쉽지 않은 불편한 날이 계속되고 있어 은근히 비가 기다려지기도 한다.
　한바탕 비의 잔치가 있은 다음엔 마당에 온갖 잡풀들이 또 제멋대로 무성해지리란 생각이 들어 이래저래 걱정은 끊이지 못할 모양이다.
　걱정은 꼬리를 물고 다가와 회상으로 이어진다. 회상은 다시 보고 싶은 얼굴이 되어 홀로 깜박인다. 깜박임은 생각하지 않으려 일부러 애 쓰고 있는 안간힘도 간단히 무산시켜버리고 만다. 그리운 건 다만 그리운 것, 두터운 구름에 파묻힌 별들이 눈엔 보이지 않아도 분명히 거기 있는 것처럼.
　가슴을 덮고 있는 먹장 하나만 걷어내도 이내 드러나는 회상은 감춰지지 않는 억장이 되어 흐른다. 회상이 억장으로 흐르는 맑은 냇물엔 다슬기가 산다. 반딧불이 유충은 건강한 다슬기를 먹고산다. 아무런 볼품없는 유충이 나중에 그처럼 황홀한 밤빛을 내는 존재가 되리란 상상은 하기 쉽지 않은 일, 회상의 시냇가를 흐르는 다슬기 맑은 정령이 그렇게 만드는 것이라고 난 믿는다.
　다슬기 맑은 정령은 깊고 푸른 밤빛을 만들고 밤빛을 기다리는 맘은 그리움을 낳는다. 그리움의 속뜻은 아하! 내 아이들의 얼굴, 꾹꾹 눌러 참으며 잘 지내오고 있다 생각하고 있었는데 이같이 적막한 시간에 슬그머니 기어 나오는 그리움은 누구라도 막을 수 없다. 해맑은 내 아이들 표정은 더도 말고 덜도 말고 애반딧불이의 그것이다.

   속으로 그리운 맘과 밖으로 보내는 손짓 사이에서 난 잠시 동안 깊은 갈증을 느낀다. 계절이 무책임이고 시간이 무관함이라면 그것은 단지 감추고 싶은 내 아픔의 진한 증거일 게다.

   지곤자성(知困者成), 고난을 아는 자야 성공한단 옛말처럼, 인고의 시간이 길면 길수록 뒷날의 탈바꿈은 미의 극치를 이룬단다. 반딧불이도 그렇고 매미는 더 하단다.

   이런 날 이런 밤, 실컷 이야기하고 싶어도 목소리조차 크게 내지 못하는 난 허전함을 잉크 삼아 애매한 시 한편 또 쓸 수밖에 없으리란다.

여름날 태양 아래 고개를 푹 숙이고 있는 해바라기를 보면
나는 순박함과 의젓함을 동시에 발견하게 된다.
해바라기는 자신이 서 있을 곳을 까다롭게 고르지 않는다.

해바라기

 세상에 순박하면서도 의젓한 게 있다면 그건 매우 희귀한 존재일 것이다. 순박하단 것과 의젓하단 것은 서로 연관이 닿지 않을 것 같은 전혀 별개 개념으로 보이기 때문이다. 별개 개념이란 의미는 양자 결합이 쉬울 것 같으면서도 막상 규정을 짓고 정의를 내리기엔 얼른 자신이 서지 않는단 미온적 의미일 수가 있겠다.
 순박함이란 쉽고 정당한 순리를 우선 내세워 무리한 시도를 피해 갈 줄 아는 행동 양식을 말한다. 거긴 훈련된 지식이 우선하지 않기 때문에 겸손한 몸짓이 들어있고 아는 한도에서 넉넉히 자족할 줄도 안다. 자족의 커다란 미덕을 가지고 있기에 욕심에 속지도 않으며 모르는 것에 대한 거부감도 나타내지 않는다. 일견 무식하고 무능한 바보짓과는 엄연한 차이가 있다. 어느 한 쪽 도와도 통하는 여유인 것이다.
 진실로 순박함을 정면에서 마주 대할 때 우린 푸근한 어미 품을 느낄 수 있음과 동시에 스스로가 부끄러워지고 다소 위축되는 어깨를 남몰래 느낀다.
 의젓함이란 행동에 항상 여유가 있단 단순한 의미가 아니다. 뭣보다 시의 적절이란 개념에 상통해 있어야 한다. 급한 것과 급하지 않은 일의 판단이 자동적이며 정확하다. 사태의 진위는 다음 문제이고 우선은 사태의 경중을 즉각 가릴 줄 알아서 불필요한 호들갑으로 문제의 본질을 앞서서 가리지 않는 것이다.

사람이 살다보면 수도 없는 판단과 결단의 시기에 당면하게 된다. 많은 경우 당면한 문제 핵심보단 순간적인 느낌과 감정적 계산이 앞섬으로 해서 일을 그르치는 경우가 많다. 훈련되고 교육받은 정도가 높다 해서 감해지지도 않는 어리석은 양태인 것이다.

시의적절함을 기반으로 겉보기보다 내면의 진실에 귀를 기울이는 자세가 자연스러울 때 우린 거기서 의젓함을 발견하게 된다.

순박함이란 형용사적 표현에 가깝고 의젓함이란 동사적 표현에 가깝기 때문인지 이같이 전혀 다른 내용처럼 보이는 두 가지 사고가 알고 보면 덕이란 개념 아래 아주 쉽게 통합된다. 덕 속에는 순박함과 의젓함의 요소가 모두 포함되어 있어서 그렇다.

여름날 태양 아래 고개를 푹 숙이고 있는 해바라기를 보면 나는 순박함과 의젓함을 동시에 발견하게 된다.

해바라기는 자신이 서있을 곳을 까다롭게 고르지 않는다. 제대로 된 텃밭이라면 제일 좋겠지만 딱딱하게 굳은 마당 한쪽도 좋고 마을 입구 버려진 땅도 좋고 척박한 돌밭도 마다하지 않는다. 다른 작물처럼 사람에 물을 많이 필요로 하지도 않고 주변에 잡풀들이 많다고 해서 생장을 포기하지도 않는다. 그저 약간의 습기와 햇빛만 있어주면 더 바라지 않는다.

해바라기에게 해가 되는 게 있다면 그건 오히려 넘치는 것이다. 물을 너무 많이 줘도 곤란하고, 비료가 너무 많아도 기형으로 자라기 쉽고 돌봐준단 배려에 약을 보태줘도 싫어한다. 가만히 놔둬만 준다면 얼마든지 스스로 자족하며 커간다.

덕목 무의사상을 몸으로 증거 하는 존재가 바로 해바라기이면서도 햇빛이

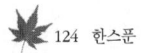

외엔 바라는 게 없다. 이름에서처럼 바라기는 바라기이되 겸허가 앞선 고개 숙인 자족과 희망의 해님 바라기인 것이다.

아무리 맑은 자연이라 해도 깊은 산속에서 자라는 해바라기는 생각하기 어렵다. 인위적인 노력이 아니고선 제 스스로는 아무 곳으로나 번식지를 넓히지 못한단 뜻이다. 그러면서도 내재의 덕성이 얼마나 여유로우면 통꽃 한 송이에 무려 십여 마리에 달하는 곤충들을 동시에 보듬어 은혜 베풀기를 해도 크게 함이다.

해바라기를 보고 난초처럼 고고하다 하진 않는다. 우리 인간 가까운 곳에서 일상을 함께 하는 친근한 존재인 것이다. 이것이 바로 해바라기의 순박한 점이다.

해바라기는 작은 꽃들이 무수히 모여 하나의 통꽃을 이룬다. 즉 하나는 수천과 통하고 수천은 곧 하나인 것이다. 그 일체감은 가히 불가사의할 정도로 완벽하다.

자생적 진화론의 관점에서도 해바라기는 나무랄 데가 없으니, 열매 하나하나는 서로 맞물린 형태의 치밀한 나선형 '스파이럴' 구조를 하고 있다. 서로 맞물린 형태이면서도 개별적인 독립성은 충분히 확보되어 있다. 열매 하나하나가 모여 선을 만들고 여러 선들이 모여 틀을 만드는 철저한 구조역학이면서도 결을 형성하지 않는다. 결이 없음으로 해서 아무 방향으로나 쉽게 쪼개지지 않는다. 얼굴 전면에 걸쳐 힘과 응력의 고른 분산은 인공적으로 흉내 내기란 쉽지 않다.

 완벽한 구조는 결이 없다.
 완전한 사회는 법이 필요 없다.

완성된 인간은 얼굴이 필요가 없다.

잘 익은 벼가 고개를 숙인다지만 어디 감히 해바라기에 비할쏘냐. 제 이름처럼 제 꽃 모양처럼 태양의 뜻을 가장 잘 이해하고 받드는 존재가 바로 해바라기다.

내내 세심하고 치밀한 보살핌 속에서 익은 벼는 약간의 바람만 불어도 제 몸을 꺾어 시류와 타협해 버리고 말지만, 해바라기는 아무리 강풍이 불어도 꺾이는 법이 없다. 꺾이지 않는 정도가 아니라 어지간한 바람엔 몸을 휘청거리지도 않는다.

정성들이지 않고 공들이지 않고 관심을 두지 않아도 해바라기는 혼자서 제 지조를 굳세게 지켜나가는 이것이 바로 해바라기의 의젓한 점이다. 더욱 교묘한 점은 해바라기가 늘 올바르고 당당한 자신의 지조를 살리기 위해 다른 걸 대신 희생하는 무모함도 피할 줄 안다는 점이다.

공해가 심하고 토양에 영양분이 척박해지면 소나무는 자신의 생장을 중지하고 종의 멸종을 방지하기 위해 불필요할 정도로 솔방울을 많이 만들어내는 희생적 최후발악을 한다. 마찬가지로 해바라기는 자연의 오염에 대해 소나무보다 더 민감하다. 토양뿐 아니라 공기 오염에도 민감하게 반응하는 것이 곧 해바라기다.

순수 진화론적 입장에서 봐도 해바라기는 처음 탄생할 때부터 태양을 닮은 지금의 모습과 크게 다르지 않은 정도로 이미 완성된 모습이었다. 따라서 태곳적 생명본능이 지금도 체내에 넉넉히 살아 남아있다.

자신의 생존에 자신이 서지 않을 정도로 오염된 공기 속에서 해바라기는

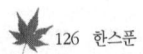

생장을 중지하고 무수히 많은 열매를 맺으려 안간힘을 쓴다. 본래 모습과 당당함은 찾기 어려워지고 애처로운 생명유지본능만 처절할 따름이다.

다년생 목본이 아니라 일년생 초본에 불과하기에 해바라기가 보이는 생존반응은 즉각적이고도 확연하다. 저것이 화초인지 해바라기인지 모를 만큼 자신의 몰골에 신경을 쓰지 않고 후손을 위한 희생적 임무에만 몰두하는 모습은 숙연하기까지 하다.

해바라기가 생존을 위해 안간힘을 쓰는 세상이라면 우리 인간들 삶도 점차 힘들어지는 건 당연하다. 하나의 생명 지표 식물로서 해바라기만한 덕성도 찾아보기 어렵기 때문이다.

러시아와 이탈리아는 일개 초본인 해바라기의 내면적 가치를 누구보다 깊이 잘 알았는지 나라꽃으로 지정할 정도로 각별히 대접하고 있음은 잘 알려져 있는 사실이다.

내 어렸을 땐 서울 한복판 마당가에서도 해바라기는 얼마든지 잘 자랐다. 내 키보다 한참 높은 해바라기는 꽃이 아니라 차라리 나무였다. 줄기에 기어올라 매미처럼 매달려도 땅 위로 뻗어 나온 헛뿌리 하나 다치지 않고 견딜 수 있을 만큼 튼실한 해바라기는 훌륭한 놀이터이자 가까운 친구였다. 수십 년이 지나 그때보다 지금 체중이 배 이상은 늘었겠지만 어릴 적 이후로 그런 장대하고 굳은 해바라기를 다시 만난 기억은 없다.

내 어릴 적 기억의 한쪽 편린엔 활짝 웃는 해바라기가 늘 함께 서 있으니, 난 지금 자신 있게 말할 수 있다. 가장 좋아하는 꽃이 뭣이냐고 물으면 그건 바로 높이로 당당하고도 고개 깊이 숙인 환한 해바라기 꽃이라고.

다람쥐 구하기

손가락을 살짝 대보면 아직 여물진 않았어도 작은 손바닥만 하던 영지버섯 한 쌍이 산골 촌 새아씨의 달덩이 같은 얼굴만큼 자라났다. 어떤 이유인진 모르겠으나 이제껏 내가 봐 온 야생의 영지는 하나가 외롭게 자라는 걸 본 적이 없다. 큰 것 아래 작은 것이 우산처럼 매달려 사이도 좋게 서로 부추기며 몸집을 키워가는 것이다.

원시형 포자식물이므로 암수가 따로 있을 번식 생태도 아니기에 지독히 외로운 산속 생활을 저처럼 상호 의지해 가며 생육코자 하는 것이라고 이해해도 아무 상관없을 것이다.

산책길을 살짝 벗어나 이따금씩 살펴볼 때마다 검은 무늬 윤기 반지르르한 딱정벌레들이 두어 마리씩은 꼭 붙어있다. 오늘은 무의식중에 마른 나뭇가지를 주워 녀석들을 떼어내려다 아차! 순순히 손을 거두고 말았다. 콩알보다 작은 딱정벌레 녀석들이 먹어야 얼마나 먹을 것이며, 어떤 종류의 버섯들은 이 같은 딱정벌레들 도움을 빌어서 제 식구 수 늘리길 한단 기억이 얼핏 되살아났기 때문이었다. 그렇다면 여기 이 영지버섯도 저 미물에 불과한 딱정벌레가 힘들이고 공들여 짓는 농사일지도 모를 일, 따라서 본래 영지버섯 주인이 녀석들일 것이란 의구심에 생각이 불쑥 미쳤음이다. 지능이 월등하고 기운이 조금 세다 해서 저처럼 수고를 아끼지 않는 딱정벌레 녀석들의 소

비단 멋 모르는 아기 다람쥐만이 아니라
무릇 근동에 얼룩 다람쥐란 족속들은
모두가 저같이 착하고 겸손해서 좋다고
예쁘게 봐주면 그만이려니…….

유권을 함부로 강탈할 순 없는 일 아닌가. 처음부터 몰랐다면 몰라도 야생의 천연 영지가 아무리 귀하단 들 언필칭 선비의 양심과 바꿔가며 욕심을 낼 간곡한 물건은 차마 못되지 않는가. 겉은 가난해도 심중엔 우주를 품고 있는데 미물의 사소함과 범 우주를 값싸게 바꿀 순 없는 일 아닌가. 잔잔하나 다행스런 웃음이 돈다. 미소 그의 이면엔 식자우환(識字憂患)이란 말이 웃음 끝을 비켜서 머리를 스쳐간다. 이 경우 역시 내 입장이 먼저일 순 없었다. 끝까지 기다려 얄미운 딱정벌레 녀석들에게 우선권을 준 다음 나머지 처분을 지켜봄이 옳고도 떳떳할 것이다.

기다린다고 내 것이 될 수 있을까? 란 의문엔 이처럼 분명한 선행적 이유가 감춰져 있었던 것이니, 어쨌든 매끈하던 영지버섯 테두리도 제법 울퉁불퉁하니 굵은 주름이 잡혀가고, 해묵은 밤나무 둥치는 영지에게 나머지 양분을 모두 물려주고 빠르게 제 땅으로 돌아가고 있는 중이다.

난 불교신도도 아니고 산사의 수행 스님은 더더욱 아니다. 하지만 자연이 절대 주체인 이곳 산마을에 들어와선 불필요한 살생은 극력 피하며 살아오고 있음은 사실이다. 그 정도 각오이고 정성이어야만 거짓 아닌 진솔한 생명력을 가진 살아있는 글도 될 것이며, 양보란 욕심내지 않으면, 뭔들 하지 않으면 그만이기에 그리 어려운 일도 아님이다.

꼭 필요하달 경우 더덕도 캐 먹고 고사리도 꺾어다 먹고 쑥 국도 끓여 먹긴 하지만, 살생을 피하는 덴 식물이건 동물이건 굳이 가릴 일도 없더라, 버릇되면 그도 아주 자연스럽게 몸에 배니 일상의 흐름 안으로 쉽게 소화되더라, 오히려 극단의 계절이오면 어려워하는 자연의 이웃들에게 구휼(救恤)을 베풀어주기도 하니 만물의 영장으로서의 일말의 도리에도 아주 무심한 편은 아닐 것이다.

그러나 한 녀석, 얄미운 들쥐 녀석에게만은 자선을 베풀기가 힘들다.

담백 정갈한 산마을 들쥐라서 도시형 시궁쥐와는 행색부터가 다르긴 하다. 그래도 쥐는 역시 쥐, 약삭빠른 습성과 능글맞은 태도는 어디서나 다를 바 없다.

전혀 반갑지 않은 들쥐 녀석이라도 내게 직접적인 피해가 없다면 보고도 모른 척 해줄 요량은 있었으나, 날이 갈수록 뻔뻔해지다 못해 내가 먹는 음식에도 본격적으로 손을 대기 시작할 즈음, 참으면 안 될 지경에까지 이르닐이 갈수록 봉지도 함부로 쏠아놓지, 싱크대 물파이프도 잘라놓지, 멀쩡한 하수구 뚜껑도 뚫어놓지, 피해 정도가 참기 어려울 만큼 빠르게 확산되어갔다. 두 달 가량을 끈끈이 덫을 놔 퇴치하려 했지만 영악한 녀석은 날 마냥 비웃는 듯했다. 들쥐뿐만 아니라 이 같은 난처함과 번잡함을 생각해 창문은 활짝 열어두더라도 바깥의 방충망만은 굳게 닫아두고 있는데, 녀석의 치밀함은 나보다 한걸음은 윗길이었던 것이다.

아무리 그래도 잔인하게 쥐약만은 절대로 놓지 않으리라 먹은 맘이 서서히 약해질 무렵 웬일인지 어느 날인가 스스로 사라져 줬다. 설마하니 영악하고 얄미운 들쥐 녀석이 날 생각해서 그 정도로 봐준 게 아니었다. 무심코 밤에 외출했다가 그만 족제비에게 덜컥 당하고만 것이다. 아침 산책길에 바로 현관 앞에서 발견한 녀석의 몸이 무참하게 두 동강 나 있었으니까.

내가 살육자를 족제비라고 확신하는 이유는 만일 족제비가 아닌 부엉이나 올빼미였다면 들쥐 정도는 한꺼번에 통째로 삼켜버리기 때문에 그처럼 몸의 일부를 남겨 두진 않았을 것이었다. 아울러 당장에 먹을거리가 아니면 부엉이처럼 맹금류는 불필요한 사냥을 하지 않으나, 족제비는 쥐가 눈에 띄기만 하면 먹지 않더라도 무조건 잡아놓고 보는 잔혹성이 숨어있기 때문이었다.

족제비 또한 겨울 한철을 내게 의탁하던 누렁이 황모 바로 그 녀석이었을

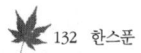

것이다. 어쨌든 내 거실은 모처럼 고요와 안정을 되찾았고 며칠 동안은 그간의 과정을 잊고 지냈다. 빨리 잊어버리는 것이 상책이었으니까, 따라서 이미 깊은 곳에 설치한 끈끈이 덧조차도 까맣게 잊고 있었음은 물론이다.

하지만 안정과 고요는 며칠 가지 않았다. 거실이 이전보다 더 소란스러워졌던 것이다. 전엔 밤중에만 그랬었지 이젠 밤낮이 없었다. 헌데 이처럼 소란스러운 양상이 전과 같지는 않았다. 조심스럽게 확인해 본 결과 얼씨구! 쥐는 쥐인데 미운 들쥐가 아닌 토종 얼룩 다람쥐였던 것이다. 그것도 한 주먹 크기도 안 되는 아직 어린것이…….

들쥐는 워낙 영악해서 부스럭거림 이외엔 함부로 소리를 내는 편이 아니지만, 같은 설치류임에도 다람쥐는 그저 순진해서 목소리도 함부로 내고 퉁탕거림도 훨씬 심한 편이다. 아울러 일반 쥐의 목소리는 비교적 저음이고 긴 편이나, 다람쥐는 짧고도 매우 높은 고조파 음역인 것이다. 심지어 사람의 귀엔 들리지 않을 정도로 높은 초음파 영역까지 쉽게 올라간다. 이같이 짧고도 간결한 음성 간격과 횟수를 이용해 저들 상호간 대화도 나눈단다. 사람을 겁내지 않는 정도도 다람쥔 들쥐와 비교할 바가 안될 만큼 친근하다. 때론 친근함의 표현을 넘어 얄미울 정도로 능청스럽기까지 하다.

아직 어린 다람쥐라 처음 당하는 기나긴 춘궁기를 견디기가 쉽지 않았던지 들어와선 안 될 이곳까지 찾아들어온 모양이었다. 사방을 샅샅이 뒤져 결국 의외의 곳에서 녀석의 출입구를 발견하긴 했지만 얼른 막을 수가 없었으니, 출입구는 다름 아닌 방충망 한쪽 귀퉁이였다. 가느다란 철사 방충망을 전번 들쥐란 놈이 뚫어 놓고 혼자 숨어 다녔으며, 나도 모르는 그 은밀한 비밀 통로를 더 작은 어린 다람쥐가 발견하고 얼씨구나! 함께 이용하고 있었던 것이다. 철사 구멍 둘레엔 가느다란 다람쥐 솜털도 듬성듬성 달려있었으니 의심할 여지란 없었다.

토종 얼룩 다람쥐를 쫓아낼 방법이란 생각처럼 쉽지 않았다. 불청객이 되어 일단 내 집에 들어온 손님, 안으로 못된 행패를 늘여가던 들쥐 녀석처럼 푸대접은 차마 할 수가 없었다. 이를 두고 똑같은 생명체에 대한 편파적인 자세, 불공평한 처사라고 날 나무래도 할 수 없는 일이다. 마침 떨어진 커피를 사러 아랫마을에 내려가는 김에 녀석이 좋아할 만한 달콤 고소한 땅콩 과자를 한 봉지 더 사와야 했다. 이래서 산짐승 이웃 구휼 기간은 겨울 한철이 아니라 이후 여름까지 연장되고 말았다.

이틀이 지나도록 편안한 곳에 놔둔 땅콩과자가 한 알도 사라지지 않았다. 시끄럽고 부산한 녀석의 자취는 방안에 앉아있어도 훤히 알 만한데 말이다. 원인은 곧 밝혀졌으니 부끄러운 내 소견 협소함이 곧장 드러나고야 말았음이다. 조금이라도 먹기에 편하라고 제법 신중하게 골라서 땅콩과자를 놔준 포장박스 위가 오후 한나절엔 하필 직사광선이 쨍쨍 내리쬐는 지점이었고, 과자 표면에 넉넉히 입혀진 조청이 6월 햇볕의 화끈한 열기에 녹아내려 눅진하게 풀어져 있었던 것이다.

기실 토종다람쥐의 손은 입과 더듬이 못지않게 예민해서 거의 모든 먹거리에 대한 정보를 먼저 손으로 상세히 만져보고 파악한단 사실을 아차! 간과했던 것이다. 그토록 예민하고 중요한 감각 도구인 손을 찐득찐득한 조청으로 도배를 해선 절대로 안 되는 일이었다. 물을 지독스레 싫어하는 서생원 일속인지라 냇물에 손 씻을 생각은 죽었다 깨어나도 할 수 없을 것이란 생각이 불쑥 들었다.

처음부터 아예 시작을 하지 않았더라면 모를 일, 나름대로 깊이 생각해서 값도 더 비싼 복합 영양 땅콩과자로 배려한단 지극히 인간적인 심사가 된통 한방 먹는 순간이었다.

내 입에 달면 남의 입에도 당연히 달겠지 하는 나 편한 맘은 아니었을까,

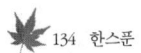

본심이야 전혀 그럴 린 없겠으나 어린 다람쥐를 심대하게 괴롭히고 놀려먹은 격이 되고 말았으니 끝까지 상황의 책임을 감당치 않으면 무지를 스스로 용납할 수가 없을 것 같았다.

두 번 생각할 여지가 없었다. 즉시 아랫마을 가게로 다시 달려가 짭짜름한 싸구려 건 과자 한 봉지를 또 마련해야 했다. 소금기가 약간 들어있는 먹거릴 산짐승들이 무척 좋아하고 또 필요로 한단 정도는 미리부터 알고 있었으니까. 역시 값비싼 땅콩과자는 풀어진 채 바닥 포장재 상자 위에 딱 눌러 붙어 여전해도, 싸구려 건 과자는 바로 곁에 놔주는 대로 곧바로 없어졌다.

햇살에 뭐가 찐득찐득함이 어떻고 손의 감각기관이 어떻고 등을 시시콜콜히 따지고 드는 것보다, 비단 뭘 모르는 아기 다람쥐만이 아니라 무릇 근동에 얼룩 다람쥐란 족속들은 모두가 저같이 착하고 겸손해서 좋다고 예쁘게 봐주면 그만이려니…….

과자를 녀석 출입구 바깥에다 놔줬다.
거실이 다시 조용해졌다.
창문을 닫았다.

기왕에 내친 걸음, 건과자가 남은 만큼은 얼룩 다람쥐들 먹거린 계속 조달될 것이다. 요령부득의 어린 다람쥐는 하도 다급한 나머지 내게 생존함의 의지를 타진했겠지만, 덕분에 난 깨달음 일장과 함께 이처럼 참한 글 한 편을 또 하나 얻었으니까.

만사가 평온해진 지금 방충망 쥐구멍은 합판으로 먼저 막았고, 잊고 있었던 끈끈이 쥐 덫도 서둘러 치웠고, 나머지 땅콩과자는 불가분 내가 다 먹어치웠다.

황금색 달

벼 모가지가 요 며칠 사이에 눈에 띄게 부풀어 올라 밑으로 고개를 숙이기 시작했다. 때를 놓치지 않으려는 듯 오늘 낮 지루한 장마도 완전히 끝이 났단 예보를 신호탄 삼아 이 서방이 무논에 목도열병 농약을 동작도 빠르게 살포하고야 말았다. 혹시나, 행여나 하며 반딧불이의 재 활동을 은밀하게 고대하던 맘이 완전히 돌아서는 계기는 이처럼 확연하게 금지선이 그어지고 말았으니, 올 여름밤 다시는 대창 밖으로 반딧불이의 출현을 기대하진 못하도록 상황이 명백해진 것이다.

제 본분에 충실한 이 서방의 수고를 결코 탓하진 않는다. 당연한 일인지는 모르겠으나 평이한 농군의 일상이 내겐 가슴 한구석을 메마르게 하는 행위가 될지언정 그것도 형설지공의 명문을 신용하는 글쟁이 팔자이려니 라고 수긍할 도리밖에 없음이다.

난 형설지공(螢雪之功)을 신봉함이 분명해도 이 서방은 주경야독(晝耕夜讀)의 미덕을 행하진 않을 것이다. 야독엔 형광이 지극한 상식이고 형광의 반딧불이에게 농약 제초제는 절대로 비상식이기 때문이다. 이처럼 현대판 농군과 재래종 글쟁이의 여름철 궁합은 어쩔 수 없이 조금씩 어긋나 있는 것 같다. 시절에 따라 인심도 변한단 사실이 증명되는 한 가지 경우가 아닐 수 없다.

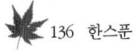

속으로 혼자 서운해 할지언정 매정함도 정에 속하는지 이 서방을 무작정 미워할 수가 없다. 속이라도 시원하게 욕이라도 한바탕 해주면 좋겠지만 욕도 하지 못하는 매정함이 무정함만 차라리 같지 못한 것이다.

참고 기다리다 못해 간만에 도로변 계곡을 따라 오밤중 산책을 헛일 삼아 나가야 했다. 벌써 절반쯤 상한 가슴이 더는 미루지 말라고 앙탈을 한다. 올해는 이미 사라진 것으로 치부해 버린 반딧불이가 못 견디게 그리워지기 때문이다.

동남쪽 하늘에 막 떠오르기 시작한 보름달이 황금색으로 휘황하다. 외롭지도 않은지 이지러진 흔적 하나 없이 말끔한 달님의 주변엔 달무리의 호위도 전혀 없다. 워낙 명징한 달빛 덕분에 주변에 무수한 별빛도 다소곳이 사그러들어 자리를 양보하고 있다. 눈으로 보긴 티끌 하나 없이 말끔한 밤하늘이지만 아주 높은 곳엔 안개가 살짝 덮여 있는지 따듯한 황금색이 지천에 가득한 달밤이다.

(하필 견디지 못할 만큼 간절한 오늘이 보름밤이라니) 밤이 낮처럼 밝으면 반딧불이가 움직임을 사린단 사실을 잘 알고 있기 때문이다.

매섭던 한낮 열기도 제 풀을 꺾였는지 풀잎마다 흥건한 이슬에 샌들이 금세 젖는다. 골골이 계곡을 따라 어둠은 깊어도 포장도로는 훤하게 빛이 난다. 이른 봄에 새로 그은 백색 구획선이 산뜻하게 눈에 들어온다. 그저 쏘다니기엔 랜턴이 전혀 필요치 않을 정도지만 이것도 꼭 필요할 때가 있어 공연함을 무릅쓰고 들고 나서지 않으면 반드시 후회하는 일이 생긴다.

문득 이제까지 잊고 있었단 듯 심장 언저리 근육이 잘게 파르르 떤다. 걸음을 잠시 멈추고 숨을 고르며 경련이 지나가길 기다린다. 약이 떨어진지도 제법 되는데도 아직 구비를 하지 못하고 있음이 생각난다. 이번 장보러 읍내에

나갈 때 서점에 들르는 길에 약방에도 꼭 들러야겠다.

잘게 들이쉬는 숨길에 아직 식지 않은 한낮의 더운 열기가 아스팔트에서 확 풍겨 온다. 아스팔트 냄새보다 풀 냄새가 더 강해서 다행이다.

얼핏 내려다보는 눈길에 뭔가 검은 흔적이 보인다. 이때 필요한 게 바로 랜턴이다. 환한 랜턴 불빛 아래 비치는 건 아주 커다란 새의 날개 깃털이다. 억세고 강건한 깃털을 주워 찬찬히 살펴보니 완전히 성장한 수리부엉이 주 날개 깃털이 틀림없다. 표범 무늬 얼룩이 짙고 선명하다. 다른 부위 깃털이라면 몰라도 주 날개깃은 여간해서 저절로 빠지는 법이 없는데 웬일인가 모르겠다.

고개를 들어 하늘을 보니 옳거니! 전화선 전봇대와 통신선이 하늘을 가로지르고 있다. 억울한 부엉이가 모르고 전선에 몸을 스친 결과로 깃을 떨어뜨린 게 분명해 보였다. 충돌의 상처가 얼마나 심했는진 모르겠으나 더 이상의 흔적과 증거는 없는 것으로 봐 차마 비극적인 상황에까지 이르진 않은 것으로 추정될 뿐이다. 자연의 나뭇가지와 바위들은 얼마든지 잘도 피해 가는 부엉이, 올빼미가 유독 인공의 전선은 눈에 보이질 않는지 가끔씩 사고를 낸다. 꺾이거나 흐트러지지 않은 말짱한 깃을 코에 가까이 대니 야생 조류의 독특한 채취가 아직 짙게 남아 있다. 공중 충돌 사고가 난지 얼마 되지 않는단 증거다. 수리부엉이에겐 고통을 동반한 망실된 옷자락이겠지만 내겐 오늘밤의 훈장이고 보람이다. 잘 연구하면 포인트 메모용 고전적인 깃털 잉크 펜이라도 만들어질 수 있는 참한 보물이 되겠다.

문득 주 날개 끝 깃털과 포인트 메모용 팬의 의미상 궁합은 나무랄 데가 없이 잘 어울릴 것 같은 생각이 든다. 밤 시간을 뜬눈으로 지키는 부엉이의 굳건한 의지처럼 어둠이 아무리 눈을 가려도 의식은 놓치지 말고 살아 움직이란 부추김일지언정 누구와 누구 간에 엿 궁합과 같진 않은 것이다.

양쪽 날개 끝에 쫙 펼친 손가락처럼 달려 있는 10여 장의 깃은 직접적인 상승 부력을 제공해주진 않는다. 단지 몸체가 목표를 향해 곧장 다가드는데 유용한 직진성을 보장해 주고 날개 끝에 발생하는 와류 난기류를 제거함으로서 빠른 속도로 날아들 때 발생하는 공기 가르는 날카로운 소음을 없애 주는 아주 중요한 역할을 수행한다.

포인트 메모용 펜도 마찬가지, 의식이 해답을 얻지 못해 헤매다 퍼뜩 떠오르는 귀한 문맥을 냉정하게 잡아 주는 역할을 하기 때문이고, 사고가 흔들리지 않도록 갈피를 바르게 정해주는 역할을 수행하기 때문이다. 생각하기에 따라 의미적으로 귀한 선물일 수도 있어 셔츠 윗 주머니에 길게 꽂아 두니 어깨 위로 튀어나올 정도로 길이가 길다.

새의 깃과 털은 모양은 물론 용처까지 분명히 다르다. 깃은 나는데 직접 힘을 써야 하기 때문에 중앙에 강한 탄력의 속 빈 심지가 있고 주변에 가지런하고 완강한 털이 규칙적으로 붙어 있으나 털은 중앙 심지가 없이 그저 보드랍기만 하다. 때문에 뻣뻣한 깃은 주로 날개와 꼬리 등 몸체의 상층부를 구성하고 있으며 털은 알을 품고 새끼를 양육하는 등 보온에 쓰기 위해 가슴과 배 등 하층부에 집중적으로 나 있다.

또 깃은 공기의 흐름을 거스르지 않도록 유선형으로 납작하고 매끄러우나 반대로 털은 더워진 공기를 가급적 많이 함유하기 위해 목화솜보다 더 곱고 더부룩하다. 깃은 공기를 가급적 쫓아내는 데 쓰이나 털은 공기가 달아나지 못하도록 붙들어 두는 역할을 한단 말이다.

깃은 철저한 공기역학적 양력 이론의 지배를 받고 털은 생리학적 모성 이론의 배려를 받는다. 한 몸에 나 있는 깃과 털인데도 이처럼 위치에 따라 정반대의 역할을 수행한단 점은 구조학이란 한갓 과학적 재미를 넘어서 생리학의 윤리적 숭고함마저 깊이 깨닫게 해준다.

　잠시 부엉이 사건의 추이를 추적하는 중에 고맙게도 심장이 슬그머니 제 박자를 잡아 줬고, 눈길을 다시 어두운 수풀로 돌려보지만 그 어디에도 반딧불이의 행적이 보이지 않는다. 밤 산책 나올 때부터 이미 각오한 일, 유일하게 한 마리 겨우 발견됐던 가파른 수직 벼랑, 토종 벌집 근처에도 흔적 없긴 마찬가지다.

　제법 멀리까지 오르막 밤길을 걷는데도 다른 때와는 달리 마주치는 차량이 없다. 밤은 깊어도 정갈하고 깊이 감춰진 자연의 본질을 찾아 이 시절이면 휴가객이 그치지 않을 한창 시절인데도 말이다. 안온하고 잠잠한 심사를 방해받지 않는 시간이 그저 고마울 따름이다.

　검고 어두운 수풀의 포근함에 오랜 동안 눈을 주고 있으면 자신도 모르게 의식적 최면 상태로 빠져 들어가는 경우가 많다. 자신이 걷고 있는지 멈춰 서 있는지 모를 정도로 발걸음이 먼저 의식을 떠난다. 문득 돌아보면 깊은 사고의 늪에 빠져 한곳에 멍청하게 멈춰서 있는 자신을 알아채는 경우도 많다.

　온갖 상념들에 채이고 휩쓸리는 의식의 세계는 스스로 조절이 불가능한 독단의 세계이다. 그 안에서 오롯한 나만의 시간을 만들어 가고 나만의 세계도 구축해 가며 용서받을 수 있을 정도의 무책임함으로 바깥 정황들을 모두 잊어버린다.

　지극히 비밀스런 내 사색의 정원은 이래서 반딧불이를 좋아할 수밖에 없다. 깊숙한 어둠 속에 있어도 결코 찬란함을 잃는 법이 없으며, 고요 속에 머물러 있어도 활발하게 살아 움직이는 아우성이 소리 없는 공간을 가득 채우기 때문이다.

맘먹고 오랜만에 나온 밤 산책인데 길이를 길게 잡을 순 없을 것 같아 오르막을 1킬로 정도에 그치고 언덕을 다시 되짚어 내려오기 시작한다. 올라갈 때 미처 발견되지 않았던 검은 흔적이 다시 도로 위에 군데군데 비친다.

에구머니! 랜턴 불빛 아래 씨알이 제법 굵어진 풀무치 메뚜기의 마른 몸들이 즐비하다. 각기 풀무치의 몸엔 작고 붉은 불개미들이 어지럽게 붙어 있어 야심한 밤에도 제 의무를 다하는 중이다.

교통사고가 원인이라면 외모가 저처럼 말짱할 리는 없을 풀무치가 무슨 이유로 일정한 곳에 이처럼 집중적으로 떨어져 죽어있는지 도무지 원인을 알 길이 없다. 수명을 다하긴 아직 한참 이른 철인대도 불구하고 말이다. 큰놈은 가운데 손가락 굵기와 길이를 훌쩍 넘는 녀석도 있다.

이쯤 되면 평화롭고 고적한 사색의 시간은 그만 물 건너가 버리고 만다. 아무리 생명이 없어진 풀무치들이지만 함부로 밟아버리고 싶진 않다. 발로 밟는다 하더라도 느낌이 올 정도는 아니겠으나 기왕에 눈에 띈 이상 피해 갈 수 있을 만큼은 피해가야 한다. 거기 붙어있는 무수한 불개미들도 하나같이 충실하고 무고한 녀석들일 뿐 밟혀 죽을 이유가 없음이고, 도로뿐 아니라 내 의식이 함께 오염되는 경우는 무조건 피해야 하지 않겠는가. 도로 위를 희미하게 비추는 풀무치의 흔적을 살펴 피하며 걷는 시간도 도정을 헤쳐가기 위한 과정으로 소용될 수 있음은 불행 중 다행이 아닐 수 없다. 나가나 돌아오나 늘 혼자인 것이 오늘따라 새삼스럽다.

현관문 소리가 쓸쓸할 것 같아 일부러 걸음을 멈추고 뒷짐을 진 채 뜨락 주변 어두운 수풀을 깊이 주목해 보지만, 밖에서 찾을 수 없었던 희망의 불빛을 안에서도 역시 찾을 수가 없다. 같은 푸른빛일지라도 행복의 파랑새는 날 기다려주지 않았고 그의 전설도 오늘은 맞지 않는 날이다. 가벼운 바람결에 실려 풍겨오는 보랏빛 칡꽃의 달콤한 향기가 허전함을 대신 위로해준다.

눈으로 보긴 티끌 하나 없이 말끔한 밤하늘이지만
아주 높은 곳에 안개가 살짝 덮여 있는지
따듯한 황금색이 지천에 가득한 달밤이다.

미리 단단히 각오를 하고 떠난 산책길이었기에 찾을 걸 찾지 못하고 되돌아와도 크게 서운한 점은 없다. 파랑새의 행복한 날개는 아닐지라도 부엉이가 남긴 꿈의 날개 한 조각은 내 위 주머니에 든든하게 자리하고 있지 않은가.

커피 주전자에 물이 끓음을 기다리는 동안 뜬금없이 올려다본 동편 하늘에 좀 전까지 황금색으로 휘황하던 달빛은 그새 눈부신 백금색으로 바뀌어 중천에 높이 떠올라 있었다. 덕분에 가득하던 만월 주변의 별빛은 거의 지워지고 남은 게 별반 없더라.

개구리 장날

　시작은 안개비에 때론 이슬비가 내리다 말다해도 이젠 소용없다. 열흘 가량 흐리고 비 오시는 날이 계속되자 언제 해를 만났었는지 기억조차 가물가물.
　긴 수난 속에 지칠 대로 지친 이웃한 곤충들은 무더기로 사경을 헤매고 있을 텐데…….
　역시나, 자주 뜨락으로 눈을 돌려도 생명의 자취는 한참 멀다. 빗소리라도 그나마 울리지 않으면 그저 적막강산.
　이따금씩 팔랑거리는 작은 흰나비 날갯짓엔 안타까움이 그득, 꽃에 든 꿀을 건네지 못해 축 처진 얼굴을 땅에 바짝 떨어뜨리고 있는 색 바랜 개망초들은 우는가, 조는가.

　아무리 물의 날이 길다 해도 문득 비 오시는 바다, 짙은 청색 바탕이 못내 그리웠다. 마냥 하글대는 백색 파도머리가 진정 간절했다. 몸 컨디션이 많이 안 좋아도 더는 참고 말리기 힘들었다.
　오랫동안 깊이 잠들어 차갑게 식어있는 트럭 시동을 오래 애써 걸고 의장대 교차 칼 도열하듯 빗발에 허리 푹 숙인 풀잎들 사열을 받으며 터덜거리는 오솔길로 나섰다.

쨍! 냉기 도는 운전석도 좀 있으면 나아질 테지, 8월도 오늘로 마지막 날.

비 오시는 틈을 비집고 내 모르는 어느새 과객의 손길을 받았는가, 길에 떨어져 설익은 채 으깨진 알밤 껍질들을 보니 맘이 서운타. 버려진 밤톨 색깔도 아직은 흰색일 뿐 익은 색이 아니다. 햇살이 크게 모자라다 보니 알밤도 나이를 덜 먹는다?

잠시 차를 세우고 물속에서 집어 올린 흠뻑 젖은 중간 크기 밤톨 하나, 연질 껍질일랑 맨입으로 문제없이 벗겨내고 통째로 입에 넣는다. 타의에 의한들 올 첫 알밤을 드디어 입에 넣은 것이다. 물맛인지 밤 맛인지 도통 모르겠다.

전진할 수가 없었다.

침목다리 끝에서 헛 심장만 부르릉 달달거리는 고물 트럭은 혼자서만 자꾸 울컥거릴 뿐 더는 다리 밖으로 나아갈 수가 없었다.

맙소사! 눈 아래 말끔하도록 비로드 빛 윤기로 반짝이는 젖은 포장도로 위에 질펀하게 펼쳐진 크고 작은 산개구리들의 사보타지가 바퀴를 옹골차게 가로막고 나선 것이다. 삶의 여정을 깊이 있게 생각한다거나 감사의 기도를 올리는 숭고한 모습이 아닌 줄은 내 안다. 조금이라도 온도가 높은 포장도로에 바짝 엎드려 그의 온기를 빌려볼 가벼운 속셈일지언정, 무고한 날 나가지 못하도록 막아서선 순 억지를, 된 배짱을 부리고 있다. 가장 가까이 앞장선 중치 크기 한 녀석은 아예 정면을 내 쪽으로 향하고 있어 노골적 맨몸 떼쓰기로 제대로 한판 시위를 벌이는 중, 피해갈 여지는 한 틈도 보이지 않는다.

아뿔싸! 맘속으로 정겨운 바다를 기리는 파릇한 그리움일랑 멀리 물바다 건너갔음을 금방 알아챈다.

벌써 4년째 내 차는 클랙슨이 듣지 않는다. 고치고 싶지도 않다. 사위가 워낙 고적한 산골짜기에선 이것도 시사하는 바가 크기 때문이다. 개구리 녀석들이 클랙슨 소리에 반응을 보여 순순히 비켜나 준다면야 얼마든 돈 들여 수리를 할 테지만, 그렇단 사실을 내 어디서도 읽은바 들은 기억은 없다.

그래, 가슴 저리도록 그리운들 비 오시는 청색 바다가 다 뭣이랴! 이것들을 박차고 전진할 만큼 나는 매몰차지 못하고, 미련한 차바퀴를 견딜 만큼 개구리는 단단하지 못하고, 청색 부름으로의 유혹, 백파로 마구 치달릴 동쪽바다는 너무도 멀다.

무작정 떨치고 나선다면야 제아무리 주의를 기울인다 해도 하조대 청색 바닷가에 이르는 동안 녀석들 황당한 삼각형을 열쯤은 무너뜨려야 할 것이고, 무자비 살생이란 양심의 가책을 안고도 자비로운 바다가 청량한 빛으로 눈에 옳게 들어올 리도 없다. 그래도 밝은 대낮엔 어찌어찌 피해를 줄여간다 쳐도 돌아오는 길, 어둔 밤에는?

브레이크 밟은 다리에 스르르 맥이 풀리자 잘 알았단 듯 차는 제 알아서 슬슬 뒷걸음친다. 어차피 침목다리 세심교는 안으로 경사롭기 때문이다.

참고 참은 끝에 오늘, 한가로울 줄만 알았던 오늘이 하필이면 개구리 장날, 망할 녀석 개구리 놈들은 부디 잘 먹고 잘 살아라!

산중에만 있는 슬픔

주변 생물들에게 닥치는 생사여탈의 흐름엔 가급적 개입하지 않으리란 각오도 때론 허물어야 할 때가 있다. 자연계 먹이사슬이 어쩌고 생물계 순환 논리가 어쩌고는 떠나 감정적으로 도움이 불쑥 앞서는 경우도 있음이다. 물론 행위가 삶과 구원을 전제로 한 행위일 경우에 한하긴 한다. 한 족속의 일시 먹거리도 중요하지만 다른 한 족속의 생존이 더 중요할 때도 있단 말이다.

간만에 굴참나무 아래 도토리를 몇 알쯤 주우러 갔다가 병정 개미떼에게 붙들려 몸살을 앓는 애벌레 한 마리를 발견했다. 어떤 이유로 나무 위에서 밑으로 떨어져 내렸던 모양이다. 온통 연녹색 일색의 누에를 닮은 대형 애벌레 한 마리가 마침내 곤욕을 치르고 있었다. 봐하니 귀한 호랑나비 족속 애벌레 같은데 어쩌다가 저런 지경에 이르게 됐을진 모르겠으나, 제 힘으로 무사히 빠져나갈 수 있을 것 같지 않았다. 잠시 쪼그리고 앉아 지켜보자니 개미들의 집요한 개미산 공격으로 갈수록 기운은 빠지고, 힘껏 내치던 안간힘도 느려져 갔다. 아무리 줄여 잡아도 무슨 보호종 대형나비 애벌레임에 틀림없어 보였기에 불 참견 무위원칙을 일시 깨뜨리고 도움 한번 넣어주기로 맘먹었다.

예전 같으면 징그럽게 여겨 발로 무참히 짓이겨 버릴 수도 있었을 법한 단순 뭉툭한 형상의 애벌레이지만 지금은 마냥 귀엽게만 보이는 게 다행이었

다. 몸에 뿔이나 가시 같은 방어책은 아무리 눈을 씻고 봐도 찾을 수 없으니 안쓰러움은 더했다. 짐작처럼 호랑나비 종류 애벌레라면 제 몸 속에 약간의 독성 물질을 함유하고 있겠지만, 그도 개미에겐 별 작용이 안 될 것이었다. 모르긴 몰라도 푸른색 나비 애벌레의 체내 독소보다 개미들의 개미산이 더 혹독할 것이었다.

일단 손바닥에 올려놓고 입으로 불어 몸에 붙어있는 개미들에게도 상처를 주지 않고 무사히 떼어냈다. 역시 마냥 부드럽고 연한 애벌레의 감촉이 손바닥에 꼬물꼬물 와 닿았다. 격무에 워낙 시달렸던지 움직임이 조용해졌.

막상 도움이라고 해야 별것 없었다. 멀리 아직 수풀이 우거져 있는 지역으로 힘껏 던져줄 밖에……, 거기서도 개미들에게 시달린다면 나로서도 더 이상은 참견해줄 수가 없었다. 원칙 깨트림에도 한계가 있는 것이고 내 소임은 거기까지였다.

원래 유난히 달 밝은 밤이면 거의 모든 산속 짐승들은 다소 흥분을 하고 신경이 날카로워지는 경향이 있다. 따라서 음력 보름날 안 밖으론 의외의 광경을 만나는 기회가 종종 있다. 엄밀히 말하자면 밤에만 그런 게 아니라 보름날 근처에선 대낮에도 생물들의 신경이 극도로 예민해지는 것 같다. 낮의 애벌레도 그런 연유에서 보름의 흥분된 곤욕을 앞당겨 치렀었는지도 모를 일이다.

낮에 애벌레 한 마리는 그렇게 살리려 했으되 깊은 밤 달님이 휘황한 참숲 속에선 이곳에선 드문 짐승의 비명 소리가 20여 분간 끊이지 않고 울려나왔다. 다름 아닌 어린 너구리의 애절한 비명이었다.

사나운 맹수가 거의 사라진 한반도 금수강산에 수렵과 채취를 금지시키는 인위적인 금수정책의 도움을 받아 개과의 일속인 너구리는 비교적 순탄하게 번식을 해왔다. 개체수도 제법 많이 불어나 산책길이거나 주야간을 불문하고 드라이브 길에 무시로 만나는 경우가 많아졌다. 이곳 산마을은 강아지보다 너구리가 훨씬 더 많단 걸 의식한다면 산길에서 만나지는 의외의 강아지는 거의가 기실 너구리인 것이다.

　원래 너구린 생후 1년이 지나면 제 목소리를 거의 잃어버리는 독특함이 있다. 장성한 너구리는 목숨을 잃어버릴 정도의 막심한 고통이라도 여간해서 숨소리 비슷한 쇳소리 이외엔 밖으로 내지 않는다. 야행성에다 위급할 때 죽은 척하는 소극적 방어능력과 여간해서 목소리를 내지 않는 습성을 오해해 '너구리같다'는 표현은 음험함의 상징적인 언사가 되고 말았다. 따라서 인위적으로 너구리 소리를 흉내 낼 수 있는 방법이 거의 없음도 사실이다.

　난 너구리 가족과 수년 동안 한 우물을 마시며 함께 살아왔을 뿐만 아니라, 위기의 계절 산천이 심하게 눈으로 덮인 겨울날엔 구휼용 먹거리 제공도 한 적이 있기에, 새끼가 먹이 보채는 소리도 들을 수 있는 행운을 가질 수 있어서 너구리 목소릴 알아듣는 난 개중 드문 일반인일 것이다. 따라서 달밤을 아프게 울리는 너구리 비명도 1년생 이전의 새끼일 가능성이 높았다. 저들끼리 다투다가 발생하는 미온적인 비명이 아니라 어떤 강적에게 습격을 받아 목숨이 경각에 달한 찢기는 듯 처절한 비명이었다. 짧고 높은 외마디도 있고 기진한 나머지 끊어질 듯한 애끓음도 있었다.

　늑대와 범이 사라진 마당에 소리도 없이 너구릴 저 정도로 곤경에 빠뜨릴 짐승이라면 이 근처에선 고양이 과 맹수인 살쾡이일 가능성이 높았다. 다른 맹수라면 어린 너구리의 목숨을 끊는데 불과 몇 초밖에 걸리질 않을 것이나, 비슷한 크기의 맹수이기에 시간이 제법 걸려야 제압을 할 수 있음이다. 이곳엔 없는 것으로 알려져 있는 야생화 된 들개일지라도 최소한 으르렁거리는

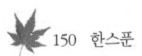

소린 들려야 했으니까.

　비명 소리의 내용만 듣고도 싸움의 전말을 고스란히 읽을 수 있었다. 악착같이 방어를 한다지만 일방적으로 어린 너구리가 당하는 싸움이었다. 바로 앞산 능선에 달빛이 아무리 대낮같이 밝다 해도 인간인 난 맹목에 가까울 뿐, 어찌 도와줄 방법이 없었다. 나와 더불어 살아왔고 나로 인해 궁한기 위기를 넘긴 너구리 가족의 처절한 비명 소리를 들으면서도 달리 구원할 수단이 없었다.

　20여 분간을 그렇게 안간힘으로 버티다 결국 가느다란 신음에 이어 단말마적 비명 한줄기만 남기곤 곧 완전히 끊기고 말았다. 긴 침묵의 시간이 물처럼 흘러갔다.

　상황이 그렇게 끝나 버린 뒤에야 '아차! 밖에 나가 불 켜진 랜턴이라도 산 쪽으로 비춰 간접적으로나마 도움을 줘야 하지 않았을까!' 하는 생각이 겨우 들었을 뿐, 결국 난 가까운 가족 하나를 잃고야 말았다.

　일부러 엮어낸 인연은 아닐지라도 너구린 어느 듯 우연적 인연으로나마 내 감정의 텃밭에 자리를 잡고 있었던 것이다. 다른 곳에서의 사건이었더라도 느낌이 이럴 것인가? 같으리란 보장은 물론 없다.

　그렇다. 어린 너구리가 살이 찢기고 피가 튀는 안간힘 속에 죽어가는 20여 분 동안 난 좀 더 현실적인 냉정성을 찾지 못했던 것, 시의적절을 행사해야 할 때 무의를 생각하고 말았던 것, 이런 경우의 무의는 차라리 무능이었다. 너무나도 가슴 아픈 무능함이었다.

　시린 듯 휘황한 달님도 위에서 빤히 내려다보며 어쩔 수 없단 대야 나로서도 뚜렷한 재간은 없었을 것이나 그것으로 다 위안될 순 없는 일, 살쾡이가 워낙 귀해져 천연기념물 희귀 보호종으로 지정됐으니 존속가치가 어린 너구리보다 우월하단 통념은 이 시간 나에겐 통하지 않는 한갓진 문구일 뿐, 가슴

막상 도움이라고 해야 별것 없었다.
멀리 아직 수풀이 우거져 있는 지역으로 힘껏
던져줄 밖에……,

한곳이 빼곡하니 미어져 온다.

  이렇듯 자연계에선 의당한 흐름도 인간이 개입되는 인연 아래에선 의당치 않은 것으로 돌변하고 만다. 생명의 흐름 위에 의식적 인연이 있고 한번 설정된 인연은 맹목성이 강한 감정의 소관이기에 그렇다. 흐름 우선 원칙 아래에서 선과 악이란 개념은 오늘처럼 때론 공허해지는 것이다. 생명과 인연과의 상충이기에 더욱 그렇다.

  이제의 슬픔은 어린 너구리의 죽음이란 비극뿐만 아니라 똑같은 크기로 내 안에도 원인이 상존해 있음이다. 지행일치(知行一致)를 입으로만 떠드는 자신의 무능과 위선이 밉고 가증스러워 배가 되는 번민과 아픔이 소나기처럼 밀려온다.

  타놓은 커피는 차갑게 식어버린 지 이미 오래, 오늘밤도 쉽게 잠들긴 어려울 것 같다.

  랜턴, 그저 비상용 랜턴이라도 한번 흔들어줘야 했었을 걸……

생명의 흐름 위에 의식적 인연이 있고
한번 설정된 인연은 맹목성이 강한 감정의 소관이기에 그렇다.
흐름 우선 원칙 아래에서 선과 악이란 개념은
오늘처럼 때론 공허해지는 것이다.

인연과 길들임

여름 한철엔 완전 무성한 녹음 덕택에 멀리 아랫마을 초입의 집 한 채 조차도 누옥에선 전혀 보이지 않는다. 그런 골짜기에 길게 파묻혀 살다 보면 바깥세상이란 말이 저절로 튀어나온다.

공연히 마을 사람들의 눈에 띄랴 여간해서 마을 쪽으로 옮기는 산책은 삼가지만 큰맘 먹고 내려가다 보면 한적한 산마을이란 표현이 무색해짐을 발견한다. 왕복 2차선 포장도로가 1차선으로 줄어 있을 만큼 외지 피서 차량들로 좁혀져 있기 때문이다. 교통 혼잡이란 희귀한 도시형 단어가 여기서도 적용되는 부산한 한철인 것이다.

개울 따라 곳곳의 빈터엔 온갖 색깔 텐트들이 바닷가 피서지를 방불케 하고 풍성하고 넉넉한 남대천 중상류 물빛도 조금은 지쳐 보인다. 근년 들어 몇 차례 중앙의 텔레비전에 이곳 강원도 산골마을의 천연덕스러움이 방영 소개된 뒤로의 일이다.

남대천 지류 3개 중 가장 길고 뚜렷한 본류이면서도 참 오랜 동안 고이 감춰져왔던 산골마을이 이제야 피할 수 없이 대중의 발길을 허용한 이유란, 갈천과 오색천 등 다른 두 개의 지류에 비해 소통이 막혀있었던 막다른 도로 탓이 가장 커다란 이유였을 것이다.

맑고 순수한 자연 바탕을 요원해 함께 은혜하자고 몰려오는 인사들을 꺼려서가 아니라, 난 내려오던 걸음을 멈추고 잠시 물끄러미 지켜보다가 다시 걸음을 되돌리고 만다. 원래 하던 짓대로 한적한 산 쪽으로 발길을 돌리고자 함이다. 실은 아랫동네 구멍가게에 들러 뭘 좀 사고 싶었지만 그도 그냥 말고 만다.

무심코 발길을 돌리면서도 난 스스로에게 깜짝 놀란다. 의도적인 경원이랄 순 없어도 지은 죄도 없이 한 인간이 무고한 다른 인간들을 피하는 분명한 기피행위였기 때문이다. 마치 야생동물이 자신에게 위해를 끼칠지도 모를 두려운 상대를 멀리서 보고 피신하는 행위와 뭣이 다르단 말인가, 상황에 따라 얼마든지 그럴 수도 있지 않느냐고 너그럽게 봐줄 성질의 것이 아닐 수 있단 말이다. 옹골차게 닫혀 있는 내 심상의 고통스런 증거, 이를 숨기고자 하는 본능일지도 모를 일이란 자탄이 회오리 되어 일렁이는 잠시 동안의 흔들림이 있다.

인간을 그리워함이 말로는 거짓이 아닐진대, 행동은 그리움을 회피하는 일, 그러나 난 자신을 믿어야한다. 일시 흔들림이라도 깊고 원천적인 진리와 새 가치관 추구를 위한 것일 뿐, 인간을 향한 마르지 않는 애절함이 결코 거짓이 아니란 심상의 다짐을 믿어야 하는 것이다. 그렇지 않다면 인간으로서 같은 인간기피행위는 자기부정의 황망한 의식파괴에 다름이 없을 것이고, 난 존재 속 부 존재, 살아있으나 절반은 죽어있는 심각한 착란 의식적 공황에 빠질 수밖에 없을 테니까. 매사가 목적 있는 의식의 흐름일 필요는 없을지라도 존재와 부 존재의 가름은 삶과 죽음의 관계와 다를 바 없어지기 마련이다.

세상과의 인연이 연결되어 있으면 그것이 존재로서 삶이고, 연결이 단절되면 그것이 바로 부 존재로서 죽음인 것이다. 인연은 육신의 인연도 있겠지만 의식상의 인연도 있고 이것이 내가 그리움을 함부로 또 온전히 놔버릴 수 없는 이유임이다. 기왕에 의식 세계의 인연을 소중히 여긴다면 나와 다른 생명체의 의식 세계에까지 동질성을 인정하지 않을 수 없으매, 그의 생명가치 동등성 추구가 바로 현상에서의 내 일인 것이다.

누가 누구에게 길이 든다는 건 의미가 매우 단순한 감성적 쏠림이다. 아울러 서로에게 길들이기는 이성과 두뇌의 소관이 아니라 철저히 감성과 가슴 언저리 책무이다. 선악 가름에도 구애받지 않고 조리와 부조리란 이성적 판단도 무위에 그치고 만다. 거의 맹목적인 의식의 일방 흐름인 것이다.
곰곰이 따져보면 어느 편이 주체가 되어 길을 들이는 것인지, 들이우는 것인지 불분명한 경우가 허다하다. 전기한 바와 같이 누가 누굴 길들이는 건지 애매할 땐 속함의 부담감 또한 내 쪽이 클 수도 있음이며, 내 감성적 풍부함이 때론 와병의 원인이 된다는 엄연함도 경험으로 취할 만큼 알고 있다. 길들이기에 실패한 때문이라기보다 인연과 집착의 굴레라는 올가미에 스스로 목을 내걸기 때문일 것이다.

야성이 강한 녀석들일수록 물론 기를 쓰고 날 외면한다. 그조차 지금은 하나도 서운해 하지 않는다. 빈말이 아니다. 야성이 강해서건 멍청해서건 구태여 이유를 가르지도 않는다.

본의 아니게 가을철 토종 얼룩 다람쥐는 손바닥에 올려놓을 만큼 길이 들어있으나, 다른 짐승들은 가급적 길을 들이지 않으려고 애를 쓴다. 이미 길들어있는 이웃한 다람쥐에게조차 올해 더 이상 호의적인 감정을 이입시키지 않으려 굳게 맘먹고 있다. 그럴 수밖에 없는 상황에도 두 가지 이유가 있다.
하나는 이곳에 아주 터잡이를 하지 않으리라고 맘먹은 이상 떠날 때 얻어

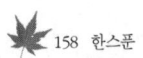

질 인연 단절의 아픔을 면하기 위해 지나친 정들이기를 피함이고, 다른 하나는 녀석들과 나와의 자존심 문제가 한 가지 걸려있음이다.

　서로가 부담을 주지 않으면서도 의식적인 호의는 베풀다 보니 제 놈들의 코가 기고만장하게 높아져 있음을 이즘 여실히 느끼고 있다. 불과 2미터 정도도 안 되는, 손을 내밀면 쉽게 닿을 만한 가까운 거리에 내가 있어도 두발로 곧추선 토종얼룩다람쥐의 궁둥이가 내 쪽을 향하고 있단 말이다. 철저히 외면당하고 있단 말인즉 내 존재를 완전히 무시하는 삭제행위가 아니곤 해석을 달리 가할 수가 없다.

　'저기 골짜기 누옥에 이웃한 아저씨 길게 두고 보니 영 맹물이더라!' 는 단 하나의 뜻이 아니고 뭣이랴.

　지금은 거의 잊혀진 존재일지언정 예전 인간계에선 제법 높은 지성을 인정받았던 언필칭 현대판 선비인데, 아무리 저들이 우선하는 산골이라도 코 앞에서 궁둥이가 감히 내 쪽을 향한단 처사는 적지 아니 약 오름을 담보하는 참말로 고약한 행위인 것이다. 그렇다 해서 그곳 인간세상에서나 통하는 깍듯한 선비대접, 이웃어른에 대한 반듯한 인사를 바램도 아니다. 그저 있거나 없거나 처럼 무시당하지나 않으면 좋겠거니와, 아니라 해서 곱다시 무시당할 나 역시도 아님이다. 나 또한 녀석에겐 눈길조차 주지 아니하고 고개를 반대편으로 잔뜩 모로 꼰 채 내 갈 길을 느직하게 따로 가고 마는 것이다. 이따금씩 어험! 하는 헛기침도 뱉으면서, 어차피 신경전이니까.

　사실을 고백하자면 종종 있는 이 같은 신경전에서 내가 이겨본 적은 단 한 차례도 없다. 결국 뒤 또는 옆을 내 쪽에서 먼저 흘깃 돌아보게 되고 녀석들은 속으로 쾌재를 부르는 것이다. 쾌재의 증거로는 몸을 약간 더 움직여 아까처럼 내게 궁둥이를 슬쩍 돌려댐으로써 확실한 승리의 결판을 선언하곤 함이다. 이 같은 겹치기 낭패감은 당해 보지 않은 사람은 여간해선 상상할 수

세상과의 인연이 연결되어 있으면 그것이
존재로서 삶이고,
연결이 단절되면 그것이 바로 부 존재로서
죽음인 것이다.

없는 일, 괘씸죄로 엉덩이 근처에 가해지는 내 손가락 퉁기기 징벌조차 감당치 못할 여리고 가여운 작은 녀석들이 말이다.

결국 자꾸 반복되는 이 같이 쑥스럽고 민망하고 일방적인 상황을 개선키 위해 내 쪽에서 먼저 화평의 손을 내밀었던 것이고, 토종얼룩다람쥐는 못이기는 척 알밤이 가득 실린 내 손바닥에 올라와 줌으로써 눈치전의 승패를 떠난 우정과 화평이 화창하고 믿을 만한 가을날에 시작됐던 것이다.

천만다행인 것은 큰맘 먹고 손바닥 위에 올라와선 절대로 궁둥일 내 쪽으로 향하는 법이 없단 점이다. 가끔씩 나와 깜장콩알 같은 눈을 똑바로 맞춰줄 만큼 익숙해졌다 한들 제 놈들도 거기가 어딘 줄 모르지 않는단 말이다.

그저 선한 줄로만 알았던 토종 얼룩다람쥐 녀석들에게도 성깔 못된 일면이 숨어있었구나! 하고 생각했었지만, 나중에야 그게 성깔이 못돼서가 아닌 수줍음이 깊어서란 걸 알고는 오해도 눈 녹듯 스르르 풀리고 녀석들에게 쏠리는 애정도 더욱 각별해졌었다. 물론 궁둥이로 나를 왕따 놓는 원인이 진짜 못된 성깔 때문이라 하더라도 녀석들에게 향하는 내 일방적인 애정을 차마 허물진 않았을 것이다. 머리로다 만사를 온전히 이해할 순 없어도, 가슴에서 우러나기로 무작정 사랑할 순 있다지 않은가.

이토록 눈치싸움이란 불가피한 동기가 아니었다면 어떤 동물이건 인위적인 길들이기를 하고 싶진 않았다. 오히려 거실 안으로 들여보내 달라고 부득불 떼쓰는 온갖 새들도 끝내 마다 한 채 방충망을 절대로 열어주지 않고 있음이니까, 동거 또한 하나의 사랑방식이긴 하겠지만, 인연도 영속성이 보장될 수 없을 바에야 내가 취하고 싶은 방식은 아닌 것이다.

옳거니, 우여곡절(迂餘曲折)을 거쳐 결국 크게 양보해서 길들여진 건 다람쥐가 아니라 도리어 내 자신이었다. 오해에서 시작한 길들임일지언정 날 길들여 준 다람쥐를 사랑하고, 신심의 순수성을 바탕으로 감연히 너에게 우애와 구애의 손길을 내민 나 자신도 사랑한다. 사랑의 본질이 이와 같을진대 자신에 대한 사랑 고백이 하나도 쑥스럽거나 부끄럽지 않다.

예고도 없이 폭풍우처럼 몰려드는 대죄 대속함의 고해성사(告解聖事)를 거부하지 않는 만큼, 용서가 아닌 다음에야 아주 가끔씩은 나 자신을 사랑해도 괜찮은 것, 생각해보면 별단의 가치이기에 용서가 앞서지 않아도 사랑은 얼마든지 할 수 있는 것, 그렇지 않다면 내 자신이 너무 비참해지고 말 테니까.

얼룩다람쥐 사랑함이야 변함이 없을 테지만 그렇게 개시된 좋은 인연이라도 이젠 정리를 해야 한다. 우정이 됐든 애정이 됐든 인연 속에서의 의무 또한 부가될 것이고 그게 부담되어서라도 올핸 얼룩다람쥐 저 혼자 맘껏 수줍어하라고 그냥 놔둘 작정이다. 다신 손을 내밀지 않을 작정이란 말인즉 정듦이 반가운 게 아니라 정 뗌이 괴로움임을 진즉에 알았기 때문이다. 필요할 경우 토종다람쥐 궁한기 구휼은 당연히 시행하겠지만 그를 빌미로 만들어지는 인연의 굴레는 동기가 선할지라도 부담과 의무를 동반한단 깨달음이 불현듯 다가왔기 때문이다. 이래서 서로 한 걸음쯤 살짝 떨어져있음이 더 잘 보일 뿐만 아니라 피차에게 두루 이롭단 결론을 얻었기 때문이다.

이즈음 '오른손이 하는 일을 왼손이 모르게 하라'는 격언의 의미를 다시 한 번 깊이 깨닫는다. 의무와 정성은 베풀지언정 그것으로 인한 보람을 기대해선 옳지 않단 뜻, 많은 경우 기대는 인연으로 연결되고 서툰 인연이 집착과 고통으로 귀결됨으로써 애초의 선심조차 다치게 되는 허망한 경우를 경계하란 의미 즉 정정당당함의 은유적 서술임을 말함이다.

피치 못할 의무는 당당히 받아들이되 피할 수 있는 기대기는 피함이 삶을

덜 힘들게 사는 한 가지 슬기일 수 있다. 불가에서 인연의 쓰라림을 줄곧 일깨우는 뜻이 여기에 있음이리라. 좋은 인연이란 분명히 일생에 가치가 있는 일일지언정 이 또한 최선의 덕목은 아니란 것, 인성이 냉정하기에 인연을 회피하는 게 아니라 상대방의 원활한 자유의지를 위해 내 욕구를 자제함이란 뜻, 무욕의 삶이란 인연을 함부로 만들지 않는 곳에서 출발한다는 엄연함을 깨달을 때 삶이 갈수록 오묘해진단 느낌을 받는다.

그러나 기왕에 만들어진 인연, 기왕에 든 정이 아니던가, 내 들고난 자리에 표가 나지 않도록 언젠가 있을 이별에 대한 준비도 혼자서 이행해야 하는 것이고, 그러려면 내 편에서 욕을 좀 먹는 편이 나을 것이다.

나중의 더 큰 아픔을 생각해 '맹물 같은 이웃집 아저씨 언제부턴가 맘이 변했더라!' 는 이 골짜기 뜬소문도 변명치 않고 감내할 것이다. 개구리 녀석들 일부는 멍청하기에 거기에 동조할지 몰라도, 가슴이 순수하고 더 멍청한 들꿩 녀석들만은 결단코 그에 동조하지 않을 것이다.

속 모르는 다람쥐들이야 무조건 날 무정탈 것이고, 덕분에 아픔은 나로서 족할 것이다. 더 속 모르는 사람들은 그 녀석들 붙들어서 함께 데리고 살면 좋을 것 아니냐는 철없는 소릴 쉽게 할 테지만, 내 행위적 근본으론 어림도 없는 일.

부산한 듯 요란한 듯해도 여름은 자꾸 뒷모습을 보이고, 나야 흔들리거나 말거나 느릿하게 구르는 시간은 전설 속 가을을 향해 묵묵히 제 길을 간다.

사랑의 묘약

　조금씩 모여지는 알밤이 내겐 가을을 알리는 확실한 징표지만, 마을은 온통 계절의 독불장군 송이버섯에게 지배를 당한다. 맑은 자연의 선물인 송이가 귀물이긴 해도 차마 영물일 순 없을 것 같은데 자칭 영물이란 인간들이 한갓 송이에게 간단히 지배를 당한다. 눈에 잘 뜨이는 산줄기 곳곳에 금줄이 둘러쳐지고 사람들의 얼굴엔 긴장감마저 나돈다.
　송이를 통해 얻는 수입이 적지 않은 건 고마운 일이나 그로 인해 마을의 인심이 다소 각박해지는 부작용도 있다. 인간의 끝없는 탐욕에서 기인되는 각박함이라 말릴 도리도 없다. 다만 그 세계를 피함으로서 흉한 모습을 남기지 않도록 스스로 조심할 따름이다.
　비교적 흉작이었던 작년에 비해 듣자니 올핸 제법 수확이 있을 거란다.

　이 마을에서 송이버섯 차지하는 비중은 결코 작은 게 아니다. 인공적인 수고라곤 송이를 채취하기 위해 산을 헤집고 다니는 것 이외에 따로 투자되는 건 하나도 없다. 그럼에도 한철 수확으로 마을 사람들에게 돌아가는 현금수입은 제법 큰 액수가 된다.
　단 한 꼭지라도 기분을 전환시키기에 송이는 전혀 부족함이 없다. 며칠 전 집에 돌아오다가 우연히 길 건너 소나무 밑에서 발견한 잘생긴 송이 한 꼭지

만으로도 향기 넉넉함을 오랫동안 느낄 수 있었으니까.

　설마하니 한길 가에 송이가 있으리라고는 꿈에도 생각하지 못하던 차에 제 발로 찾아온 송이라 반갑기 그지없는 선물이었으니, 오던 길을 되짚어 마을 연쇄점에 들러 포도주를 두 병쯤 사야만 했다. 포도주와 야생 송이의 향기 궁합이 기가 막히게 잘 어울린단 사실을 아는 사람들도 드물다. 누가 누굴 지배하는 진 모르지만 온몸을 감도는 향기 잔치에 우선 머리가 맑아지고 맘이 뒤따라 평온해진다. 잘 다려 그윽한 한잔의 차보다 강도가 몇 배는 더 강한 것이다.

　읍내 누구에게서 안내를 받았다며 대학에서 강의를 한다는 손님 내외가 어렵사리 골짜기 누옥까지 찾아오셨다. 이곳에 거처를 정한 뒤 처음 있는 뜻하지 않은 손님맞이지만 마침 맞은 송이 철이라 어렵지 않게 송이를 구해 이모저모로 상차림을 마련했다.

　송이는 접대와 요리가 의외로 쉽다. 송이 회는 오로지 소금 한 가지, 기껏해야 참기름 약간만 있으면 그만이고 다른 요리도 양념이 크게 어렵지가 않다. 가급적 양념과 반찬이 단순하면 단순할수록 향기로운 송이의 진가는 오히려 더 잘 드러나기 때문이다.

　훤한 대낮이긴 해도 우선 송이 회와 포도주 한잔을 곁들이지 않을 수가 없었다. 저녁은 송이버섯 찌개와 송이 구이가 또한 일품이었다. 저녁부터 다시 꾸며진 탁자 위에도 당연한 듯 역시 송이 회가 주빈이었다.

　가까운 민박집에서 하루 밤을 쉬고 돌아온 손님 내외에게 준비된 아침식사는 송이 덮밥에 송이 불고기로 아무튼 탁자가 늘 송이버섯에 흠씬 젖어있었다.

　"에구 버섯은 이제 물리네요, 개운하게 김치가 있었으면······."

오호라! 이 얼마나 튼튼한 천진함이던가, 함께 온 선배의 안주인은 말로만 들었지 송이의 생김새를 전혀 몰랐었던 것, 난 바라시는 배추김치를 가지러 주방으로 가면서 들킬 새라 얼굴을 감추며 얼마나 힘들게 웃었는지 모르고 남편인 선배는 얼굴이 차차 파랗게 변해 갔다. 불필요한 공치사를 피하고자 는 맘에서 이게 그 유명한 양양의 자연산 송이버섯이란 설명을 구태여 하지 않았던 것이고, 이틀 간 송이에 흠씬 젖어 있으면서도 형수는 그게 그냥 버섯인줄만 알고 주는 대로 억지로 참고 먹어주셨던 것이다. 그러니 일반 버섯 천지에 식성이 물리는 건 당연한 일, 난 일부러 내오지 않았던 김치를 내오면서 그의 천진함의 뒤에 숨어서 실컷 웃었던 것이고, 초면의 선배는 보통 자리가 아님에 대한 인사가 한순간에 무너지는 막연함과 낭패감에 얼굴색이 파랗게 변해갔던 것이다. 담백 향긋한 송이 상에 우리식 김치는 전혀 어울리지 않는 음식이기 때문에 일부러 내지 않았을 뿐, 선배는 그러한 깊고 은근한 송이 향의 가치를 이미 깊숙이 알고 있었음이다.

나중에야 돌아서서 멍청이라고 호되게 질책이 있을지라도 우선은 약간 지나친 농담과 대화로 전혀 다른 입장 두 사람을 동시에 자연스럽게 무마하려 깨나 애를 썼었다.

한사람은 너무 잘 알고 있어서 문제이고 한사람은 너무 모르고 있어서 문제이니 말로다 하는 융화는 애초부터 그른 것, 내력을 미리 알려주지 않은 내 책임도 공유할 것이니 난처함 이상으로 문제될 것까지야 없었을 것이다.

(깊은 산속에 혼자 사는 괴짜 글쟁이의 식성이라 선지 참으로 독특하고도 까다롭구나!) 라는 생각 아래 날것으로 내놓은 이름도 모를 버섯을 무던히도 참고 먹어줬을 착한 형수를 생각하면 지금도 웃음이 절로 나온다. 이도 다분히 각별한 접대용일 따름이지 내 홀로선 언감생심(焉敢生心)일 따름이다. 표시가 날 정도의 즐거움은 가급적 피해가며 다소곳이 살고는 있으나 특별한 계절이 주는

이 정도로 각별한 호강은 하느님도 모르는 척 용서하실 것이라 믿는다.

　태산정기의 응축이랄 수 있는 송이버섯의 은혜는 비단 거기서 그치지 않았음이니, 우리네 님프세상에서나 통용되는 넥타르가 하필 떨어졌을 때 비상한 방책으로 통하는 천기 하나를 이참에 누설하고야 말겠다. (나야 천기누설에 대한 약간의 꾸중을 피할 수는 없겠지만…….)
　'적포도주와 송이버섯'이란 너무 잘 어우러진 절묘하달밖에 달리 표현할 수 없는 향기궁합, 아닌 게 아니라 형수는 수년 전부터 영혼의 방황이라 불리는 우울증이 제법 깊었단다. 한 집안의 내실을 책임지고 있는 안주인에게 찾아온 병증은 전체 집안에 공통되는 것일 수밖에 없었으니, 살얼음판을 걷듯 늘 조심스러운 가운데 한시도 긴장을 놓지 못하매 가족들 모두 사는 게 사는 맛이 아니었을 것이다. 그러던 안타까운 입장에서 나와 뜻 깊은 조우를 갖고 서울로 돌아간 바로 다음 날 아침 일찍 주방에서 하루를 준비를 하던 형수로부터 들려온 수년만의 콧노래소리는 회생과 재생을 알려주는 기막힌 희소식이었단다. 그 순간 하마터면 울 뻔했다는 선배의 감격에 겨워 전하는 인사야말로 내겐 천상에서 들려오는 축복의 한 말씀이었으니, 역시 아로마 테라피의 극적인 정점이자 내 신념과 방식이 옳단 확고한 증빙이었다. 이로서 한 집안은 구호를 받았고 난 내 활인술 노트에 절절한 임상기록 또 한줄 진하게 남길 수 있었다.
　은근한 숲 속 어딘가에 꼭꼭 숨어서 소담스럽게 자라고 있을 송이를 생각하며 눈으로 멀리서 바라보기만 해도 이토록 그득한 것을, 만산이 다 내 앞마당이고 청산이 다 내 뒤뜰인데 홀로 그득한 이 맘을 감히 뉘라서 말릴 것인가. 꼭 손에 넣어야 맘이 만족스러운 건 아니다. 손은 더 크게 채워지길 바라는 욕심이 있어 괴롭지만, 맘은 담긴 것 하나 없어도 때가 되면 혼자 채워질

줄 알기 때문이다.

　사위가 컴컴하게 어두워진 저녁 기어코 이웃 토종 꿀벌 식구들이 주인의 등에 업혀 돌아갔다. 거실 창 밖 잘 보이는 장소에 이웃하고 있어 한동안 훌륭한 벗이 됐었는데 이젠 본적으로 돌아갈 때가 됐던 모양이다.

　서운함은 둘째 치고 뭣보다 또 하나의 이웃인 대추 말벌들과 크게 난처한 일이 벌어지지 않아서 고맙기 한량없다. 두 이웃 사이에 조금이라도 불순한 일이 발생할 것 같으면 할 수 없이 한쪽을 제거해야만 하는 예정된 비극을 어렵게 피해간 것이다.

　도저히 상생할 수 없을 것처럼 보이던 상극의 두 이웃이 긴 시간 동안 어떻게 서로 참아가며 살아왔는지 나로선 원인을 알아낼 재간이 없다. 정해진 일과처럼 20미터도 안 되는 양쪽 집을 하루 한 번씩은 번갈아 가며 감시하던 수고도 크게 보람이 있었던 셈이다.

처음 굵은 밤톨만 하던 대추 말벌 집이 지금은 혼자서 감당하기 힘들만큼 크기가 엄청 커졌으니 걱정이 작을 순 없었는데 말이다. 아무 의지도 없어 보이는 미물들이 기특하기 짝이 없다. 거참!

자연의 혜택도 먼저 베풂에 기인한단 원칙을 믿는 것처럼 토종 꿀벌들에게 자비로웠던 결과가 탐스러운 알밤이 되어 돌아왔다고 난 굳게 믿는다. 작열하는 태양과 꿀벌들의 협연이 과실을 만들고 생육하는 비결이란 자연계의 쉬운 비밀도 난 믿는다.

맘씨 후덕한 마을 원로 어른이 누구 덕분이라며 토종꿀을 좀 나눠주겠다지만 한사코 거절할 생각이다. 이미 받을 건 다 받았고 따져보면 한참 넘쳐난 걸 염치도 없이 욕심내고 싶진 않다. 단지 바라는 게 있다면 조그맣고 귀여운 이웃들이 추운 겨울을 잘 넘기도록 배려를 아끼지 말아 달란 것뿐, 내년에 작은 친절이나마 다시 또 나눌 수 있도록 말이다.

자연의 혜택도 먼저 베풂에 기인한단 원칙을 믿는 것처럼
토종 꿀벌들에게 자비로웠던 결과가 탐스러운 알밤이 되어
돌아왔다고 난 굳게 믿는다.
작열하는 태양과 꿀벌들의 협연이 과실을 만들고 생육하는
비결이란 자연계의 쉬운 비밀도 난 믿는다.

굴참나무 밑에서

한반도에 자생하는 도토리는 약 여덟 가지 종류라 하며 모두 참나무 일속으로 통칭한다. 제대로 된 도토리는 모양이 길쭉하게 생겼고 상수리는 동글동글하게 생겼다. 우리가 보통 도토리묵이라고 하지만 순수한 도토리만으로 만든 묵은 애들은 먹기가 힘들만큼 떫다. 따라서 도토리묵은 진짜 도토리보다 오히려 상수리가 제격이란다. 거기에 때에 따라 알밤도 좀 섞어 양을 불리기도 하고 먹기에 편한 독특한 맛을 만들어내기도 한단다.

밤나무의 계절 잔치에 취해 도통 들를 길이 없었던 노 거목 굴참나무 곁에 우연히 들렀다가 밑에 제법 떨어진 상수리 열매를 얼마쯤 주울 수 있었다. 수령이 350년도 넘는 노인 나무가 아직도 열매를 맺을 줄 아는 것이다. 지난 수년간 묵묵히 지켜보았으나 장대한 제 위용을 자랑하는 이외엔 열매 맺는 걸 한 번도 보지 못했던 터라 새삼스럽고 감격스러웠다. 척박한 땅에 워낙 노쇠한 몸이라 해거리도 그만큼 길었나 보다.

하루에 한번쯤 들러 주워 온 상수리가 닷새 동안 겨우 반 되 정도, 끝까지 아무리 말끔하게 주워 와도 쓸 만큼 양이 차진 않을 것 같다. 결국 뒷해 먹긴 양으로 모자라고 팽이 만들긴 너무 많은 어정쩡한 양이 될 것 같다. 겨우내 먹을 도토리 가루를 만들어 놓으려면 최소한 반말은 되어야 한다. 먹을 만한 양이면 물론 서울로 올려 보낼 것이고, 팽이나 만들 요량이면 내 몫으로 남겨질 것이다.

팽이를 만든다 해도 요즘 애들의 놀이용품은 결코 되지 못할 것이다. 워낙 다양하고 기발한 놀이기구에 길든 애들이 이깟 도토리 팽이에 감격해 할 린 없다. 따라서 팽이라 해도 소박한 시절, 결핍의 운치를 아는 어른들이 애들이 보지 않을 때 혼자 슬며시 한 번씩 돌려보는 호기심 어린 어른장난감이 되고 말리다.

워낙 사소한 장난감이기에 도토리 팽이 몸통에 색칠을 하거나 소용돌이무늬 등을 칠해 넣을 필요도 없고 하는 사람도 없다. 그러나 그의 단순하면서도 지극히 순수한 위로의 의미를 되새긴다면 결코 사소하기만 하달 순 없음이다.

서울이란 삭막한 대도시에 살던 내 어릴 적엔 도토리도 큰맘 먹지 않으면 쉽게 손에 넣어지지 않았던 귀물이었다. 그걸 구하기 위해 꾸중을 각오하고 학교를 마치자마자 장충공원으로 남산 마루턱으로 엔간히 쏘다녔던 가을날의 아련한 기억이 있다.

누가 더 큰 도토리를 줍는가, 만들어진 팽이는 누구 것이 가장 오래 돌아가는가 등 경주를 벌이기만 해도 세상에 부러운 장난감이 다시없던 시절이었으며, 크기도 굵고 틸지도 않고 반듯하게 오래 돌아가는 제대로 잘 만들어진 명품 하나는 모든 꼬맹이들의 선망의 대상이 되고도 남았던 시절이었다.

일단 명품으로 공인을 받으면 이따금씩 감히 도전을 받는 경우는 있어도 주로 시범 운행을 다니는 귀물 대접을 받는다. 당연히 신주 단지 모시듯 종이로 싸 필통 한구석에 흔들리지 않도록 귀히 모시고 다니기 마련이었다.

어느 날, 겨울방학이 가까워 올 때쯤 명품 도토리 팽이가 너무 말라 돌아가

다가 '파삭' 깨어지기라도 하는 날이면 세상 절반이 무너지는 대사건이 됐고, 소문이 금방 퍼져 조문객의 위문을 한동안 받아야 했던 큰일 중 큰일이 됐었다. 크나큰 슬픔을 달래기 위해 곧 차가운 겨울방학이 시작되고 명품 팽이는 한 시절을 풍미했던 전설이 되어 꼬맹이들의 뇌리 근저를 흐르거나 말없이 잊혀진다.

서툴게 만들어 유난히 털털거리면 그러는 대로, 용케도 중심이 잘 잡혀 도는 듯 멈춰 있는 듯하면 그러는 대로, 도토리 팽이는 자기 혼자서 무심하게 돌고 도는 것처럼 보인다. 아울러 크기가 큰 팽이일수록 오래 돌 것 같으나 회전 수명은 크기와 상관이 없다. 크기가 크면 당연히 무게도 늘겠지만 외부 공기의 마찰저항도 많이 받아 수명을 단축시킨다.

더 늦기 전에 여기서 평생 가슴에 간직하고 있던 도토리 팽이 명품 만들기 비밀 전략하나를 공개한다. 죽기 전에 꼭 한번은 애들에게 공개할 것이란 맘은 있었으니까.

남들은 무조건 크기가 큰 녀석을 절대 조건으로 고른다. 물론 일리는 있다. 덩치 큰 녀석이 아무래도 무게가 더 나갈 테니까, 그러나 도토리 키 재기란 말이 있다. 크건 작건 거기서 거기란 뜻이다. 그랬었다. 난 크기를 먼저 생각하지 않았었다. 내 것보다 큰 녀석은 늘 있었으니까, 단지 무게 비중만은 항상 염두에 두고 있었음이니, 그건 미처 다 익지 않은 푸른 녀석을 고르는 게 바로 명품 제조 비밀의 요체 중의 요체였던 것이고, 상위 랭킹을 혼자 몽땅 독차지할 수 있었던 숨은 요령이었다. 즉 다 익어 저절로 땅에 떨어지기 전에 나무에서 직접 따서 만들었던 것이고, 나무에서 날 기다려 주는 설익은 늦둥이 도토리는 언제든 거기 있었다. 알량한 어린 내 손재주가 아니었단 말이다.

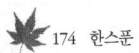

평상시엔 남들에게 별스레 주목을 받지 못하던 작고 못생긴 도토리 나는 겨울방학이 되기 전 가을 한철만은 결코 외롭지 않은 왕이었다. 남들이 아무리 노력을 해도 내 성과엔 미칠 재간이 없으니 왕의 권위는 가히 절대적이었다.

왕에겐 권위만 세워지는 건 아니었다. 권위에 버금가는 의무도 생긴다. 그건 감정사의 역할이었다. 잘 익은 숱한 도토리 알들이 왕 앞에 도열해 그의 절대적인 평가를 기다리는 것이다. 그럼 왕은 짐짓 위엄을 갖추고 감정 평가에 들어간다. 애매한 도토리를 손에 들고 태양 정면을 향해 비춰 보는 척하면 애들은 하나같이 침을 꼴깍 삼키며 분부를 기다린다. 물론 그것으로 속이 보이거나 도토리의 회전 수명을 읽어 낼 순 없는 일이나 아무려나 상관없는 일이다. 지엄한 왕의 엄숙한 행동이니까. 그런 행위는 사흘이 안 돼 이웃 동네를 통해 다른 학교까지 퍼져 죄 없는 무수한 도토리들이 가을하늘을 향해 뜨거운 벌서기를 당해야했다. 헌데 이상한 일은 평가가 가혹하면 가혹할수록 왕의 권위는 반대로 높아지는 것이었다.

왕으로부터 호의적인 평가가 내려진 도토리는 지체 높은 귀족은 못되더라도 최소한 양반 대접은 받았다. 그래 그런지 성적 또한 늘 괜찮은 편에 속했다. 이따금씩 지루하면 감정 방법을 바꾸기 마련이고 역시 사흘이 안 돼 조무래기들 세상은 한 가지 감정 방식으로 금방 통일됐다.

때론 국화빵 붕어빵을 동반한 회유형으로, 때론 우격다짐을 앞세운 강압적 협박으로 무수한 비법의 공개를 요구받지만 알려줄 필요가 없었다. 워낙 단순한 도토리 팽이에 무슨 큰 비법이 숨어있겠냐고 강하게 항변하면 대부분이 고개를 갸우뚱하면서도 수긍하는 편이었다. 물론 물질 비중이란 큰 형들의 어려운 단어를 어린 왕도 미처 알 수가 없는 일이었지만, 꼬맹이들의 넓고도 좁은 세상에서 왕은 하나로 족한 것이었고 그 왕은 다행히도 공평무

굴참나무 밑에서 175

사(公平無私)한 편이었다. 그래서 명품 도토리 팽이의 전설은 가을 미풍을 타고 자꾸 더 깊은 곳으로 흐르기 마련이었다.

지긋지긋했던 일제 강점기와 혹심한 민족상잔의 아픈 상흔을 연달아 겪은 탓에 거목이 거의 없었던 60년대 장충단 공원과 남산의 어린 참나무들은 못난이 도토리 왕 때문에 어지간히 시달림을 당했을 것이다. 이제야 사과하고 보다 사랑한다.

비슷한 시기에 결실을 보는 알밤이 땅에 떨어지는 소리도 있으니 분명 가을이 익어 가는 소리이다. 그러나 도토리가 내는 소리는 의미부터가 다르다. 작아도 바로 태고성인 것이다.

이젠 저절로 익어 떨어지는 것만으로 감사할 뿐 나무에 올라가서까지 도토릴 회수하진 않는다. 체중도 부쩍 늘었겠지만 더는 키 재기 할 일이, 동무들이 없어졌기 때문이다.

시절이 모든 가치를 변동케 하고 내쳐 흐르는 세상에 고정된 가치는 없다지만, 시간으로도 위로 받지 못하는 어른들 세상엔 한갓 도토리가 무변동의 가치로 심저에 잔잔하게 자리하고 있다.

"툭" 도토리 지는 서슬에 놀라 "꿔겅—껑" 산 꿩이 운다.

긍휼 '矜恤'히 여기소서!

　귀하고 높은 것만이 사람의 탐심을 자극하는 건 아니다. 그 흔한 지하철, 햄버거, 닭튀김 한 조각이 가끔씩 그리운 것만 봐도 그렇다. 특히 좋아하는 걸 들라하면 왜 그것뿐이겠는가, 하지만 일상의 평이함이 유난히 생각나는 걸 보면 심상의 흐름은 귀하고 높은 것과는 별반 상관이 없는 것 같다.

　난 요즘 행복이라든가 즐거움과 같은 들뜬 요소들은 가급적 회피하며 살고 있다. 일부러 피한다라기 보다 구태여 기대하거나 생각조차 하지 않는단 표현이 더 옳을지 모르겠다. 그도 아닐 경우 일순 지나쳐가 버리는 헛바람에 미혹되지 않으려 한단 게 가장 멋들어지고 그럴듯한 대답일 것이다. 그것들이 옳지 않아서, 선이 아니라서, 몽땅 남의 것이라서 그런 것도 아니다. 행복이건 호사 건 결국 미덕을 베풀었거나 이로운 일을 행사하고 남긴 뒤에야 보답으로 누릴 수 있는 후발적 보상 요소일 뿐, 자발적으로 찾아나서는 궁극의 목표가 아님을 눈치 챘기 때문이다. 따라서 단순히 시간과 돈에 여유가 있음으로 즐겨도 된다는 선행 논리는 존재의 귀함에 대한 크나큰 모독이 된다. 그건 즐거움의 낭비일 뿐 뒤에 남겨지는 건 뻔하다. 하물며 여유가 없고 이유도 없음에도 무작정 행복해지고 싶다거나 즐기고 싶다 함은 세상의 온갖 난리를 불러오는 이유 중 첫 번째 이유이고 피치 못할 인식상의 유혹임은 분명하다.

우리네 인간의 입장에서 삶의 보람이란 즉 행복과 즐거움일 것이다. 씨 뿌리고 생육하는 수고과정이 가해지지 않았는데 보람이란 열매가 찾아질 수 있을까? 그럼에도 우직하게 보람만 애써 구하려 든다면 그건 어떤 의미일까? 수고가 뒷받침되지 않은 행복과 즐거움, 그건 단순 쾌락적 성격을 띠우기 마련이고 결국 자신의 영혼 일부를 팔아 지불하는 것으로 보상되고 만다. 맹목적이기에 공짜보다 못한 참으로 값비싼 쾌락일 것이다.

쾌감에 대한 충동적인 욕구가 바람처럼 일시 쓸고 간 뒤엔 남겨진 쓰레기만 더 두드러져 보이기 마련이고 '나 또 속았구나!' 하는 생각에 난감해진다. 논리는 지극히 쉬우나 현상은 무서운 일임엔 틀림이 없다.

닭튀김 한 마리쯤 예정하고 읍내에 나갔다가 왠지 맘에 걸려 짜장면 한 그릇으로 줄여놓고도 돌아올 땐 그마저 후회가 든다. 작은 호사에도 크게 기뻐하는 맘이 소박하단 기특한 생각도 들지 않는다. 심상의 사치엔 작음이 없고 괜한 사치에 행여 맘이 의미 없는 타협이나 변명을 더하지나 않았을까 모르겠기 때문이다.

('순수이성비판' 그거 별것 아니더라.)

사치랄 것도 없는 그깟 짜장면 한 그릇에 또 심상의 고요를 팔아먹은 것이나 아니었는지, 자중에 자중을 거듭해야 할 귀양살이 중이란 맘속 냉정한 각오가 무너지지나 않았는지, 하는 우려가 자꾸 앞장을 서는 것이다. 맑고 청정한 남대천 개울물 보기가 차마 미안해지는 때, 차가운 바람을 쏘여도 얼굴이 자꾸 뜨거워지는 때다. 50여 리 내 사는 산마을로 돌아오는 아름다운 길을 내내 죄스러운 찜찜한 맘으로 서다 달리다 보면 귀로 반백 리가 천리나 멀다.

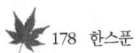

('짜라투스트라' 또한 위대한 것 하나도 없더라.)

광대한 우주론을 생각하다가, 개념론의 난해함에 골몰하다가, 존재론의 지엄함에 머리를 썩이다가도 짜장면 한 그릇의 평이함에도 스스로 멈칫거리는 하찮은 자신을 보면 차라리 웃음이 나온다. 허탈한 웃음의 뒤끝은 분명한 서글픔이다. 짜장면 한 그릇에 무슨 큰 이유가 있을까만 모든 우려가 맘 안에서 시작해 맘 밖으로 피처럼 배어난단 걸 모르지 않기에 불쑥 겁이 나는 것이다.

(심상의 악마 '메피스토펠레스' 적 현상이란 개뿔, 짜장면 이상도 이하도 아니더라.)

번뇌는 취하기로 결심하는 순간에 이미 시작되고 마는 걸, 닭튀김에서 짜장면으로 줄였다고 기특해지기는커녕 나란히 줄어들 욕망의 씨앗이 아닌 걸…….

함께 도울지언정 이유도 없이 날 스스로 위로한다는 게 도대체 가당키나 한 것일까? 섭생에서 호사와 생존의 경계는 내 양심에 맡길 수밖에 없다. 양심의 경계선은 이처럼 늘 아슬아슬하다.

세상에 어리석음이 있다면 이유 없는 짜장면 이보다 더 어리석은 건 없을 것이다. 세상에 어려운 행위적 지표가 있다면 이유 없는 짜장면 이보다 더 어려운 건 없을 것이다.

빛 검은 짜장면, 이유 없는 짜장면 한 그릇이 그처럼 이유도 분명하단 독일 현상철학을 한순간에 몽땅 개뿔로 만들어 버릴진대, 그 아래 멍청하게 서 있는 난 도대체 뭐 하는 자, 누구인가?

이미 뱃속에 든 찜찜함이야 천상 열기로 태워 가능한 빨리 산화시키는 방법뿐, 태움의 방식으로 난 한줄 글머리와 호된 씨름을 벌여야 하고, 결국 이처럼 고해성사(告解聖事) 같이 무겁고 부담스러운 구토가 되고야 만다.

함께 도울지언정 이유도 없이 날 스스로 위로한다는 게 도대체 가당키나 한 것일까? 섭생에서 호사와 생존의 경계는 내 양심에 맡길 수밖에 없다. 양심의 경계선은 이처럼 늘 아슬아슬하다.

내가 날 용서할 수 없다는데 누구에게서 감히 화해를 용서를 구할 것인가, 그래서 천리 번뇌 끝에 허허롭게 올리는 내 짧은 속 기도의 결말은 늘 이렇다.

'살아있을 동안은 긍휼(矜恤)히 여기실지언정 끝끝내 용서친 마옵소서,
멀리 돌아서 갈 뿐 다가가지도 두드리지도 않을 천국의 문은 그냥 닫아두소서,
그래야 내 속이 편하나이다.'

두 번 뜨는 해

 동창으로 보이는 태양 각도가 어느덧 이슷해졌다. 추분이 지난지도 한 달 반은 넘었으니 당연한 일이다. 하지 땐 아침 태양의 광채가 온통 방안을 가득 채워놔 부담스럽기까지 했는데 지금은 그조차도 그리워지는 계절이다. 유심히 살펴보면 같은 곳에서 솟아오르던 달뜨는 자리와 해 뜨는 자리도 한참 멀리 어긋나 있다.

 계절이 가을을 넘기면서부터 내가 기거하는 작은 방안엔 아침 해가 꼭 두 번 뜬다. 동편 동산마루를 처음 떠오르는 하루해는 울창한 소나무 숲을 반드시 거쳐야 한다. 높이가 20여 미터를 넘는 동갑내기 소나무들의 집단이라 키도 거의가 비슷비슷하다. 침엽수인 소나무들만 빼고 낙엽수와 키 작은 낙엽 교목을 비롯해 온갖 잡풀들마저도 잎을 다 떨구고 바닥을 드러내는 계절이면, 높은 윗가지에 솔잎이 아무리 빽빽해도 아래쪽 나무 둥치는 훤하게 비워져 있기 마련이다. 중간 중간에 벌목과 가지치기를 충실히 수행한 지역일수록 이의 구분은 명확하다. 일단 힘차게 떠오르는 해에게 듬성한 나무둥치는 없는 것과 마찬가지라서 햇살이 방안 한 귀퉁이를 휘황하게 밝혀준다. 태양이 듬성한 나무둥치 층을 넘어서면 이내 짙은 솔잎 커튼 뒤에 가려지게 된다. 통과시간 불과 30여 분일지라도 방안은 아침에서 다시 새벽 그늘 속으로 뒷

첫새벽에 뜨는 해는 동산 황토 흙 위를 훑고 지나지만,
다음에 뜨는 해는 무성한 솔잎 위를 타고 넘는다.
남들은 그 해가 그 해라지만 내 보긴 절대로 그렇지 않다.

걸음질 치는 것이다.

　태양이 무성한 솔잎 커튼을 마저 넘어서야 방 안엔 다시 해가 비치고 하루는 비로소 본격적인 제 날을 맞는다. 엄밀히 말해 첫새벽에 뜨는 해는 공식대로 어둠을 밀치며 아침을 향하지만, 뒤에 뜨는 해는 두 번째 아침을 거치지 않고 곧바로 한낮으로 연결되어버린다. 이처럼 이곳은 첫새벽에 뜨는 해와 뒤에 다시 뜨는 해가 엄밀하게 구분되어 있다.

　게다가 첫새벽에 뜨는 해는 동산 황토 흙 위를 훑고 지나지만, 다음에 뜨는 해는 무성한 솔잎 위를 타고 넘는다. 남들은 그 해가 그 해라지만 내 보긴 절대로 그렇지 않다. 맨땅 황토에서 돋는 해와 두터운 솔잎을 뚫고 솟는 해가 어떻게 같을 수 있겠는가, 햇살 다발에 뭉텅하니 묻어오는 향내만 얼핏 맡아봐도 그것이 전혀 다르단 걸 누구나 금방 알 수 있을 게다.

　가까운 뒷산이 워낙 가파르고 높아서 이곳의 해는 하루가 바쁘다. 바쁜 하루에게 석양이 여유 있을 리도 없다. 그렇듯 이곳 골짜기에 살면서 가장 서운한 점이 있다면 그림 같은 석양을 볼 수 없단 점이다. 한여름에도 오후 다섯 시가 되기도 전에 벌써 해가 서산을 넘어간다. 무더운 여름철엔 그도 적지 않은 도움이 된다. 더위가 한창 기승을 부리는 시간에 잔뜩 달궈진 해를 얼른 넘겨버리기 때문이다. 역시 세상은 공평함이 가득한 모양, 석양을 빼앗아 가기만 한 게 아니라 동시에 무더위도 데려갔으니 말이다.

　아침을 밝히는 여명도 이곳은 짧고 희미하다. 언뜻 동녘 하늘이 붉어지는가 싶으면 바로 해가 중천에 올라서버린다. 속초 바닷가에 머물 때 원도 없이 즐겼던 여명과 석양이 그릇에 차고 넘쳤던 모양인지…….

　겨울철엔 오전 열시가 넘어야 간신히 해가 떠오른다. 그렇게 힘들게 떠오른 해가 오후 두시엔 속절없이 넘어가 버린다. 하루 네 시간뿐인 일조량이 아까워 지붕 테라스에 올라가 자주 해바라기를 하는 버릇이 자연스럽게 들었다. 불과 네 시간뿐인 햇살이라도 보드랍긴 한량이 없다. 티끌 하나 묻지 않은 명징스런 햇살은 뭣과도 바꾸고 싶지 않은 귀물임이 분명하다.

샘터 건너 돌밭은 벌써 하루 종일 햇살이 들지 않는다. 워낙 가파른 산 아래 바짝 붙어있어서 늦가을부터 다음해 초봄까지 거의 다섯 달 가량은 내내 겨울인 셈이다. 햇살조차 비켜가는 강원도 돌밭이 어련하겠는가, 벌써 오래 전부터 소득 작물은 심어지지 않는 듯 거의 버려진 상태로 남아있다. 눈이라도 한차례 제대로 내리면 다음해 봄 따스한 햇살이 찾아줄 때까지 차디찬 눈과 얼음 밑에서 기나긴 동면에 들어간다.

비록 못생긴 돌밭이라도 제 역할은 있다. 여름밤 반딧불이가 놀이터로 맘껏 이용하는 것이다. 이름이 그래도 밭인지라 판판하게 닦여진 돌밭에는 제법 부드러운 풀들이 자라고 반딧불이를 끌어들이긴 더없이 적당한 조건이 된다. 밭 임자가 제초제만 뿌리지 않는다면 말이다. 올해 반딧불이는 제초제 덕분에 고된 홍역을 겪었다.

해가 하루에 두 번씩이나 뜨는 복 받은 땅 바로 건너편에 이처럼 철저히 외면당한 채 버려진 땅도 있단 극단의 현실도 햇빛의 고마움을 적절히 대변해 주는 웅변 이상의 증거다.

태양이 만물을 생육하게 하는 제일의 조건인 것이 확실하달 때 태양을 가장 숭배하고 따르는 생물은 역시 꿀벌이다. 별로 상관이 없을 것 같은 둘 사이가 사실은 기막힌 궁합으로 엮어져 있음을 발견할 때 난 크게 감탄하지 않을 수 없다. 꿀벌과 태양은 서로의 노고를 합치고 더해서 만 가지 열매와 곡식들을 키워낸다. 올해 바구니 가득 풍년들었던 알밤 농사도 그들 노고가 더해진 결과인 걸 안다.

 찬란한 태양이 자리를 지켜준다면 안타까운 내 건강도 차차 좋아질 것 같은데 오후 들면서 하늘에 구름이 두터워지고 있다. 뿐만 아니라 내일은 기온마저 뚝 떨어진다고 한다.
 내게 지금 필요한 것은 열기보다 생기다. 그것도 태양이 던져주는 활기로 가득한 생기인 것이다. 이 때문에 햇살이 귀해지는 계절이면 춥거나말거나 어둔 서재 안으로부터 자꾸 바깥으로 이끌림을 당하고 이는 살고자하는 차라리 본능인 모양이다.
 태양은 사계절을 만들고 각기 계절은 나름대로 독특함이 뚜렷하다.
 사람들마다 제 계절이 있는 듯 똑같은 계절 속에서 누구는 기운을 얻기도 하고 누구는 계절병을 불러와 심히 앓기도 한다. 병도 기운도 시운이랄 때 잘 나고 못나고를 따질 한가로운 계제는 아니다.

 만물을 생육케 하는 위대한 태양에게 내 의지를 간절히 의탁하고 싶다.
 엄청난 태양의 위력은 우주를 통째로 능히 주관할뿐더러, 이곳은 그토록 위대한 태양이 하루에 두 번씩이나 떠오르는 참으로 복된 땅이 아니던가.

가랑잎은 누가 달래지 않으면
스스로는 아무리 기다려도 말을 하지 않는다.
바스락거리길 좋아한다 해서 가랑잎이라 이름 해도 말이다.

가랑잎 한 장

　어스름 저녁 날 빛을 받으며 늦 산책을 나서는 길, 현관을 성큼 내려서다가 흠칫 넘어질 뻔하고 말았다. 발걸음이 땅에 닿기 전 바로 디딜 발 자리에 떨어져 있던 잎새 한 장이 순간 눈에 띄었기 때문이다. 느낌이 이상해 피하려던 맘과 이미 내딛는 중이었던 자세가 어쩔 수 없이 서로 어긋났기 때문이었다. 넉넉지 않은 피할 여유 때문에 잎자루는 어쩔 수 없이 비켜 밟았지만 본 잎새는 다치지 않아 다행이었다.

　궁금증은 작은 궁금증, 기왕에 내친걸음은 걸음, 발길을 계속 놀려 천천히 뜨락으로 나섰다. 종일토록 혼자 뜨락을 지키고 서 있던 트럭의 몸통을 손으로 짚어 보니 햇살 덕분인지 쇠붙이의 차가움도 전해지지 않았다. 손에 닿는 온기의 절반은 정감 때문이라 해도 크게 틀리진 않을 것을······.

　맞은편 가파른 산록엔 벌써 어둠이 깊어있었고 깊은 무논 한편엔 종일토록 녹지 않은 얼음이 저녁 하늘을 반사시켜 유난히 반짝이고 있었다. 오전까지 풀잎마다 남아있던 머리 하얀 서리는 그나마 찾아볼 수 없어 다행이었다. 얼음이 아니더라도 차가운 맘이나마 덜 차가워질 수 있기 때문이었다.

　그러나 생각은 바람처럼 더 이상 진전을 볼 수가 없었다. 좀 전의 가랑잎 한 장에서 이유도 없이 크게 벗어나지 않았던 것이다. 아무래도 내딛는 걸음이 부자연스러웠고 뒤가 자꾸 켕기는 듯한 느낌은 역시 남김이 개운치 않단

반증이었다.

　결국 의식과 사고가 가랑잎 마른 잎새 한 장에 온통 기울어 버리자 다른 행위는 의미를 모두 잃어야 했다. 밤나무 아래에까지 걸어갔다가 바로 발길을 되돌려 버리고 말았다. 어스름 녘 고즈넉한 분위기가 아무리 깊고 그윽할지라도 오늘 저녁 산책은 그것으로 끝나고 말았음이다.

　아주 없다곤 말할 수 없겠으나 한 가지 의식에 깊숙이 사로잡힌 나머지 산책길을 나서자마자 즉시 되돌아오는 경우란 역시 드문 경우였다. 의식이 어딘가에 한껏 몰입되어 있으면 차라리 나가지 않음이 일반이기 때문이었다.

　어둠이 잔잔히 덮여 가는 아랫마을 쪽으로 흘깃 눈길만 한번 뒤로 던져주곤 미련 없이 되돌아오고 말았다. 걸음이 좀 빠르게 옮겨졌다.

　불과 몇 분되지 않는 사이에도 뜨락과 현관 앞의 어둠은 벌써 제법 깊어져 있었다. 많이 지쳤단 뜻인가? 가을도 늦가을의 저녁 시간은 황소걸음이 아니라 산토끼 뜀박질로 넘어가는 모양이었다.

　그간 바람 한 점 없었으니 떨어져 있던 낙엽인들 멀리 달아날 리가 없었다. 일부러 허리까지 굽혀 주워 올려 보니 역시나 익숙한 주변의 여느 낙엽이 아니었다. 기억으론 근동 10여 리 안에선 한 번도 찾아본 적이 없는 바로 플라타너스 잎새였던 것이다. 먼 나라 캐나다 국기에 잘 묘사되어 있는 단풍나무와 흡사하기에 잘못 볼 리는 결코 없었다.

　다른 곳에선 흔하고 흔한 플라타너스, 억센 생명력으로 가로수는 물론 학교 교정의 정원수로도 흔하고 흔한 도시형 나무 플라타너스, 하지만 이곳 청정 골짜기 참숲에선 좀처럼 찾아보기 힘든 나무인 것은 사실이다.

　구태여 가장 가까운 곳을 일컫자면 25리 가량 떨어져 있는 아랫마을 원일전, 남대천 중류 가로변에 포플러와 함께 몇 그루 늘어서 있음을 또렷이 기억

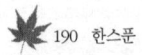

하고 있을 뿐, 거기서부터 완전히 망가진 상류로는 어린 벚나무들이 늘어서 있을 뿐임은 분명했다. 그조차 대홍수가 말끔히 휩쓸고 지나가 지금은 하나도 남아있지 않을지언정 말이다.

이처럼 수많은 나무들 중에서 이유도 없이 가지고 있는 플라타너스에 대한 은근한 애착을 난 고백하지 않을 수 없다.

나무에 달려 있을 때에도 강인했던 것처럼 떨어져 있어도 두툼한 잎새의 흔적을 고스란히 간직하고 있거니와, 벌레 먹은 흔적이란 한군데도 없이 말짱한 것이 겸해서 다행이었다. 크고 작은 잎새 끝이 뾰족뾰족하기에 멋들어지게 휘어져 있는 모습, 마치 화염이 충천하는 기세를 흉내 낸 형상을 손에 들고 바라볼수록 그저 신기할 뿐이었다.

혹시나 싶어 뜨락 이곳저곳 세심하게 살피며 일부러 거닐어 봤지만 이것 이외엔 전혀 찾아낼 수가 없었다. 비슷한 가까운 잎새 중에 칡넝쿨의 잎새를 올려다봤지만 역시 플라타너스가 분명했다. 단풍잎보다 호박잎을 더 닮고 수분이 많은 칡넝쿨 잎새는 땅에 떨어지자마자 쉬이 허물어질뿐더러, 잎자루도 워낙 짧아 손에 들긴 어려움이 있어 분간은 대번에 가능하다.

가랑잎의 잎자루도 비록 체중이 몽땅 실린 운동화 발에 밟히긴 했어도 망가지거니 강건함이 훼손되지 않아 다행이었다.

요 며칠 능선을 강하게 휘감고 지나던 환절기의 사신 높새바람을 기억해 냈으니 다른 운반 수단은 일절 생각할 수가 없었다.

오목하게 안으로 조여든 잎새가 비록 바싹 말라 있어도 워낙 넓고 기운이 강직하기에 바람을 유독 잘 탐은 사실이다. 맘만 먹으면 지구 어딘들 가지 못할 곳이 없을 정도랄 수 있다.

가랑잎 한 장의 여정을 깊이 생각하지 않을 수가 없었다. 멀고도 너른 천지

무궁 공간을 다 놔두고 왜 하필 내 집 앞이었을까? 도대체 어떤 인연을 찾기 위해 그토록 먼 공중을 날아와 하필 내 집 앞, 그것도 꼭 발아래 놓인 한 잎이었을까?

까맣게 어두워진 서재로 들어와 3파장 탁상 등을 켜고 커피 물을 올렸다. 늘 그렇듯 한잔만큼만……, 그의 은근한 내막을 새겨들으려면 최소한 차 한 잔은 먼저 만들고 볼일이었다.

난 가랑잎의 누적된 지나간 이야기를 들을 줄 안다. 뻣뻣하고 마른 잎자루를 손으로 적당히 비벼주면 이야기는 건너편 마른 잎새가 쉬이 내 뱉어줌을 알고 있다. 잎자루도 매끄럽기보단 적당히 보드라운 마찰력을 가지고 있어 아무리 작은 구슬림이라도 곧잘 잎새로 진동을 전달해 준다.

불과 반세기도 안 되는 가까운 옛날에까지 사용되던 유성기란 초보적인, 다분히 원시적인 초창기 음향기기가 그렇듯 작은 물리적인 진동이 잎자루를 타고 넓은 잎까지 전달돼 상당량 크게 증폭되어 울려 줌이 분명한 과학적 작동 원리일지언정, 그런 건 하나도 중요치 않았다. 귀에 가까이 가져올 필요도 없이 멀찌감치 허리께서도 충분히 말을 전해줄 수가 있을 정도로 울림이 크다.

우리가 크게 오해하는 점 하나 있으니 가랑잎은 누가 달래지 않으면 스스로는 아무리 기다려도 말을 하지 않는다. 바스락거리길 좋아한다 해서 가랑잎이라 이름 해도 말이다. 바람이 됐든 손가락이 됐든 누군가 진심을 가지고 달래주지 않으면 입을 함부로 여는 무작정 가벼운 존재는 결코 아닌 것이다. 다만 넓은 잎의 특성처럼 속삭임이라 하기엔 목소리가 다소 클 뿐이다.

시험을 해보면 안다. 밤나무, 참나무, 감나무 등 거의 모든 마르고 넓은 잎새들은 땅에 떨어진 다음에야 그간의 내력, 1년 동안 가슴에 담아두었던 자신의 내력을 드디어 표출할 수가 있어진다. 물론 그들마다 목소리도 다르고 내력도 다르다. 오롯한 계절을 끝까지 잘 버티고 열매까지 충실하게 맺어준 역사 다음의 일이니 할 말이 없을 순 없음이다.

  우린 수고를 아끼지 않고 자신의 의무를 깨끗이 마치고 땅에 떨어진 가랑잎들의 속삭임을 넘어선 호소를 애정으로 들을 줄 알아야 하고, 내밀한 자연계의 비결을 전해 받을 줄도 알아야 한다. 적극성을 고마워할지언정 함부로 바스락거린다고 나무랄 일이 결코 아닌 것이다.

  회한일수도 있고 자랑이라 해도 좋다. 종류가 같은 나무 잎새라 해서 이야기가 모두 같을 수도 없다. 한 부모 밑에 열 형제가 그렇듯, 하물며 한날한시에 태어난 쌍둥이에게 있어서도 각기 다른 것처럼 말이다. 내면에 고인 저간의 내력은 그래서 한마디라도 모두가 소중하다. 노고의 기록이고 계절의 기억이며 하나같이 생명의 속삭임인 것이다.

  같은 나무의 잎들은 거의 동시에 태어난다. 다소 이르고 늦은 잎들도 있긴 있으되 내력에선 별 차이가 없다. 물론 상록수처럼 계절에 상관없이 늘 푸름을 유지하는 종류들은 다르다. 잣나무 전나무 등 태생이 한대성 기후에 속하는 바늘잎나무 즉 침엽수 대부분이 그렇듯 소나무는 잎의 수명이 해를 넘겨 2년에 이르기 때문에 나무에 함께 달려있는 바늘잎 중에도 작년치가 있고 당년치가 섞여있다. 당연히 사계절을 겪어본 경험이 있는 형 잎새와 당년치 동생들과의 대화가 같을 순 없을 것이고, 그 예민한 세대차의 분별을 우리 인간들의 심상으론 다 알아들을 수도 없다.

  사람들은 묵은 잎새의 이야기를 더욱 새겨들을 수 있어야 하나 유감스럽게도 대부분의 바늘잎들은 떨어져선 말을 하지 않는다. 언어를 완전히 잃어버리는 것이다. 차라리 나무에 달려 있을 때에야 바람결의 성가실 정도로 거센 아우름을 빌미로 독특한 자신의 소리를 겨우 내어줄 뿐이다. 이런 바늘잎 종류와 열대성 4계절 나무를 제외하면 대부분의 온대 한대 활엽수들은 겨울이 되기 전에 묵은 잎새를 뚝뚝 떨궈 버린다.

　손안의 가랑잎은 모든 잡된 소리가 공간을 양보하자 곧 자신의 내면을 열어놓기 시작했다. 일부는 나도 잘 아는 내용이고 어떤 일부는 내가 더 잘 아는 내용도 있었다. 올해의 상황이야 그렇다 쳐도 올해 이전의 상황일랑 당년치 가랑잎보단 내가 더 잘 알 수도 있음이니까, 지난번 혹독한 폭우 이야기가 그렇고 몸을 가눌 수 없을 만큼 지독한 회오리바람 때문에 이곳까지 날려 오게 됐단 하소연도 그렇다.
　말문의 처음이라 이해할 수 있었다. 아무래도 초면의 대화이기에 시작이 중요할 뿐 깊은 속내를 먼저 열어놓을 순 없을 테니까, 난 그저 손가락으로 장단을 맞추며 들어주기에 여념이 없다.
　내용이 별스럽지 않아도 얼마 동안 다소곳이 참고 들어주면 기어코 내 모르는 자연계의 속성, 천진함의 소재가 조금씩 들려오기 시작한다.
　속된 인간의 귀를 닫고 참된 맘의 눈을 떠야만 개안의 눈치를 살피던 가랑잎의 요정은 드디어 저들만이 아는 속내를 들려주기 시작하는 것이다. 이때쯤 잔속의 커피는 이미 바닥을 드러내기 마련이다.
　화장대 옆에 마련된 조촐한 룸 키친, 먼저 주전자에 한잔 분량이 훨씬 넘는 물을 붓고 가스버너에 불을 붙이고 하는 사이에도 왼손의 요정은 말을 그치지 않는다.
　빈 잔에 커피 4스푼 설탕 2스푼, 저간의 익숙해진 순서들은 한 손으로도 얼마든지 잘한다. 가장 복잡하고 어려운 순서, 커피 병뚜껑을 한 손으로 돌려 열고 다시 닫느라 잠시 주의를 분산시키면 그제야 요정도 어쩔 수 없이 잠시

재잘거리던 말꼬리를 멈춰준다.

　오래 가자고 일부러 넘치도록 가득채운 진한 커피 한잔을 들고 책상머리에 앉아 한숨 한번 '푸—우' 내쉬고 나면, 그새 잊었던 말머리를 찾느라 가랑잎 요정은 눈을 깜박이며 잠시 짧은 숙고에 젖어든다.

　바깥의 어둠은 이미 깊을 대로 깊어졌고 난 지긋이 기다려 주면 그만이다. 숙고는 오래가지 않는다.

　"공은 소나무가 왜 늘 푸른지 알아?"

　아차! 아까 중지된 대화에서 이어짐이 아니다. 엉뚱하지만 모른 척 해줘야 한다. 이제야말로 서설을 지나 참말 본말이기에 그렇다.

　쉽고도 어려운 질문, 난 고개를 옆으로 설핏 갸웃거린다.

　"에이, 그것도 몰라? 바람이 불면 바늘잎 서로가 서로를 정신없이 찌르느라 멍들어서 그래!"

　난 어이가 없어 피식 웃는다. 그 바람에 '찰랑' 손에든 머그잔에서 커피가 한두 방울쯤 표면을 타고 흘러내린다. 혀를 살짝 내밀어 흐르는 갈색 줄기를 냉큼 끊어버린다.

　내친걸음, 잔을 내려놓기 전에 커피 한 모금 넉넉히 입안에 머금는다. 그 전에 헛기침이라도 한번쯤 내뱉었는지는 잘 모르겠다.

　"그럼 하늘이 왜 푸른지는 알아?"

　이거 계속 푸른 시리즈로 달릴 모양이다. 또 쉽고도 어려운 질문, 다시 고개를 설핏 이번엔 반대편 옆으로 기울여 준다.

　"에이 참! 사람들이 누군가를 때리기 위해 손을 들어 올릴 때마다 먼저 하늘을 아프게 찔러서 멍들어서 그래!"

　'아차! 그러면 그렇지, 아무렴 그렇고말고!'

이번엔 내 얼굴이 스스로 뜨겁게 붉어져 옴을 느낀다. 순식간이다. 입에 든 커피를 삼킬 여유마저 잃어버린다. 얼굴과 입은 뜨겁고 가슴은 묵직해진다. 분명했다. 꼭 때리지 않고 단순히 겁주는 위협만으로도 하늘은 어김없이 찔려서 먼저 멍들고 아파함이 사실이었으니까.

가랑잎의 요정은 이건 아무것도 아니란 듯, 당연한 귀결이란 듯, 안색 하나 음색 하나 바꾸지 않고 천천히 말을 잇는다.

"그럼 이건 어때? 개울물이 왜 푸른지는 알지?"

일거에 자신감이 사라진다. 고개를 가로 저을 생각도 하지 못하고 차라리 숙인 눈을 감아 버린다. 평소 거듭된 자중생활로 목까지 찰랑찰랑 맑고 푸른 물이 차있을 것이라던 자신감이 일시에 잿빛으로 바뀐다.

"흠! 너무하신다. 그러면서도 공께서 우리 내밀한 언어를 번역하신다고?"

심중은 암담함을 넘어 참담함으로 치닫는다. 단지 푸름 한방이었다.

언필칭 글쟁이란 호칭이 헛 날개를 달고 저 멀리 달아나고 있음이 보여진다.

저도 약간 심했음을 아는지 잠시 뜸들이기 여백 시간, 정숙함이 너 나 사이를 세로로 이어 흐른다. 어디선가 물 흐르는 소리가 '돌—돌—돌' 들리는 것도 같다. 내 심장 고동소리인지도 모르겠다. 입안엔 아직 삼키지 못한 커피가 남아있는 것도 같다.

"공?"

그가 날 부르는 모양이다. 그래도 고개는 들 수가 없다.

"공?"

손가락을 살며시 흔들어 다시 일깨우려는 모양이지만 내색을 할 수가 없다. 머리는 더 깊숙이 내려간다. 잠시 무거운 시간이 냇물처럼 흐른다. 요정이 들려있는 왼손이 파르르 떨린다.

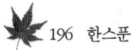

"그건, 내 눈물이야!"

결국 턱이 가슴에 닿는다. 차라리 이를 앙다문다. 참아야 하기 때문이다. 나이 쉰 넘은 점잖은 사내는 꼭 그래야 하기 때문이다. 내가 아파할 때 하늘이 먼저 운다는 사실을 난 몰랐던 것이다. 가만히 떨리는 것은 요정인데 손가락은 와들와들 흔들린다.

"이젠 됐어, 나 보내 줘!"

겨우 버텨주던 심장 한구석이 기어이 '와르르' 소리를 낸다. 그의 천진한 비결들을 꼭 전해주고자 만난을 헤치고 혼자 날 찾아왔던가? 입안에 멈춰있는 커피만 삼킨다.

동쪽으로 난 창문을 연다.
방충망마저 연다. 입안에 커피만 삼킨다.
왼손을 내민다.
갑자기 거칠게 바람이 인다.
뜻을 알기에 커피만 삼킨다.
왼손을 살며시 놓는다.
눈은 감겨있다. 커피만 삼킨다.
방충망을 닫는다. 창문도 닫는다.
3파장 탁상 등을 서둘러 끈다.
사위는 이내 칠흑 같은 어둠에 덮이고 커피만 삼킨다.
갔다. 난 커피만 삼킨다.
죽어도 커피만 삼킨다.

벼 알곡으로 양쪽 볼 주머니가 빵빵하게 부푼 귀여운
모습을 지켜본 적도 한두 번이 아니다.
그런 다람쥐들이 논에 있음을 내게 들키면 하나같이
생사를 다툴 정도로 다급하게 동산으로 달아나는 것이다.

다람쥐네 가을서리

늦밤송이를 위해 길가 풀숲을 대충 낫으로 베어 비워뒀다.

개량 조생종 알밤은 제철이 얼마 전에 끝이 났고 순 토종 만생종 알밤은 아직 이른 시기적 공백기다.

가지마다 대롱대롱한 순 토종 밤송이를 올려다보면 아직 푸른 기가 많아 한참 이른 것 같지만 녀석들의 꿍꿍이 속셈을 난 믿지 않는다. '내려오려면 한 일주일 정도 남았겠지?' 하고 물으면 아무 대답도 않고 있다가 다음날 아침이면 왕창 쏟아 떨구는 짓궂은 개구쟁이 숨은 습성을 잘 알기 때문이다.

개량종 알밤과 토종 알밤 사이의 터울이 생긴 건 올해가 처음이다. 부드러운 시기 연결로 한 달이 넘도록 수확에 끊임을 모르던 알밤 농사가 이처럼 중간에 터울이 생긴 것은 역시 사람들 극성 때문이다.

그 산속에 홀로 사는 남자가 영 맹물이더란 소문이 났는 진 모르지만, 알밤이 한창이던 시기 새벽 날이 밝기도 전에 며칠 동안 차를 대고 싹쓸이를 해간 때문이다. 그런 사람들이 의례 그렇듯 나처럼 다소곳이 저절로 땅에 떨어진 것만 거둘 리는 없을 테니, 보름 정도는 두고두고 떨어질 알밤이 그래서 수일 만에 왕창 떨어져 개량종 알밤 시즌은 일찌감치 막을 내리고 말았다.

물론 어느 것이 됐든 벌이가 시원치 않은 농촌 식구들도 있을 것이고, 가을이 선사하는 소득을 그들과 함께 나눠서 나쁠 일은 없으니 그저 모른 척 해줄 뿐이다. 그 이웃들이야 나처럼 취미와 운동 삼아 나서는 게 아니고 완전히 전문 직업적인 맘가짐이니 임하는 모양이 같을 순 없을 것이다. 제발 토종밤이 성숙할 땐 악착같은 그악스러움이 다소 눅어지려나, 가을 산야에 둥둥 익어가는 게 어디 알밤만은 아니던데…….

밤새 앞 논에 출입할 곳이 생겨났다. 콤바인 기계가 들어올 수 있도록 진입로의 벼를 먼저 손으로 베어둔 것이다. 위아래 다해야 6~7백여 평 정도뿐인 작고 동네에선 외떨어진 논이지만 알알이 익은 벼는 근년 들어 가장 좋은 모양을 하고 있다.

봄철에 그토록 혹독하던 한발도 여긴 비켜갔을 뿐만 아니라 태양의 협조가 어느 해보다 치밀했음을 튼실한 알곡이 증명하고 있다. 모르는 것 같아도 한해가 점차 마무리를 해 가고 있는 중인 엄연한 9월도 하순인 것이다.

자연 속에 온전히 파묻혀 산지도 어언 3년, 다른 사람들보다 약간은 더 관심을 가지고 자연의 일상을 대해 왔기에 요소의 점들에 관해선 이해가 조금은 나을 것이란 생각도 마냥 허구인 모양이었다.

좁다란 소로 하나를 사이에 두고 밤 밭과 벼논이 나란히 마주 달리고 있다. 나가는 방향으로 왼쪽은 높은 밤나무 동산, 오른편은 낮은 벼논이다.

알밤과 벼, 양쪽 작물의 존재이유가 각기 다른 것은 분명한 사실임을 인간이라면 모르는 사람이 없다. 하지만 이 다른 점을 인간이 아닌 토종다람쥐조차도 알고 있는 게 분명하다. 식생만이 아니라 존재이유도 그러하다. 오지 골짜기에 파묻혀 사는 한적한 다람쥐라고 해서 눈치조차 없진 않더란 말이다.

밤 밭에서 내 눈치를 살펴보는 다람쥐를 만난 적은 단 한 차례도 없다. 내쪽에서 다가서지 않더라도 제 놈이 내 쪽으로 2미터 안으로 스스로 다가와 당당하게 두 발로 서서 이쪽은 의식하지도 않고 제 볼일을 태연스럽게 보기 마련이었다. 알밤 임자가 우선은 자기들이 아니겠느냐 하는 눈치가 여실할 정도이고 그건 사실일지도 모르니까.

나이가 묵은 녀석들은 쉽지 않지만 당년치 어린 녀석들과는 제법 안면을 틔워 놨다. 산비탈에 납작 쪼그리고 앉아 잘만 구슬리면 손바닥 위로 올라와 한 움큼의 알밤을 쩝쩝거려 보기까지 할 정도로 녀석들과 잔정도 안면도 제법 틔워놨다. 그러나 그저 쩝쩍거리고 놀리기만 하지 맘먹고 내주는 것임에도 차마 가져가는 담 큰 녀석도 없었다. 하지만 벼논에서의 다람쥐는 행동 양태가 완전히 달라진다. 똑같은 가을걷이일지라도 벼는 자신들의 차지가 아니란 이치를 분명하게 알고 있는 모양이었다. 밤 밭에서의 능청 태연스러움은 간 곳이 없고 목숨을 건 듯한 녀석들 행동 민첩함은 다가서기 차마 미안할 정도다.

토종다람쥐가 달콤하고 고소한 잘 익은 무논의 알곡 벼도 좋아하는 건 틀림없다. 벼 포기를 붙잡고 꼭대기까지 기어 올라가 벼 모가지를 입으로 쏠고 있는 다람쥐를 몰래 지켜본 적도 한두 번이 아니니까, 벼 알곡으로 양쪽 볼주머니가 빵빵하게 부푼 귀여운 모습을 지켜본 적도 한두 번이 아니니까.

그런 다람쥐들이 논에 있음을 내게 들키면 하나같이 생사를 다툴 정도로 다급하게 동산으로 달아나는 것이다. 논의 임자는 내가 아니고 분명히 이 서방이지만, 거기까진 다람쥐 녀석도 미처 모르는 건 확실하다.

어쨌든 알밤은 꿀벌과 태양이 합작해 만들어져도 벼 알곡은 사람의 공력이 제법 들어가야 제대로 익어간단 사실을 무념 무심할 것 같은 토종다람쥐도 알고 있단 말이다. 때문에 어떤 모양이든 토종다람쥐 자신들이 논에 함부로 들어가 있단 말은 벼 알곡서리꾼이란 의심을 피할 수 없단 행위적 양식을 너무도 분명하게 인식하고 있음이다. 그렇지 않고서야 바로 근접한 밤 밭에서의 행동과 벼논에서의 행동이 극단적으로 달라질 이유는 어디에도 없는 것이다. 논에서 달아나는 다람쥐들의 모습은 미처 눈으로 뒤쫓기 어려울 정도로 민첩하고 악착같다.

다람쥐도 쥐와 같은 설치류이다. 같은 설치류이면서도 일반 쥐보다 물을 유난히 더 싫어한다. 일반 쥐는 드물게나마 헤엄치는 모습을 발견할 수 있어도 다람쥐가 헤엄치는 경우는 단 한 번도 관찰한 적이 없다. 따라서 얕은 물에 잠겨있는 탐스런 알밤이라도 여간해서 스스로 손을 적셔 가며 건져가는 경우란 결단코 없다. 풍성하고 보드라운 털의 모양새를 생각해선지 손과 몸에 물이 닿는 걸 지독스레 싫어하는 것이다. 그런 공수증 심한 녀석들이 논에 있는 걸 내게 들키면 얼마나 황급히 달아나는지 온몸이 실개천에 퐁당 빠질 정도로 미처 앞뒤를 가리지 않고 달아나는 것이다. 무심중에 곁을 지나치는 내가 되우 민망할 정도란 말이다.

까마득한 나뭇가지를 타거나 풀밭을 건너거나 행동의 민첩함과 정확도는 혀를 내두를 정도로 정확한 녀석들이 뼘치에 불과한 개울 하나 소화시키지 못할 정도로 당황하는 모습은 믿어지지 않을 정도이다.

알곡서리에 열중한 나머지 미처 내 접근을 눈치 채지 못하면 산에 있던 동료가 '찍찍' 소리를 내 알려줄 정도로 논에 있음을 들키는 걸 두려워한다. 신호 뒤엔 말한 것처럼 황급한 다람쥐의 소요가 뒤이어 발생한다.

아무렴 실제 논임자인 이 서방은 1년 중 몇 차례 대면할 기회가 없을지라도 난 거의 매일처럼 얼굴을 대하니 오해를 살만도 하렷다. 하지만 이를 설명할 방법도 언어도 모르니 그들의 무고한 양심을 해명하고 위로할 수단도 없다. 어쨌든 벼 알곡서리도 서리는 분명한 서리이니만큼 그처럼 죽을 둥 살 둥 달아나는 것도 피할 수 없음이고, 부추기진 않겠지만 당해서 싼 것이다.

논에서 재빨리 벗어났다고 안심하지도 않는다. 일단 내친걸음으로 제 집까지 힘껏 달아나 한참동안 숨어 있다가 숨 고를 시간이 어느 정도 흘러야 비로소 안심을 하는 모양이다. 녀석을 잘 달래 손바닥 위에 올려놓고 검고 맑고 동그란 녀석들의 머루알갱이 같은 눈동자를 들여다보자면 아무렴 겁이 없으려야 없을 수가 없게끔 생겨먹었다.

비록 미물 다람쥐일지언정 양심이 살아있음은 누가 뭐래도 기특하고 반가운 일이긴 하다. 그러나 지나칠 정도로 네모반듯한 행동이 남에겐 또 다른 맘부담을 지워준단 일면도 있단 사실을 어떻게 설명해야 할지 난 모른다. 그렇다 해서 다른 길로 돌아다닐 수 있는 여유로운 입장도 아니니 추수가 끝나 들판이 온전히 비워질 때까지 한동안은 다람쥐 과공으로 인한 불편함을 못내 감수해야할 모양이다.

나만 빼곤 올해 모든 게 풍성하다. 이 서방의 논에도 작지 않게 여유가 엿보인다. 저들과 불가피 조우할 때마다 내편이 더 난처해하는 이유까지 다람쥐들이 알 턱은 없을 것이고, 토종다람쥐 알곡서리불변의 원칙이 서있는 한 난 돌아서서 녀석들을 웃음으로 묵인해 줄지언정 차마 잘한단 찬사를 건네진 않을 것이다. 이래서 공범이라고 까진 말할 수 없을 테지만 가만히 앉아서 애먼 불고지죄라도 내겐 자꾸 쌓여갈 테고, 이 서방의 풍요로움과 토종다람쥐 겨울나기에 구태여 차별을 둬야 할 이유를 발견하기 전까진 누구를 딱히 두둔할 수 없음이지만, 먼 동족보다 가까운 이웃이 먼저 눈과 맘에 차는 건 감출 수 없는 감정적 쏠림이고, 그런 다분히 편파적인 상황을 풍요로운 이 가을날에 난 몰래몰래 즐기고 있다.

백학 나는 산마을

이제 겨우 9월도 하순인데 어젯밤 이웃마을엔 새벽 기온이 벌써 영하로 떨어지고 살포시 얼음도 얼었다더라, 어쩐지 밤엔 나도 추위를 분명하게 느낄 수 있겠더니, 결국 환기를 위해 약간 열어놓은 창문을 새벽엔 완전히 닫았다지 뭔가.

어차피 잠 길이가 길지 않은 성격에 새벽같이 일어나는 건 오랜 습관이고말고.

맑은 정신으로 동산에 올라 토종 알밤과의 상면이 요즘 하루 일과의 시작이라지 아마, 알면서도 맨손으로 나갔으니 많은 양을 기대하진 않았다네, 그저 한 움큼이면 족하리라 먹은 맘이니 얼마든 모자랄 리도 없음일세.

사위가 거의 훤하게 밝았으니 하늘은 푸른 기가 완연하더라.

누가 저것을 코발트블루라 첫 이름 했는지 그와 차 한 잔 나누고 싶은 맘 간절한 계절이고 아침이더라.

하늘이 푸른 만큼 구름은 흰빛이 더욱 강렬하더라.

이 아침에 웬 까마귀 소린가 하고 생각했지만 어딘가 이상한 구석이 들었지 뭔가, 자네도 알다시피 까마귀 소린 굵고 짧고 강렬하지 않은가? 헌데 지금의 소린 길게 마디가 이어질 뿐만 아니라 높이도 약간은 다르겠지.

문득 올려다본 높은 하늘 구름에 닿을 듯 나는 건 다름 아닌 학이지 뭔가 학, 그것도 두 마리의 백학 말일세.

자네도 알지? 학 중에도 두루미 울음소리는 언제든 들을 수 있으나, 황새는 태어난 지 1년이 넘으면 제 목소릴 잃어버린단 사실을.

할 말보다 들어야 할 게 세상엔 너무나 많단 진실을.

죽을 때 꼭 한번 청아한 목소리로 울고 간단 전설을.

해서 저것도 분명 두루밀세 두루미.

하지만 참으로 신선한 가을하늘 아침 진객은 아쉽게도 머무를 생각은 차마 없었던 모양일세.

한쪽 손아귀에 수북했던 알밤이 다시 굴러 떨어지는 것도 모르고 멍하니 바라본 두루미 나는 가을하늘을 자네 같으면 오래 두고 기억해 줄 것을.

하늘 시린 줄만 알았지 울컥! 가슴까지 시릴 줄은 설마하니 기대도 하지 않았었는데 이번 가을 살아 숨 쉬는 기적은 이처럼 분명하게 표시를 남겨주더라.

'끼룩' 거리는 소리 가만히 들으니 먼 남쪽 이즈미까지 간다고 하데.

천리 넘는 먼 길에 바쁘기도 하시겠지, 한숨은 지치기도 하시겠지.

여보게! 이즈미 친구!

학 보내니 학 받으세!

게 도착할 즈음이면 제법 지쳐 있을 터, 아무 소리 말고 내 대신 국화꽃 몇 잎 동동 띄운 정화수 한 그릇 떠다 주시려는가?

자네도 알지? 학 중에도 두루미 울음소리는 언제든 들을 수 있으나, 황새는 태어난 지 1년이 넘으면 제 목소릴 잃어버린단 사실을.
할 말보다 들어야 할 게 세상에 너무나 많단 진실을.

가을 속에 숨은 세상

　침목다리 아래 거꾸로 붙어있던 농구공만 한 말벌 집이 감쪽같이 사라지고 말았다. 거의 완벽한 원형을 이루어 내용이야 어쨌든 지극히 잘 생긴 말벌 집이 누구에 의해 기어코 손을 탄 모양이었다.
　다리 아래 그곳에 거창한 말벌 집이 있었단 사실을 제일 가까운 내가 오히려 가장 뒤늦게 알았으니, 도로보수 담당직원인 이웃 동네 아우가 봄부터 여름 내내 이따금씩 해괴한 짓을 해도 난 그 의미를 전혀 몰랐었다. 혼자 들기에 벅찰 정도로 커다란 바위를 낑낑거리며 들고 와 다리가 무너지라고 복판에 쾅쾅 던져대던 고약한 이유를 말이다. 기껏 던져 놓고는 꽁지가 빠지라고 멀찌감치 달아나던 건장한 사내의 모습은 이유를 모를 경우 말 그대로 가관이었다. 1년에도 몇 차례씩 들려오는 소식처럼 말벌의 떼거리 내습이란 자칫 사람 목숨마저 앗아갈 만큼 위험한 것이란 건 웬만한 사람은 다 아는 사실이니까.
　한때는 아닌 게 아니라 크게 오해도 했었다. 내게 무슨 억 하는 심정이 있어서 저처럼 출입구 다리에다 저주 아닌 저주를 고약하게 부리는가 싶기도 했었으니까, 아우는 소행이 착실할 뿐더러 나와도 제법 사이가 좋은 편이었으니 하는 말이다.
　결국 먼저 온 알밤 철에 언덕 아래로 굴러 떨어진 알밤을 줍기 위해 물 가까이 내려가 우연히 다리를 밑에서 올려다 보았을 때에야 비로소 지난 1년 동안 아우의 해괴한 행위를 납득할 수 있었던 것이다.

겉 표면이 멋들어진 소용돌이 형 가마 무늬에다 잘생긴 구형의 모습을 갖춘 다갈색 말벌 집은 가히 예술 작품이었다. 이걸 어쩌자고 다리 위에서 그토록 못살게 굴었을 진 나중에 만나서 물어봐야 하겠지만, 보기 드물게 거창하고 탐이 날 정도로 완벽한 건 사실이었다. 이의 존재를 전혀 몰랐던 난 아무런 거리낌 없이 다리 위를 산책도 하고 한참씩 머물러 흐르는 냇물도 구경하는 등 임의로 통행을 했으니 차라리 모르는 게 약이었던 천진스런 시간이 다행일 뿐이었다. (옳지! 겨울이 되어 말벌들이 다 나가고 집이 비었을 안전할 때 회수해 둬야겠구나!) 하고 벼르고 미뤄뒀던 게 그만 아우보다 한 걸음 늦고 말았던 것이다.

크기가 비교할 수 없을 정도로 훨씬 작은 쌍살벌 집은 그동안 몇 개 회수해 둔 게 있으나, '노봉방'이란 이름으로 간경화, 간질 특히 고혈압에 잘 듣는다는 민간처방의 약재용도와 단지 실내 장식용으로도 쓸모가 그만인 거창한 천연의 말벌 집은 그만큼 가치가 있음이란 사실도 뒤에 아우에게 들어서 알았다. 그토록 벌들을 못살게 군 이유 또한 그러면 그럴수록 긴장한 말벌들이 제집을 자꾸 크게 키운단 뜻이 들어있었다. 게다가 철이 지나 말벌들이 다 집을 나가버리면 그 가치가 크게 떨어진단 사실까지도 말해줘 알았다.

집을 통째로 잃어버린 말벌 몇 마리가 다리 밑바닥에 약간 남은 자취에 안타깝게 붙어있을 뿐, 가공의 볼만한 경치는 그렇게 남의 손에 이끌려 사라지고 말았다. 내 것이란 주장도 설득력이 강하지 않을 것이니 그저 모른 척 넘어가 주는 게 좋을 것이다.

무허가 주택이라고 말벌들을 나무란 적도 없고 벌집이 미처 비워지지 않은 이 시기에 그를 철거하기도 보통 솜씨와 배짱으론 안 되는 일, 이는 발견한 처음부터 아우의 몫이었을 것이다. 이웃한 토종 꿀벌들은 이로서 한숨을 놨을 것이니 다시 찾은 안정을 꿀벌 녀석들과 함께 그저 고마워할 따름이다.

마냥 허망한 줄 알면서도 습관처럼 동산을 헤맨다.
한참 전에 알밤 철이 완전히 끝난 빈 동산엔 가을색이 하루가 다르게 짙어 간다.

봄부터 눈처럼 흰빛으로 뜨락을 가득 채워주던 개망초 허물어진 자리에 구절초 은근한 색깔이 고스란히 자리물림을 하고 있다. 누가 같은 국화과가 아니랄까 봐 크기나 색상만 아니라면 그놈이 그놈일 정도로 모습이 꼭 닮아 있다. 햇빛이 덜 들어오는 그늘진 쪽에 핀 구절초는 자주색이 더 짙고 볕이 좋은 곳 구절초는 흰색이 더욱 짙다.

늘 그랬듯이 푹 숙인 고개와 눈길에 알밤 대신 오늘부턴 꽃향유 꽃봉오리가 눈에 확 들어온다. 불과 하루 이틀 상간이다. 아직 보랏빛이 제대로 자리 잡기 전이라 강아지풀을 닮은 마냥 연약해 보이는 봉오리가 바람결에 잔잔하게 흔들린다.

꽃향유 역시 가을꽃이라서 햇빛이 좋은 남쪽 능선부터 피어오르기 시작하는 봄꽃들과는 반대로 북사면에서부터 앉은자리를 순차로 넓혀오기 시작한다. 순차라 해도 불과 이삼일 상간, 얼핏 퍼지는 시기를 놓쳐버리면 만산이 금세 꽃 잔치에 한껏 빠져 버린다.

아무리 좁고 야트막한 동산이지만 계절 꽃의 구획은 이처럼 결코 어긋남이 없다. 다음에 올 계절의 방향을 미리 알려주려는 듯 봄꽃과 가을꽃은 피어오는 방향이 분명히 반대인 것이다.

이슬에 젖은 계절의 아침 잔치에 행여 빠질 새라 오솔길엔 감잎 붉은색이

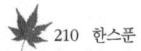

순차로 덮여가고 있다. 이것도 이삼일 상간이면 길을 완전히 메울 것이다. 벌써 산책길에 발걸음 소리가 제법 바스락거린다. 이 바스락거림이 끝날 즈음 아침 이슬은 차디찬 서리가 되어 잔인한 계절을 기어코 밀어 보내리라. 마른 감잎 바스락거림에 다가올 계절에 눈 밟는 소리가 얼핏 연상되는 건 맘이 그만큼 바쁘단 뜻일까?

워낙 가지치기를 함부로 한 덕분에 꼭대기에 달린 몇 안 되는 감이 홍시를 이루고 있다. 물봉지처럼 축 늘어진 홍시가 보기에 아슬아슬하긴 해도 난 차마 손을 대지 못한다. 아무리 세고 또 세어 봐도 먼저 까치밥을 빼고 나니 내 먹을 건 찾아지지 않더라, 돌아서면 그뿐 어차피 맛도 없을 테니까.

단풍나무, 붉나무, 떨기나무에 감나무까지 낙엽 되어 떨어지기 전에 먼저 단풍이 되어 계절의 진수를 맘껏 뽐내고 있고, 그 남은 언저리를 구절초와 꽃향유가 나지막이 장식하고 있다. 단풍만 하더라도 지천으로 황홀할 지경인데 이 계절에 희귀한 꽃 잔치까지 더해지니 형언할 수 없이 황홀한 선경이 곱으로 베풀어진다.

공교롭게도 이 계절에 피는 꽃은 흰색, 보라색 등 단풍엔 없는 색깔이 대부분이다. 꽃은 꽃대로, 단풍은 단풍대로 색을 서로 중첩시키지 않으려는 이를 두고 금상첨화란 것일까? 이 계절의 꽃과 단풍이 색깔 중첩을 극력 피하려는 이유가 남은 곤충들이 즐기는 한해의 마지막 성찬을 헷갈리지 않게 하려는 자연의 아량이고 깊은 분별력이 아닌가 싶다.

10월도 하순 이른 아침엔 꿀벌을 위시로 나비, 나방, 꽃등에 등 한해의 마지막 성찬을 거두려는 지친 이웃들로 인해 사위가 제법 부산해진다.

해가 일찍 비쳐 기온이 먼저 올라간 양지쪽 꽃엔 이웃한 곤충들이 날개를

단풍만 하더라도 지천으로 황홀할 지경인데
이 계절에 희귀한 꽃 잔치까지 더해지니
형언할 수 없이 황홀한 선경이 곱으로 베풀어진다.

서로 부딪칠 정도로 바글거려도 아직 그늘 속 차가운 꽃잎엔 그림자조차 없다. 그늘진 꽃 꿀샘의 꿀은 아직 부족한 열기에 채 녹지 않아 벌 나비 등이 길고 가는 주둥이 빨대로 쉬이 빨아들일 만큼 유동성이 좋지 않단 뜻일 게다.

얼마 남지 않은 성숙한 계절의 끝을 장식하는 귀한 성찬인 줄을 아시는지 서로가 서로에게 참견하거나 해코지하는 일없이 제 중요한 일보기에 그저 여념이 없을 뿐, 자칫 모른 척 몸이 부딪치면 서로가 황급히 비켜 갈 정도다.

바로 옆자리 마른 풀잎엔 날개에 이슬이 채 마르지 않은 된장 잠자리와 고추잠자리는 이들의 부산함이 딱하단 듯 물끄러미 지켜만 보고 있다.

크기는 물론 몸 색깔마저 진갈색으로 누렇게 완전히 성숙한 나머지 동작까지 점잖아진 왕사마귀는 곁에 곤충들이 바짝 다가와 있어도 이를 아는지 모르는지 전처럼 사납게 핏대를 곤두세우지 않는다. 만사가 태평스러운 이 같은 시간에 제 몸 체온을 먼저 높이고 볼일인 모양이다.

이처럼 늦가을 이른 아침 산골짝에 동거하는 생명체들은 비록 짧은 시간이나마 완전한 평화를 누리는 태평천지의 무작정 숭고한 순정의 시간이 숨겨져 있다. 유난히 푸르고 맑고 풀 익는 냄새도 좋은 시간, 하느님조차 발소리를 줄이시며 시비곡절 간섭을 피해주는 축복의 아침, 온 뜨락 전 우주가 모두 평안하고 안전한 절대시간인 것이다.

그러나 완전하고 평안한 절대시간이 그리 오래갈 린 없다. 태평천국의 평안한 아침이 깨지는 신호는 대기의 기온이 빠르게 올라감에 따라 풀 씨방 마른 콩꼬투리가 비틀리다 터지는 신호, 바로 풀 단풍 소리를 기화로 삼는다.

'톡 띠딕!' 사방으로 비산 되는 작은 씨앗 알갱이들의 소나기에 왕사마귀도 퍼뜩 정신을 차리고, 지구는 잠시 미뤄뒀던 세상사 순환계 질서를 비로소 되찾는다. 그때부터 꿀벌은 나비에게 성화를 부리고, 나빈 꽃등에한테 극성을 대고, 왕사마귀는 풀무치를 뒤쫓고, 풀무치는 달아나고……. 하느님도 어쩔 수 없이 심판석에 다가앉으시면 나도 비로소 뒤늦은 세수도 하고 아침밥도 먹으러 내 세상으로 돌아온다.

서편 산등성이를 넘어가기 전, 달빛은 방 안에다
제 여운을 아낌없이 다 퍼부어 준다.
희디흰 새벽 달빛의 향연은 월광곡이 아니라도
마냥 보배롭다.

달님만 아는 밤

　상강 지난 지도 여러 날, 달력은 글피가 입동이란다. 글피가 입동이라면, 그렇다! 음력 구월 이십일, 내일이 내 생일이다. 생일조차 잊고 지낸 지 벌써 여러 해, 잊은 채 몰라야 편할 것에 문득 맘이 미치자 심사가 다소 어지러워진다. 고백하자면 서운함보단 죄스러움이 슬며시 앞장을 선다.

　동북쪽과 서북쪽으로 난 창문에 오전 오후 넘치게 비쳐 들던 햇살은 제 각도를 일찌감치 잃어버리고 내년을 기약하며 남녘으로 비켜가고 말았다.
　어슷하게 찌그러진 달님이라도 늦가을 맑은 하늘에 걸리면 여름철 보름달보다 휘황하고, 뜨락에 곧 새벽이 오면 어제처럼 서리가 내릴 것이란 예고를 실천하려는 듯 뭇 별님들이 찬 기운을 펑 펑 쏟아놓고 있다.
　춘분점 가까이 떠오르고 이우는 달님은 모양은 심하게 변동이 있을지라도 제 다니는 위치만은 신통하리만큼 변동이 없다. 작아도 어른스럽단 표현은 이런 경우 적절하겠다. 모양 변덕이 죽 끓듯 해 성깔이 까다로울 듯해도 제 갈 길을 흩트리지 않는 심사는 일면 태양보다 의젓하다.

　푸른 밤 겨울 그림자가 얼핏 눈앞에 보이면 사방 산짐승들도 달님의 도움을 받아 움직임이 부산해진다. 이곳저곳에서 평소처럼 행동을 사리지 않는 소리들이 사방에서 와삭거린다. 기나긴 겨울 대비를 위해, 차가운 계절을 살아남기 위해 나름대로 긴밀한 방책을 강구 중이리라.

여름 내내 작은 새끼들이던 산토끼들도 이젠 제몫을 할 만큼 커졌으니 멀리서 보기엔 어미와 구분이 쉽지가 않다. 회색 털빛이 아직은 털갈이 전이라 펄쩍펄쩍 뛰노는 모습이 눈엔 분명치 않아도 덤불이나 낙엽이 쏠리는 움직임으로 녀석들의 자취는 충분히 읽을 수 있다.

달빛이 아무리 밝아도 너구린 흥분으로 들뜨는 경우가 없는 것 같으나 산토끼들은 다르다. 휘황한 달빛이면 산토끼 녀석들이 뭘 아는지 특유의 조심성은 사라지고 흥분으로 함부로 들뜨기 일쑤다. '객, 객' 하는 다 큰 녀석들의 콧바람 내뿜는 소리가 내 귓가에까지 들려 올 정도가 되면 재 넘어 운문암 옛터 녀석들의 본판 토끼소굴엔 어지간한 소란이 일어났겠다.

작은 녀석들은 그렇다 쳐도 완전히 성장해 너구리만큼 커다란 녀석들도 함께 뇌동하는 걸 보면 내가 아직 깨닫지 못하는 그들만의 사육제 축제날이 있기는 있는 모양이다. 혹시나 염려가 되어 하늘의 눈치를 줄곧 살펴봐도 이곳 밤 세상의 주인 수리부엉이 얼씬도 하지 않는다. 그들 사이에 어떤 내약이 있고 양해가 있진 나로선 알 수가 없다. 분명한 것은 약한 짐승들이 저처럼 태평무사할 정도로 방심한 채 모여 뛰놀고 있어도 이따금씩 그들 주변엔 천적이 얼씬거리지 않는 밤, 달님만 이유를 아는 은근한 밤이 있단 사실이다.

인간이 확실한 내가 인간들보다 이제는 저희들과 한참 더 가깝단 점을 감안한다면 허전할지도 모를 내 생일잔치를 저처럼 춤으로 대신 반겨주려는지도 모를 일, 그게 우리간의 예의이고 감춰진 습속이라면 사양치는 않을 것이나 부디 염려는 말거라. 공연한 부산함으로 수고를 자청하지 않아도 난 외로움조차 잊어버린 지 벌써 오래려니. 우주 속 생명들의 조화를 뉘라서 다 이해할 수 있을까만, 녀석들 자유분방함 속에 이유 있음이 오늘따라 참으로 간절하게 다가온다.

　서편 산등성이를 넘어가기 전, 달빛은 방 안에다 제 여운을 아낌없이 다 퍼부어 준다. 희디흰 새벽 달빛의 향연은 월광곡이 아니라도 마냥 보배롭다.
　창 벽에 등 기대고 누워있으니 두 다리 위를 비추는 달빛은 눈에서 잠기를 쉽게 앗아가 버린다. 그 바탕 아래 또 다른 내가 길게 그림자로 누워있음을 지긋이 내려다본다. 도시에선 꿈도 꾸지 못할 맑음이고 가치인데 아깝지도 않느냔 이유도 덧붙인다. 난 기운으로 꽉 찬 이런 때를 '절실한 달밤'이라 부른다.
　달빛이 둥둥 넘어감에 따라 흰 자취가 방 가운데를 향해 느릿하게 퍼져 가면 더 느린 내 걸음과 의식은 전설 속 깊고 먼 세상을 향해 한없이 딸려 간다.

멍청한 꿩 서방

"꽝"

 마치 총소리인 듯 밖에서 요란한 소리와 함께 서재 동편 창문이 뒤흔들렸다. 내 심장 뛰는 소리가 귀에 들릴 정도로 천지가 고요한 가운데 컴퓨터 화면만 골똘히 들여다보고 있다가 간이 떨어질 만큼 놀란 건 당연하다. 단발성 꽝음 그대로 가까운 바깥에서 사냥꾼이 발사한 총소리인가 했지만, 다행히도 그는 아니었다. 창문유리는 보니 깨어지지 않고 멀쩡했으니까.

 이곳은 적막강산이랄 만큼 외부 소음과는 거리가 먼 외딴 산골짜기이기에 상식적이고 일반적인 도시형 소리와는 차원이 다른 지역이다.
 도시에선 늘 가슴 서늘한 긴급 자동차 사이렌소리, 이웃사람 소리, 혹간 개 소리를 제외하면 생물이 살아있는 소리를 듣기가 쉽지 않으나, 이곳은 들리는 거의 모든 소리가 생물들이 살아 숨 쉬고 움직이는 소리 아닌 게 드물다.
 같은 개구쟁이 바람조차도 도시의 그것은 깡통도 굴리고 온갖 쓰레기를 휘몰고 다니며 잘해야 창문을 두어 번 흔들어 주는 정도로 골목대장 역할이 대종이지만, 이곳 바람은 잠든 나뭇가지도 흔들어 깨우고 죄 없는 꿩 서방도 울리고 알밤이나 '투다닥' 떨어뜨리는 등 살아서 움직이는 양상이 판이하다. 그런 이곳에 자리 잡은 지 수년 내에 처음 듣는 벼락같은 소리, 희귀한 도시 폭죽형 잡음에 크게 놀라지 않을 수가 없었다.

앉은 곳에서 고개만 반짝 쳐들고 살펴보니 창문 밖 가느다란 철사 방충망이 1센티미터 이상이나 세모지게 찢겨져 있지 않은가, 만일 방충망이 있어서 완충해 주지 않았더라면 대형 창문 유리가 박살났을 게 빤한 정도로 강한 충격이었다.

총알이 아니라면 뭔가가 또 날아와서 부딪친 모양이었다. 일껏 창문을 열고 이리저리 살펴보니 오호라! 창문 아래 마른 풀숲에 산 꿩 아닌 큼직한 들꿩 한 마리가 날개를 활짝 펼친 채 함부로 널브러져 있었다.

작년과는 달리 올핸 이상하달 정도로 꿩들의 극성이 심하다.

산 꿩도 그렇고 들꿩까지도 숫자가 엄청 불어나 있고 그 자세한 원인을 난 잘 모르겠다.

아침저녁으로 산과 들에 푸드득거리며 나르는 녀석들의 갑작스런 날개 짓에 흠칫 놀랄 때도 적지 않다. 산 꿩 한 무리가 능선에서 동시에 날아오르면 마치 프로펠러 비행기가 이륙하는 것과 같은 날개 바람소리가 계곡을 한참 동안이나 울리고 대기는 온통 벌겋게 물든다.

창문이 워낙 대형이고 사방으로 많다 보니 철따라 온갖 것들이 날아와서 부딪친다. 모르고 세게 부딪치지 않더라도 자청해서 안으로 들여보내 달라고 계속 '후닥닥' 거리며 성화를 대는 녀석들도 적지 않다. 그렇게 보채다가 제 성에 차지 않아 신경질이 나면 직박구리 녀석들은 바깥 문턱에 기대앉아 '깩—깩' 울기까지 한다.

들어왔다가 열린 문을 찾아 곱게 나가주기만 한다면야 안에서 함께 집을 짓고 산들 무허가라고 마다할 내가 아니다. 그러나 한번 들어온 녀석이 제대로 출구를 찾아 제 발로 곱다시 나가는 경우를 본적이 단 한 차례도 없다. 계속 서편 숲 쪽으로 난 두 개의 대형 고정 유리창에다 몸이 상할 정도로 일방 밀어붙이기만 하는 바람에 종국엔 내 손을 빌어 퇴출시켜야만 하는 것이다. 소쩍새도, 부엉이도, 까치도, 어치도, 딱따구리까지도…….

　말이 쉬워 도움이지 녀석들이 상하지 않도록 엄청 조심을 해가며 이리 펄쩍 저리 펄쩍 한단 게 간단한 일이 아니다. 조금만 내 동작이 거칠어도 자극을 받아 당장에 급 충돌 부상사고를 일으키기 때문에 난 뛰지도 못한다. 녀석도 지치고 나도 지칠 때쯤 간신히 손으로 포획해 제 출구로 날려 쫓아 보내고 나면 그렇게 한심하고 딱할 수가 없다. 때문에 아예 처음부터 들어오지 못하도록 약간의 갑갑함을 무릅쓰더라도 바깥 방충망 정도는 사철 닫아두고 산다. 자연과 그의 이웃들이 이곳의 원래 주인이고 객인 나 또한 대자연 그 한복판에 깊이 파묻혀 그들처럼 살고 있다고는 하나, 많은 경우 한 걸음쯤 살짝 이격시켜 둠이 피차에게 서로 이롭단 걸 모르지 않기 때문이다.

　곤충들이야 아무리 커도 가속 에너지가 워낙 작아서 스스로 다치는 일은 적겠으나, 봄철엔 주먹만 한 아름다운 새들이 날다가 부딪쳐 여러 마리씩 목숨을 잃는 바람에 짓지 않아도 되는 살생의 죄업을 매년 난 가만히 앉아서 짓고 있다. 겨우내 다른 짐승들을 구휼하느라 베풀고 쌓아둔 약간의 적선을 이른 봄부터 늦가을까지 이처럼 고스란히 앉아서 까먹어야 하는 허망한 징벌적 윤회는 아무래도 피하기 어려울 것 같으니, 내 팔자에 선덕을 쌓는단 말 자체가 어울리지 않는 모양이다.

　땅바닥에 널브러져 있는 들꿩을 자세히 살펴보니 입을 반쯤 벌리고 잦은 숨결을 토해내며 눈망울조차 가끔씩 끔벅거리는 게 아직 목숨은 붙어있는

모양이었다. 통통하게 살이 오른 게 제법 근수가 나갈 것 같았으니 그만큼 대형이었다.

'이를 어째야 할 거나!'

순간적이지만 난 후속 수단을 생각지 않을 수가 없었다. 연 흥부네 처럼 잘 보살펴 선덕을 쌓아 내년의 어떤 복락을 기대해야 할지, 어차피 죽을 놈 같으면 한두 끼니 몸보신용으로 고맙게 접수해도 될지, 얼른 판단이 서질 않았기 때문이었다.

잘 모를 땐 미뤄두는 게 상책이다. 창문을 다시 닫고 잠시 그냥 그대로 두고 보기로 했다. 녀석의 명운이 길면 긴 대로, 명운이 다했으면 다한 대로 내 팔자가 아닌 녀석의 팔자에 떠맡기는 수가 가장 원만했다.

한 가지 솔직한 고백을 한다면 녀석의 목숨이 끊어진다 해도 난 봄철 작은 새들처럼 자연의 처분에 겸손하게 맡겨 두진 않을 작정이었다. 땅을 파서 곱게 묻어주진 더더욱 않을 생각이었다. 주방엔 바로 얼마 전에 사다놓은 튀김용 옥수수기름이 아직 포장조차 벗기지 않은 채 싱싱하게 대기하고 있었으니까.

역시 내 팔자보다 녀석의 팔자가 우선이고 길었다.

글에 깊숙이 몰두하다보니 깜박한 게 30여 분, 다시 내다본 바깥엔 녀석이 누워있던 뭉개진 마른풀자리 뿐 들펑은 그림자도 보이지 않았다. 그새 정신을 차리고 제 갈 데로 찾아간 것이다. 아무리 멍청한 새 머리, 돌 머리라도 최소한 뇌진탕은 피할 수가 없었을 텐데 역시 야생은 강인한 야생이었던가. 시원섭섭하단 말은 이 경우 가장 적절한 표현이다. 그깟 털 뜯어봐야 잠시 입만 즐거울까 몸보신엔 턱도 없을 거라고 자위를 해보지만, 일면 제 발로 굴러들어온 복도 거둘지 모른단 타박이 귓가를 살짝 맴돌았다.

멍청한 꿩 서방

보신은 한가지만이 아니다.

가급적 먹거리를 단순화시켜가며 살고 있기는 하나 육고기 생선마저 완전히 차단한 수도승의 엄격한 식단은 아니다. 이따금씩 현기증이 인다 싶으면 일부러 삼겹살도 사다 먹으며 몸 생각도 하긴 한다. 그러나 횟수는 줄일 수 있는 대로 줄여 과한 상태는 엄격하게 피하고자 하는 건 사실이다. 그런 삼가는 입장에 후딱 일어나 미처 죽지도 않은 들꿩을 잡아들이지 못하는 건 그간의 섭생습관이 허위가 아니었음을 말해주는 것이다.

영양분이 몸으로만 흡수되지 않는단 걸 난 절실하게 신앙 신봉한다. 몸보신 이외에 가슴 보신도 있단 말이다. 바로 순수의 가치가 그러하고 더 잘생긴 산 꿩은 내 문장의 소재가 될 자격에서 모자라나, 못난이 들꿩은 이처럼 깔끔한 내 문장 한편의 주인공으로 모자람 없이 훌륭한 것이니까.

일생에 선택하기 쉽지 않은 산골에 깊이 파묻혀 살면서 순수의 그림자를 가볍게 생각한다면 맘열고 쓸 글이 별로 없을 게 분명하다. 가공된 글, 온갖 미사어구를 총동원해 훌륭하게 미화시킨 멋진 문장을 쓴다 해도 내용의 진위에 눈 밝은 여러 독자들을 모두 속이진 못한단 독해력 엄중함도 분명하니까, 순수의 바탕을 기본 원고지 삼아 써진 글이라면 내 글을 내가 읽어도 차마 부끄럽진 않더라. 잠시 더 시간이 흐르니 큰 안도감이 섭섭함을 쉽게 구축해줘 맘의 정리가 한결 편하고 의젓했다.

꿩도 꿩 나름이다.

산 꿩은 주의도 산만치 않고 머리도 새머리답지 않게 영악스럽고 눈치도 빠른데다 부지런하기까지 하나 들꿩은 어림도 없다. 멍청하긴 숫한 조류 중에 앞 손가락에 들 것은 분명하다. 따라서 산 꿩은 내 집에서 20여 미터 이내로 들어오는 경우를 보지 못했으나, 들꿩은 지금처럼 하늘과 나무들이 창유

리에 거울삼아 비친다고 창문에 호되게 헤딩을 할 정도로 바짝 접근해 들어오기 일쑤다.

창밖이 버석거려 몰래 살짝 내다보면 산비둘기 아니면 들꿩이다.

사람의 기척이 언뜻거리면 산비둘기는 쏜살같이 달아나지만 들꿩은 그저 허둥댈 뿐 제 행동에 기준선이 없다. 쉿! 산비둘기는 너무 소심해서 그렇고 들꿩은 워낙 멍청해서 그렇다.

작은 새들을 제외하면 산책길에도 4~5미터 이내로 스쳐 갈 수 있는 중대형 조류는 이 근처에선 거의가 들꿩뿐이다. 가까이 스쳐가도 걸어서 피할 뿐이지 싹싹하게 날아서 달아나는 경우도 드물다. 맘만 먹으면 하루에 몇 마리라도 잡아들일 수 있는 손쉬운 상대가 바로 멍청이 들꿩인 것이다.

저도 깜박 나도 깜박, 접근을 서로가 미처 눈치 채지 못하고 있다가 손만 뻗으면 바로 닿을 지근거리에서 '화닥닥' 내 얼굴에 세찬 날개바람을 쏘아주며 소리도 요란스럽게 날아올라 기겁하게 하는 녀석.

차를 타고 오솔길을 느릿하게 돌아나갈 땐 더더욱 한심하다. 사람이 눈에 보이지 않는다 해서 차를 피해 달아날 엄두도 내지 않고 제자리에서 계속 허둥대고만 있다. 엔진소리도 작지 않은 고물 디젤트럭이 아무리 부르릉거리고 비포장 험난한 돌길에 빈 차체가 엔간히 덜커덩거려도, 사람모습이 제 눈에만 안보이면 무조건 없는 것으로 치부한단 말이다. 기가 막힐 일이다.

할 수 없이 차를 세우고 녀석이 하는 꼬락서니를 한동안 지켜보며 질경이 마른 풀씨 쪼아 먹기를 마칠 때까지 한참을 기다려 주지만, 결국 슬슬 강제로라도 밀고 들어가지 않으면 언제까지든 피해 줄 생각도 하지 않는 녀석이 바로 멍청하기 짝이 없는 들꿩서방이다. 그 짧은 사이에 기다리고 서 있는 내 트럭의 존재까지도 아예 까맣게 잊어버리고 마는 것이다.

겨우 엉금엉금 길 뿐 싹싹하게 날아서 길을 열어주지도 않는, 깃털까지 다 더해도 2킬로그램 남짓 될까 말까 한 녀석이 빈차라도 2톤이 넘는 디젤트럭을 나까지 맨몸으로 세워 꼼짝없이 붙잡아두고 있는 것이다. 어이가 없는 일이다.

온갖 새들이 나와 함께 같은 대기를 호흡하고 눈길도 교환하면서 살지만, 맘 한편 서로가 조금씩 긴장을 거두지 않는 건 분명하다. 물론 나보다야 새 쪽이 긴장을 좀 더 하겠지만……. 허나 이 녀석 들꿩 녀석에게만은 도저히 긴장감이 가해지질 않는다. 모르기에 일시 놀래 킬 순 있어도 그만큼 날 무작정 편안하게 만들어주는 존재임은 사실이다.

야생의 새를 바라보며 멀리서 그윽하게 감탄을 할지언정 가까이서 잔잔하게 미소까지 머금을 여유 있는 상대는 바로 멍청하기 짝이 없는 들꿩서방이 거의 유일하다. 서행 중인 내 트럭을 함부로 세워 멈추게 하는 녀석이라니까.

내가 아무리 성심을 다해 복을 빌어줘야 미처 받지도 못할 것 같은 녀석, 때문에 난 녀석의 멍청함을 순덕이 또는 순둥이라고 정겹게 말로다 글로다 표현해 준다. '허―허―허' 하도 터무니없기에 터지는 내 실소의 대가로는 그 호칭이야말로 가장 잘 어울린다.

순수함이 갈수록 귀해지는 세상, 영악하지 않으면 무조건 멍청이로 밥으로 돌려지는 멍든 세상에서 그들의 존재로 인해 세상이 한 뼘쯤 더 밝아지고 또 맑아진다면 과장일까?

나보다 만만하다 해서, 수량이 많아졌다 해서 그들의 값어치를 떨어뜨리는 게 세간의 물량공식일진 몰라도, 조물주의 똑같이 귀하고 선한 자손인 것은 여러 번 확인해 봐도 어김없는 사실이더라, 오히려 남들은 험한 세상 사는데 도움이 안 된다 해서 다 놔버리는 순수함의 청량한 빛깔을 굳세게 지켜 나가는 너희들 존재상의 의미는 분명히 오래고 깊고 또 원대한 곳에 있음이리라.

　멍청한 꿩 서방 순둥이들이여 길이 존속하고 또한 번성하라, 너희들로 인해 세상은 좀 더 살만해진단 사실을 남들이야 어쨌든 난 알아줄 수 있으려니, 내겐 더없이 소중한 산책로, 네겐 한 끼 식당, 함께 사용해야만 하는 오솔길 모두를 위한 길목을 잠시만 스스로 양보해 준다면 난 그것으로 족할 것이려니, 찢긴 방충망은 티슈나 뭉쳐 대충 막았으니 됐고…….

　호되게 헤딩 당했을지언정 무사히 살아나간 멍청한 꿩 서방, 살진 순둥이 들꿩서방이 이 겨울의 입구에서 불쑥 다시보고 싶어진다.

지금은 내 영혼이 지극히 맑아지는 시간.
우주의 내밀함이 제 비밀스런 천기 하나를
조심스럽게 엿보여주는 정밀한 시간.

예쁜 놈 때문에

 오늘 오후는 물경 한 시간을 맨땅과 씨름 씨름하며 생고생을 했다지 뭔가, 흙보다 돌이 많은 강원도 산비탈 임도를 그럭저럭 잘 골라가던 트럭 바퀴가 '덜컥' 그만 개골창에 빠졌기 때문이었지, 그래도 차마 성질을 부리진 않았다네, 성질은커녕 여러 차례 몸부림에 가까운 탈출시도조차 무색함을 느끼지 못할 만큼 확실한 한눈팔기 곁눈질의 이유가 있었다네, 때마침 동절기 대비 차 적재함에 미리 실어뒀던 삽이라도 없었다면 그나마 난감했을 걸, 심장이 터지려는 걸 어찌어찌 달래가며 꼬박 한 시간씩이나 숨이 턱에 닿도록 돌천지 땅바닥에 혼자 통사정하는 동안에도 이웃한 차량 한 대 지나지 않는 이곳은 하필 그런 궁벽한 곳이라네.
 그놈, 이 계절에 말도 안 되는 놈, 임도 변에 아슬아슬하게 남아있던 목만 삐죽이 길 뿐 키는 유난히도 작은 녀석 때문이었을 거야.

 옷도 나도 곤죽이 됐기로 간신히 활로 만들어 털털거리며 돌아오던 길도 일부러 지나쳐, 오래 전 끊어버린 소주 두 병을 새로 사 싣고 오던 이유는 이래서 정당한 당위성을 갖고야 말았다네.
 그래! 그놈, 나쁜 놈, 내 심장엔 '팜므파탈'

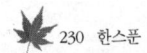 230 한스푼

때 이른 겨울날, 저녁 붉디붉은 해넘이를 등 뒤로 받으며 집으로 돌아오는
내내 눈가에 입가에 끊일 줄 모르고 흐르던 빙긋한 웃음의 여유를 보면, 숨이
턱까지 차오르던 생고생이 이유일 순 없을 거야.
 아무렴 그렇고말고, 이슬 찬 이 계절에 말도 안 되는 녀석.

 지금은 내 영혼이 지극히 맑아지는 시간.
 우주의 내밀함이 제 비밀스런 천기하나를 조심스럽게 엿보여주는 정밀한
시간.
 '가이아' 이론이 머리 들먹이지 않곤 배길 수 없는 한밤중, 진짜 내 시간.
 눈에서 잠을 또 앗아가는 이유는 술 때문도 오후가 그저 힘들었기 때문만
도 아닐 거야.

 그래! 이 쓸쓸한 계절에 말도 안 되는 놈
 맞아! 바깥에서 혼자 찬이슬 다 맞고 있을 놈
 저런! 나보다 더 지쳐 보이던 녀석
 망할 녀석, 그놈의 코스모스 때문일 거야.

휘청거리는 눈길

올핸 작년처럼 눈길을 치우느라 생짜로 고생을 하지 않을 작정이다.

산골생활 경험이 부족하다보니 작년엔 함부로 쌓인 눈발과 씨름하느라 참말로 죽을 고생깨나 했었다. 이 지방에 눈이 와도 많이 온단 소식은 들었지만 지난 몇 해 별스런 눈 구경을 못한 덕분에 무심히 넘긴 까닭이었다. 몇 년 만의 폭설이란 소식이 고생의 강도를 수치로 말해 줬음이다. 차만 아니라면 그렇게까지 힘든 고생을 하지 않아도 됐으나 읍내까지 장보러 나가려면 꼼짝없이 트럭을 이용해야 했고, 간신히라도 차가 다닐 만큼 길을 다 뚫으려면 허리가 몇 차례씩은 휘어져야 했으니까. 높이로 1미터 정도 쌓인 눈을 치우는데 열흘이 넘게 걸렸을 정도이니 그 고생의 난감함은 결코 즐거울 수가 없는 것이다.

눈이 잦다보니 심할 땐 치우고 나갔다가 들어올 땐 다시 눈을 치워야 할 정도로 다급한 경우도 있었고, 워낙 미끄럽고 힘이 들어 아랫마을 남의 집 뜨락에 함부로 차를 버려 놓다시피 방치해 두고 몸만 간신히 걸어서 올라온 적도 있었으니까.

그래서 올핸 눈 소식이 비칠라치면 얼른 차를 빼 오솔길 초입에다 세워놓음으로써 빙 돌아 편도 100여 미터 가량의 거리를 거저 벌어 볼 심산이다. 주차시킬 자리도 이미 봐두었고 차를 몇 차례 움직여 풀밭도 가지런하게 뉘어

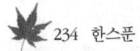

났으니 일단 안심은 된다.

트럭 적재함 위에도 산골 차량답게 특유의 관습이 자리를 잡는다. 일부러 적재함의 무게를 늘려 바퀴가 헛 미끄러짐에 대비를 해둬야 하는 것이다. 적재할 짐은 다목적으로 사용할 수 있는 모래가 두말할 나위 없이 최고다. 도시처럼 스노체인을 자주 사용하지 않기에 겨울철 빙판 운전 능력은 탁월해질 수밖에 없다.

원래 트럭은 짐을 싫고 다니기에 적합하도록 설계가 되어 있어 평상시엔 적재함 꽁무니가 가볍기 마련이다. 따라서 약간이라도 미끄러질 요소가 있으면 헛바퀴로 인해 차가 진행되지 못하는 난처한 상황에 아주 쉽게 빠진다.

적재함에 기본적인 무게를 싣고 나면 나머진 눈이 알아서 조절한다. 적재함에 눈이 산더미처럼 쌓여도 일부러 비우질 않는 것이다. 적재함에 눈이 많이 쌓여있으면 길에도 그만큼 쌓여 있는 것이고, 적재함의 눈이 저절로 녹으면 길바닥의 눈도 그만큼 비례해서 녹아주는 것이니 길이 미끄러지는 정도와 차량의 구동력은 시키지 않아도 자동적으로 정밀하게 정비례 조절되어주는 것이다.

적재함 가득히 실려 있는 맨눈을 도시 기준으로 본다면 엄청 게으른 차량의 흉악한 몰골이라고 다시 한 번 뒤돌아 볼일 일뿐만 아니라, 뭣하면 교통경찰로부터 정비 불량이란 딱지를 떼어도 할 말 없을 지경이겠으나, 이곳 설국에선 환경 어지간한 산골짜기에 사시는 역전의 용사님께서 목숨 내걸고 모시는 대견한 차량이라고 선뜻 이해해 줄줄도 안다. 나 또한 흰 눈 가득한 설상트럭을 임의롭게 몰고 다녀도 이젠 하나도 이상하거나 쑥스럽게 여기질 않는다. 귀차니즘, 게으름에 대한 변명 같겠지만 사람과의 어울림이 줄어들어 염치는 없어지고 뻔뻔함만 늘어서 그런 게 아니란 걸 십분 이해해줘야 한단 말이다.

　조금만 여유 있게 생각해 주면 산타클로스 할아버지의 성탄 선물 배달용으로 사슴 썰매 대신 얼마든지 전용할 수도 있을 것 아닌가, 따라서 돌아서서 입 가리고 혼자 웃을 진 몰라도 누구 앞에서 대놓고 웃는 무식한 사람도 겨울날의 산마을 이 근동엔 없다. 도시완 사고와 이해의 기준이 전혀 다른 것이다. 무심한 눈이 적재함에만 선택적으로 쌓일 이치는 당연히 없으려니, 이처럼 지엄한 자연율에 의지해 힘겹게 목숨을 부지하는 강퍅한 입장에다 뜬금없이 도시형 인위성문법을 들이대며 교통딱지 운운하면 안 된단 말이다.

　지난겨울 불과 하루 사이에 퍼부은 산더미 같은 눈의 무게를 이기지 못해 트럭 지붕이 안으로 움푹하게 내려앉은 건 아무래도 유감이다. 아는 사람은 안다. 일단 한번 내려앉은 자동차 지붕은 안에서 손으로 밀어 올려봐야 별 소용이 없다. 되돌아간 척하고 있다가 차가 덜컹거리는 어느 순간 요란한 소리를 내며 다시 안으로 쪼그라들고 만다. 볼 때마다 신경이 쓰이지만 어쩔 도리가 없다. 그도 설국에 사는 대가이고 죄라면 고스란히 수렴할 수밖에, 비싼 비용 들여가며 지붕을 수리해 봐야 아무런 소용없단 걸 알기 때문에 차량도 제 팔자 나름이랄 수밖에…….

　작년처럼 짐칸에 미리 삽도 실어 두고 200킬로그램 정도의 헛짐을 실어 무게도 늘려둬야겠다. 덕분에 늘어나는 연료비도 월동을 위한 안전비용으로 치부해야 맘이 편하다.

　철이 지난 지금 생각하면 그조차도 웃음이 비칠 만큼 아련한 기억이랄 수 있으나, 막상 제철이 가까워지면 그냥 아련하기만 한 게 아니라 등골이 선뜻해질 정도로 고생스런 기억이 되기 마련이다. 눈치우기 고역을 당해 보지 않은 사람이면 제대로 납득하지 못할 것이다. 이곳 본판의 설국은 도회지처럼 빗자루나 밀대나 몇 차례의 삽질 정도로 쉽게 해결될 눈의 양과 횟수가 아니기 때문이다.

1년 가까이 산을 딱하게 장식하고 있던 설해목 둥치들이 며칠 새 동네 부지런한 나무꾼의 손에 의해 사라졌다. 거의가 소나무들인 설해목들이 1년 동안 산속에서 어지간히 마르고 익었을 테니 땔감으론 손색이 없을 것이다. 땔감 정도가 아니라 대들보 감으로도 쓰일 만한 곧고 훌륭한 것도 얼마든지 있겠더라.
  이곳 소나무들은 금강송이라 하여 재목용 중에도 대들보와 기둥용으로도 나무랄 데가 없이 훌륭한 것들이 전통적으로 많다.
  철저한 계획 조림에 의해 가지치기도 자주 해주는 등 숲이 갈수록 울창해지는 건 아무리 칭찬을 해도 남음이 없고, 그 속에 파묻혀 살고 있는 나도 수혜자로서의 의무를 잃어버리지 않으려 의식하고 있다.
  비록 죽은 나무들이라 해도 내 것이 아니라서 설해목들이 산야에 길게 누워있는 걸 눈으로 빤히 보면서도 갈무리해 두질 않았지만, 한겨울 거실 페치카용으론 적격이었을 텐데, 물론 가져갈 만한 사람이 정당하게 가져갔을 테니 사사로운 미련도 유감도 없고, 사실을 말하자면 가져올 기운도 없다.
  간간이 작년에 부러진 밤나무만 주위에서 거둬들여도 작지 않은 양이 될 터인즉, 장비도 그렇고 전문 나무꾼이 아닌 나로선 그저 나무꾼 흉내로 그칠 수밖에 없을 것이다. 그 와중에 뭣보다 잃고 싶지 않은 그러나 사라진 소나무가 한 그루 있다. 워낙 곧고 늠름하고 잘생긴 소나무라서 장성한 수리부엉이가 자주 이용하던 거목은 아무리 생각해도 아깝다. 서편하늘의 삼분의 일을 덮을 만큼 장대하던 소나무가 눈의 무게를 이기지 못하고 쓰러져 결국 나무꾼에게 토막이 난 채 업혀 돌아갔단 사실은 텅 빈 그곳을 돌아볼 때마다 아깝단 생각이 절로 들게 한다. 처음 이곳에 터를 정할 때부터 유독 눈에 띄던, 맘속으로부터 정이 깊이든 거목 소나무였는데 말이다.

페치카가 심심해도 좋고 연료비가 좀 더 들어도 좋으니 올핸 하늘이 눈을 적절히 조절하셔서서 아무 죄 없는 소나무들과 함께 죄 많은 나도 힘이 좀 덜 들도록 봐주셨으면 싶다.

휘청거리는 언어

 외진 산골짝에서 눈에 고립된 채 그것도 온전히 혼자서 한겨울을 나야 한다면 둘 중 하나, 반쯤 신선이 되거나 반쯤 미쳐 버리고 말아야 한다. 이런 겨울을 난 올해로 세 번째를 맞이한다.
 그간 내가 남긴 글을 내가 다시 읽어봐도 미친 사람이 휘갈긴 망언이라고 생각되진 않으니 분명 미친 것은 아니다. 그렇다 해서 미치지 않은 채 몇 차례 설국의 겨울을 반복해 살아낼 정도면 최소한 못돼도 절반쯤의 신선은 되어 있겠단 오해도 하지 않는다. 워낙 잊기를 잘하는 멍청한 두뇌의 소유자다 보니 한겨울 동안 잘 닦아냈던 신성을 다음 한 해 동안 고스란히 까먹어버리고 허망하게도 처음부터 다시 반복해야 하는 것이다. 차라리 이렇게 어느 쪽으로 기울지 않은 신선도 아닌 미친놈도 아닌 중용적 자세가 나을지도 모른다. 이걸 두고 부지하세월이라 하고 우리말로 허튼 짓이라 한다더라. 이 허튼 짓을 난 스스로 귀양살이라 이름을 붙였으니 늘 자중하고 겸손해야하는 숙인 자세가 기본이 되어야 하는 것은 불행 중 다행이 아닐 수 없다. 막상 들어와 보니 대자연의 진정성은 그 이상의 가치가 있더라니…….
 전보다 길도 나아지고 뭣보다 군사작전에 긴요한 도로이다 보니 겨울철 눈이 쌓이자마자 전용 제설차가 잽싸게 눈을 한편으로 밀어놓기에 망정이지, 옛날 같았으면 봄철이 되어 저절로 녹아 길이 뚫릴 때까진 손도 대지 못한 채 한겨울 내내 고립을 면할 수가 없었을 것이다.

지금은 거의 폐쇄가 된 산골 미니 분교들도 이런 이유 때문에 멀지 않은 거리에 비해 동떨어진 골짜기 마을마다 따로 세워질 수밖에 없었던 것이다. 겨울철만이 아니라 여름 장마철에도 계곡을 타고 넘는 물길로 인해 여러 날씩 길이 끊기는 적도 드물지 않단다.

교통이 편해지고 안전해지고 시절이 달라짐에 따라 이렇게 폐쇄된 분교가 가까운 이 근처만 해도 두 개, 곧 내년이면 하나가 더 추억과 역사 속 명단으로 넘겨질 예정이란다.

고적한 산골마을마다 독단으로 짜여지던 각별한 추억들은 그래서 스쿨버스를 통해 하나로 통합될 테고, 다 아는 빤한 주제에 아이들의 깊은 말수도 함께 줄어들 테고, 골짜기마다 쌓여가던 마을의 속 깊은 전설들도 그렇게 따라서 하나씩 둘씩 사라져 갈 것이다.

아무리 제설차가 길을 뚫어 놨다고 해도 워낙 구불구불한 고개 길이라 불편과 위험이 완전히 해소된 건 아니기에 며칠씩 차량 한대 다니지 못하는 거의 완벽에 가까운 적막한 시간이 찾아온다.

벽은 외부에서 침입을 방지하는 기능 못지않게 자신의 의식을 가두는 감옥 역할도 분명히 있음이다. 아무것도 방해받지 않는 이럴 때에만 내 사는 곳은 비로소 온전한 눈 나라로 들어가게 되며, 백색 바탕 순수한 세계는 저만의 질서, 저만의 암호를 은근히 보여주고 비결도 조금씩 가르쳐 준다. 이럴 때의 백설은 자체로 벽이 되고 난 한 달이 넘도록 입에서 말을 잃어버리는 묵언의 온전한 세계로 드디어 접어들게 된다. 언어가 역할을 접는 입 대신 살아나는 영의 손이 자연언어를 오히려 맘껏 토해 놓는 귀한 동기를 얻게 되는 것

이다. 천박한 내 언어와 가벼운 문자로서 반의반도 표현할 수 없음에 우선 혼자 할 수 있는 건 겨우 묵언임이다.

　근년 들어 남겨놓는 단문들은 그래서 내 능력을 바탕으로 내가 하고 싶은 말들이 아니다. 진솔한 자연으로부터 얻어들은 은밀한 사실들을 이편의 언문으로 옮겨놓는 단순 작업의 일환이었다고 보면 된다. 남들은 잘되고 멋진 창작품이라고 대접해 줄지 모르지만, 내심 번역에 불과하단 걸 난 모르지 않는다. 염려되는 건 오직 하나, 제대로 열린 들을 귀였던가? 하는 우려는 쉽게 가시지 않는다.

　글 장난이 아니다. 섣불리 가공성 짙은 문장력도 안 된다. 우주의 내밀한 천기를 감히 누설한단 배전의 각오로 진실에 입각한 글이 되어야한다는 강박관념이 때론 억압적으로 덮여오기도 한다. 들을 귀가 그만큼 중요한대서야 할 말이 눌리는 건 당연, 입과 성대가 언어를 잃어버린다 해서 아까워할 여지도 없다. 꿈에라도 욕심내지 않았던 기회이고 대자연의 특별한 배려가 아니던가, 순종한다는 겸허함 이외 인위적이고 타성적인 기성의 요건들은 모두 내버려야 한다. 버려서 비워지는 맘이라야 허용되는 울림이자 수순이기 때문이다.

　산사의 이판 스님들은 동안거 묵언정진기간이라도 도반은 있겠으나 내 이웃한 도반은 너구리뿐, 산사의 도반은 한철이 묵언이나 내 도반은 사철이 묵언, 산사의 도반은 들려줄 게 없어 막무가내 묵언이나 내 도반은 묵언이라도 벅찰 정도로 정보가 많다. 이래서 산사의 도반과 내 도반은 입장이 다르니, 그쪽은 동료, 내 쪽은 언제나 선배.

　순백으로 단순하게 통일 집약된 세상에서 육체적인 시야는 어차피 역할을 접어야 하고 대신 맘의 창문인 듣는 귀가 활짝 열린다. 기왕에 열린 귀로 쏟아져 드는 대자연의 농밀한 속삭임은 할 말을 아주 간단히 제압해버리기 마련, 새겨듣기만으로 정신이 없는데 말할 틈이 없는 건 당연, 그래서 닫힌 입은 더욱 굳게 닫히고 한참 뒤 어쩔 수 없이 말문을 열려면 몇 분간 발음 연습을 따로 해야 할 만큼 급속히 기관이 퇴화되고 마는 것이다.

아니나 다를까, 한동안 쓰지 않았던 성대는 채 5분의 대화를 견디지 못하고 쉽게 목이 잠긴다. 이래서 맑기로 소문난 내 음성은 말짱 헛소리 거짓부렁이 되고야 만다. 음성뿐 아니다. 외국어 같은 상대방의 말뜻도 얼른 귀에 들어오지 않아 답변이 궁색해지고, 예의상 붙여주는 말대꾸엔 대체 뭔 소리냔 말꼬리만 자꾸 되돌아온다. 그동안 깊이 있게 의지했던 언어의 체계가 서로 달랐던 것이고, 소통과 적응을 위한 준비 역시 계산 밖이었던 것이다. 이래저래 자꾸 휘청거리는 내 언어의 영문을 모르는 상대는 엉뚱하게 담배만 줄이라 하고 난 그저 웃는다. 삼간지 깨나 오래 되는데 말이다.

목이 잠기는 설국의 언어, 휘청거리는 언어의 이유를 모르면 내 허랑한 웃음의 속뜻을 누구도 쉽게는 알지 못한다. 절대로 쉽게는 듣지 못한다.

벽오동 심은 뜻은

다 저녁 어둠이 내릴 즈음 찾아오는 봄빛을 맞으러 구불구불 산등성이 포장길을 따라 늦은 산책을 다녀왔다. 누옥에 앉아선 바라볼 수 없는 황혼, 간만에 안겨드는 서산마루 황혼의 치마폭에도 비로소 봄빛 짙은 주홍의 물색이 흠뻑 젖어들고 있었다. 깊고 낮은 골짜기마다 아직은 눈의 자취가 듬성듬성 남아있지만, 제법 길어진 해님의 꼬리 덕분에 목덜미가 선뜻하지도 않을뿐더러, 마냥 달콤한 대기의 숨결은 동장군의 옹고집을 은근하나 까칠하지 않게 밀어내고 있었다. 느릿하게 계곡을 쓸고 지나는 바람소리에도 솔가지의 스침만 들려올 뿐 동장군의 뾰족하고 차가운 비명도 이젠 들어있지 않았다.

1~2킬로미터쯤 계절보다 더 느릿하니 고개 길을 따라 올라갔다가 돌아오는 귀로, 언덕을 오를 땐 볼 수 없었던 외지 승용차 한대가 비탈진 길가 한쪽에 홀로 서있었다. 송이버섯 한철을 제외하곤 이곳은 지나가던 차량이 정지할 이유가 전혀 없는 깊고 한적하고 으슥한 곳이라 속으로 의혹이 서리지 않을 수가 없었다. 근년 들어 길은 한결 편해졌다고 하나 눈이라도 약간 내리는 계절에 산간오지에서 당하는 고장은 고생을 넘어 조난에 준하는 큰일인 것이다. 작년부터 휴대전화도 겨우 소통이 가능하게 됐을 뿐 위험을 무릅쓰고

옛 사람이 뜨락에 벽오동을 심는 뜻은
전설처럼 봉황을 보기 위함이란다.

마을까지 걸어 내려오지 않으면 해결 방법이 그전엔 없었다.

　뭔가 내 도움이 절실히 필요한 경우가 일반적일 것이란 각오를 맘 한편에 가지고 차량으로 다가갔다. 그간 배터리 방전으로 한번, 연료고갈로 한번, 개골창에 빠져 견인 한번 등 과객에게 적극적으로 도움을 준 적이 없지 않아 있었으니까.

　바깥에 볼일이 있는지 엔진조차 정지된 차량 내부엔 아무도 없었다. 얼핏 주위를 둘러보니 작은 개울 건너 가까운 산등성이에 밝은 색 옷차림 하나가 어른거린다. 아무리 주위를 둘러봐도 아주머니 혼자일 뿐 일행은 그림자도 보이지 않는다. 빤한 산록 바짝 마른바탕이라 어디 숨길 곳도 없다.

　"어험, 험,"

　가벼운 내 헛기침이라도 조용한 계곡을 쉽게 타고 넘어 쉰은 한참 넘어 보이는 아주머니의 귓가에 날아가 닿는다. 놀라 불쑥 허리를 든 아주머니 손엔 비닐봉지 하나가 들려있었고 거긴 칡덩굴이 제법 자리 잡기 시작한 자연적인 칡밭이었다. 주섬주섬 칡덩굴에서 마른 씨앗 콩꼬투리를 따 담던 아주머니가 흠칫 놀란다. 얼굴엔 금세 공포심 가득한 당황스런 표정이 감출 수 없이 드러난다.

　인적이라곤 언제 비칠지 알 수 없는 외진 곳에서 급작스럽게 마주친 산적 같은 사내의 형상이 예사로울 순 없었을 터, 게다가 손엔 굵직한 물푸레나무 지팡이 단장하나까지 옹골차게 들려있지 않은가, 온몸이 시멘트처럼 굳어버린 채 날 바라보는 눈길에도 당황함과 두려움이 가득히 고여 있었다. 아무래도 의도적인 행동일 뿐 도움이 필요한 이른바 위급한 상황은 아닌 게 확실해 보였기에 난 얼른 웃음기를 띄우며 가벼운 목례를 서둘러 먼저 날려 보냈다. 생기긴 산 도적같이 생겨먹었어도 적대적인 무뢰한은 아니니 부디 안심하셔도 된다는 안도신호가 시급히 먼저 필요했음은 당연했다.

"여기 칡덩굴 씨앗이 좀 필요해서……."

웃어주기만 했을 뿐 난 묻지도 않았고, 무슨 큰 죄나 지은 것처럼 여인네의 말끝이 안으로 힘없이 기어든다. 하긴 길고 오랜 가뭄으로 천지가 바싹 말라 있는 요즘은 산불이 무서워 대개의 산중엔 엄격하게 출입이 금지되어 있음은 사실이니까.

완전히 장성한 묵은 나무들이 아니면 어지간한 산중의 나무들은 칡덩굴의 성화와 끈질긴 공격을 견뎌내지 못한다. 무성하다 못해 어둠의 그늘까지 깊게 드리우는 칡덩굴의 악명은 잘생기고 늠름한 나무들을 두고두고 서서히 조여서 말라 죽일 만큼 혹심한 것이다. 따라서 씨앗이 약으로 쓰인단 소식도 들어본 적이 없는 바에야 함부로 모아 불태워버리면 버렸지 일부러 이런 칡덩굴의 씨앗 꼬투리를 소중하게 따 모으는 경우를 난 이제껏 오늘 처음 봤던 것이다.

옛 사람이 뜨락에 벽오동을 심는 뜻은 전설처럼 봉황을 보기 위함이란다. 그렇다면 나이 지긋한 저 누님이 어딘들 전혀 도움 될 수가 없는 칡꽃 콩깍지를 모으는 까닭은? 난 안다. 알아도 아주 잘 안다. 가릴 것 없이 감아 들여 조이는 무참한 칡덩굴의 만 가지 난관을 무릅쓸 각오라면 거긴 오로지 한 가지 이유가 있을 뿐 그렇다! 칡덩굴을 심어 제철 반딧불이를 가까이로 불러들이기 위함인 것이다. 가슴에서 잔잔한 감동이 밀물처럼 밀려온다. 청량한 그의 푸른빛 서슬에 황혼에서 받은 붉은빛 따스한 감동조차 슬그머니 자리를 양보한다.

작년 어느 인터넷 사이트에 반딧불이를 시리즈로 여러 편의 글을 올려 준 적이 있었다. 미처 예상치 못할 정도로 감동과 호응이 대단했었기에 내 스스로도 대견스러워했던 기억이 지금까지도 생생하다. 이곳에선 의당한 일일지라도 대도시의 벗님들에게야 어디 상상 속에서나 접해 볼 수 있는 감동이고 꿈에 젖은 보석 덩어리일 테니까. 어릴 적 기억이 아련하게 남아있는 층들은 물론이겠고, 여간해서 기억과 느낌이 없는 층에 이르기까지 반딧불이는 한갓 미물 곤충 이상으로 문학적 예술성의 깊이와 전설적인 의미를 가지고 있으니까.

"거기가 어디냐? 가는 길 좀 알려 달라!"

"사진이라도 올려 줄 수 없겠느냐?"

"미처 알지 못했던 반딧불이의 생태가 너무나 상세해서 더욱 그립다."

어떤 요청이라도 난 다 떼어먹을 수밖에 없었다. 내 숨어 살고 있는 이곳은 극히 일부 인사를 제외하곤 누구도 모르게 하고 있었기에……. 저 누님도 그때의 감동에 겨워 일껏 찾아 나선 입장인지도 모를 일, 거기에다 차마 무슨 말을 나로서 던질 수가 있겠는가. 부디 산불 조심해 달란 계절적 주의환기도 구차스러울 뿐, 넉넉히 잘 알았으니 하시던 일 더 어두워지기 전에 마저 하시란 의미로 두어 번의 고개 끄덕임과 돈 안 드는 미소 또 한방을 잔잔하게 날려드릴 뿐이었다. 안도감에 긴장이 스르르 풀리는지 누님의 붉어진 안면에도 보일 듯 말 듯 작은 미소가 스침을 읽을 수 있었다.

저 정도 그리움이고 심상 절절함이라면 반딧불이 생육에 필요한 다른 몇 가지 주의 요소는 이미 잘 알고 계실 것이라 믿으며, 느긋하도록 가벼운 헛기침만 뒤로 남기고 아무것도 모르는 척 내 갈 길로 걸음을 옮긴다. 혹시라도 염려가 남으시랴 지팡이도 앞으로 가리고 걸음도 서두르지 않고 물론 뒤도 돌아다보지 않는다.

어둠에 사위가 조금씩 짙어져도 저편에 누님은 제 할 일을 어렵지 않게 마칠 수 있을 것이다. 오밀조밀한 바위 절벽 그림 같은 가파른 코너 한 구비를 돌아 서로가 보이지 않을 즈음에서야 헛것임을 알면서도, 말짱 헛일인 줄 알면서도 뒤를 한번만, 꼭 한번만 되돌아본다.

거기 서편 하늘엔 내 하는 꼬락서니의 시종을 말없이 내려다보는 황혼이 뚝 멈춘 채 혼자 붉게 웃고 있었고, 오늘에 황혼을 꼭 닮아가는 저기 누님의 가슴 언저리에선 푸른 꽁무니 애반딧불이가 벌써 애잔한 제 여름빛을 빛내고 있을 것을…….

네 버킷

    일기예보에는 오늘쯤 비가와 주실 것이란 소식이 있었다. 근자에 들어 가장 반가운 희소식이 아닐 수 없음이다. 그만큼 기나긴 봄 가뭄은 사방 산천 식생에 싹틔움조차 한참 늦어짐을 강요하고 있었으니까.
    아침부터 자꾸 하늘을 올려다봤다. 비가 오시려면 최소한 햇살은 자리를 양보해야 함이 상식이었으니까. 그러나 넉넉하진 않아도 하늘에선 간간이 햇살이 내비치고 있었다.
    기왕에 한참 늦은 비가 하루 이틀 정도 더 늦어도 새삼스러울 것은 없었다. 예보처럼 와주시기만 한다면 말이다. 하지만 지금 당장은 그렇게 여유 있을 계제가 아니었다. 가느다란 물길이나마 엇저녁 아주 끊기는 바람에 너무 빨리 말라가고 있는 논바닥에 개구리 알들은 이제 곧 몰사의 위기를 맞이할 즈음에 뭉텅 놓여있었기 때문이었다.
    논바닥을 들여다봐도 시간이 워낙 다급했다. 이대로 불과 한 두 시간이면 호흡곤란으로 전멸을 각오하지 않으면 안 될 절체절명(絕體絕命)의 시점임을 알아채기는 어렵지 않았다. 때문에 하늘과 논바닥을 자꾸 왕복하며 고개가 기우제의 인사를 거듭 통사정하는 수밖에 없었던 것이다.
    이른 저녁도 지나 어둠이 내리기 직전 더는 그냥 두고 볼 수가 없었다. 저 건너 도시에서나 통할 미진한 일기예보는 듣지 않은, 없었던 것으로 할 수밖에 없었다.

　세속의 바깥, 천연의 한복판 산골짜기에 얹혀살면서 내 생활의 기본적인 태도에는 한 가지 분명함이 있었다. 그것은 오염이야 말할 나위도 없으려니와 대자연의 흐름에 맡길 뿐 주변식생에 미치는 생사여탈(生死與奪)이란 인위적인 질서 조절은 가급적 가하지 않으리란 의식이 그것이었다.
　삶과 죽음까지도 대자연의 순리와 흐름에 차라리 추종함으로써 나로서 끼칠 수도 있는 영향력은 가급적 배제하고자 함, 이의 이론적 배경은 노자와 장자로 대표되는 도가의 무위사상(無爲思想)이었다.
　하다못해 소세 뒤의 비누끼와 음식 조리 후에 발생하는 기름성분이 뜨락에 버려지지 않음은 물론, 주변에 벌레 곤충들이 득시글거려도 이제까지 농약 한 방울 뿌리지 않았음은 분명한 사실이었다. 경유를 사용하는 내 자동차 고물이가 배기가스의 독성매연을 빌미로 억울하게 이따금씩 자리를 양보 당해야하는 경우도 기꺼이 감수하고 있었다. 물건을 들고 걷는 거리를 약간씩 늘여도 운동 삼으면 전혀 이상할 것도 없었으니까. 일을 벌이고 시도하는 것은 임의로움에 수고롭다 할지라도, 참아주기만 하면 그만두는 것은 전혀 어려운 일도 힘 드는 것도 아니었다.

　뱀이 내 눈앞에서 누구를 잡아먹어도 저 살기 위한 피치 못할 방편으로 이해해 줬다. 약간의 겨울철 구휼로서 늘어난 너구리 가족 중 제일 어린 막내가 살쾡이에게 무참하게 당하는 비명 소리가 한밤중 산천을 날카롭게 찢으며 한참을 살고 싶다고 울부짖어도 난 회중전등 한번 비춰주지 않았다. 속에서야 한없이 안타깝고 억울해도 이를 앙 다물며 참아 넘겨야했다.
　이러한 경우가 몇 번씩 반복되면서 조금씩 사고에 변동이 발생했으니, 무위사상에도 의식상의 함정이 깊숙이 숨어있음을 어렴풋이나마 알아챘던 것이다. 그것은 실행이득과의 관계성이었고 이익의 발상에서부터 귀결까지 다행스럽게도 인간의 일방적인 입장에서가 아닌 무조건 공존 공생적인 것이었다.

가끔씩 누군가를 살려냄으로서 모두에게 공덕이 된다는 판단이 서면 그때부턴 조금씩 구하고 살리기에 들어갔다. 다른 땐 징그러워 접근은 물론 눈길도 사양했었으나 이젠 귀염성까지 찾아낼 줄도 아는 초록색 호랑나비 대형 애벌레도 살렸고, 질긴 넝쿨 식물을 일부 제거함으로서 야생의 약초 둥굴레 무리도 구했고, 겨울도 막바지면 맘 놓고 산짐승, 날짐승들을 위한 구휼용 먹거리도 풀었다. 이의 이론적 바탕엔 서구 사상인 '칼 야스퍼스'의 프라그마티즘, 실용주의가 확고히 자리하고 있었다.

알다시피 동양적 무위사상과 서양적 실용주의는 발상에서처럼 극과 극으로 상치될 뿐, 한구석이라도 일치할 수가 없는 첨예한 대립적 양극단으로 배치되는 사상인 것이다.

그러나 이의 극단적인 상이점을 난 요철(凹凸)구조로 절묘하게 절충 타협점을 넘어 필연의 상호보완점을 찾아냈던 것이고, 이를 시의적절(時宜適切) 이론으로 적립시키기에 멋지게 성공을 거뒀으니, 고대동양과 근세서양, 이상과 현실상의 관계식 적립에서 나는 한 가지 확고한 해결책을 찾아낸 것이다.

총론과 대원칙이야 그럴지언정 아직 구체화 공식화 되지 못한 부분이라면 때와 장소에 따라 인위적으로 가해지는 수고로움의 세밀한 정도 파악과 그의 가변성이었다. 가장 최소한의 개입으로 해결해야 한다는 전제 아래 효율성에 동반한 공익성, 그 가변성의 정도를 아직 수치화, 가시화시키진 못하고

있음이 그것이었다.

 시의적절의 총론일랑 내가 우선은 제시를 했다 쳐도 세부각론으로 들어가 이의 실효적 완성은 좀 더 능력 있는 후세후학에게 남겨져야 할 숙제로 생각하고 있을 즈음인 것이다. 내가 좀 많이 멍청하단 점과 본격적인 산골짜기 생활이 이제 불과 6여 년이란 점은 미완에 대한 일말의 변명이 될 순 있을 것이다.

 이 같은 시의적절 이론이 가끔씩 시험대에 오르는 경우가 자연계에선 드물지 않았다. 매년 반복되거니와 이번처럼 직접적인 개구리 알 생존 건에 당해서도 마찬가지였다.

 지난 긴 겨울 동안 혹한에 얼어 파손된 물 펌프 덕택에 난 옥 보석 같은 맑은 개울물을 줄곧 길어다 먹었다. 그럼으로써 마르고 혹독한 겨울철을 무사히 살아냈다. 전화위복(轉禍爲福), 이젠 똑같은 원리와 이치로서 누군가를 살려낼 기회가 온 것으로 은혜 갚음, 보은할 기회가 빨리도 찾아와 줬으니 두 번 생각할 여지도 없었다. 때 아닌 봄날을 지키는 허수아비이되 난 살아서 움직이는 가슴이 더운 허수아비인 것이다. 시기는 워낙 다급하고 어차피 완성시키지 못한 생명론, 난 어둠이 덮이기 전에 서둘러 행동에 들어가고 봐야 했다.

 네 버킷이었다.

 시간은 없고 행동은 쉽고 양식 안에서의 부추김은 조바심이랄 정도로 강렬했으니 망설일 이유란 없었다. 수일 전 새것으로 교체한 내 식수펌프를 돌려 정갈하기 짝이 없는 샘물을 작업용 플라스틱 버킷 두 개로 받아 두 번을 왕복함으로써 당장이 위급한 개구리 논에 물을 서서 대주고 말았다. 급한 맘에 그랬다. 선은 분명한 적선일지언정 이의 정확한 공과를 난 논할 수가 없다. 네 버킷은 사소함에 불과할 뿐이었으니까.

어줍지 않지만 한 가지 위로 논리는 나름대로 준비되어있다. 시비곡절(是非曲折)을 정밀하게 가리는 이성적 사고와 냉철한 논리바탕이 중요할 때도 있겠지만, 더운 가슴이 부추김에 따라 먼저 행동으로 옮기고 봐야할 감성우위의 시기도 분명히 있단 점이 그것이다. 시기에 앞서 적기란 선결 명제 아래에 선 이성과 감성의 한가로운 분별은 차치함이 옳기는 옳았으나, 시의적절 이론에 가장 위험성이 농후한 논리상의 충돌점도 바로 여기서 기인할 것이란 짐작도 미리 해두고는 있다. 하지만 여기에 측은지심(惻隱之心)이 대피처로서 아쉬운 대로 소용될 것이란 점 또한 제시함으로서 근거 미진함, 논리의 정면 충돌을 일부나마 보완할 순 있을 것이라 사료된다.

무의와 실용을 요철의 합당으로 아우른바 내 시의적절 이론은 차제에 멋진 실증적 성공을 거뒀다. 개구리 알은 시기를 놓치지 않았기에 몽땅 마르고 질식해 죽는 참극은 버킷 네 개로 넣어준 보은의 생명수로서 일단의 구명은 됐다.

비가 와주실 때까진 가능하지도 않을 논임자와의 무망할 듯한 대화는 차치하고, 하루에 한 번씩만 급하게 말라가는 논물대주기 은밀한 과업을 각오하고 있으면 그만이었다. 누구에게도 피해는 가해지지 않을 것이란 전제이기에 그렇다.

남의 눈에 띄지 않을 어둔 저녁을 기해 논물대주기를 한시적으로 해주면 돌아봐 논둑이 무너지지 않은 이상 누구도 모를 것이고, 개구리 알은 일부나마 가장 중요하고 절박한 시점을 버텨낼 수 있을 것이다.

어느 한편을 선의로 구한다 해도 편하기로서니 남의 논둑 허무는 일은 분

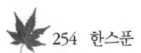

명한 월권에다 위법이지만, 어차피 이 시기 마른논에 물대주기는 힘이야 좀 들기로서니 하늘도 못하실 바에야 위법도 월권도 모순도 전혀 아닌 것이다.

한 밤중이 되어도 오히려 별만 드문드문 눈에 띄기 시작했을 뿐 예보처럼 비는 도무지 기대할 수가 없었다. 그래, 비 예보는 일단 소망사항으로 접어 뒤로 젖혀두고, 나로서 감춰둔 현실상의 시급한 비상수단이란 그저 네 버킷이었다.

사위는 칠흑같이 깜깜한 봄밤, 저간의 정황이야 알 바 없을 무심한 녀석들, 기운차게 '악 악' 을 써대는 무논에 개구리 합창소리를 빈 뜨락에 서서 들으며 난 코허리를 조금 찡긋했다. 눈시울도 약간은 붉혔을 것이다. 콧소리 두어 번 마른침 한번쯤으로 다 잘 참아냈다.

다소 멍청한 부분은 있어도 이처럼 마냥 순진무구(純眞無垢)한 생명체들과 잔잔하고 포근한 봄밤의 운치와 감동을 함께 누리기 위한 대가로서 오늘 네 버킷은 무조건 싼 편이었다.

뭣을 어떻게 하고자 하는 의도도 알바 없이 나도 모르게 두 손을 마주잡았다. 불끈 저절로 힘도 들어갔다. 검은 하늘에 흐릿한 별들이 드문드문 보이는 가운데 새벽 네 시를 하얗게 넘기면서 어슷하게나마 비, 비 낱이 들기 시작했기 때문이었다.

의외로 사람에겐 옛 추억을 골라서 생각하는 능력이 없다. 분명히
의지이면서도 자신의 맘대로 다룰 수가 없다. 그러기에 어떤 특별한
지식을 딱히 골라 뽑아 되새긴단 의미와는 분명 다르다.
잊지 않으려 애쓰는 추억과 잊어버리려 애쓰는 추억이
오히려 잊으려 애를 쓰면 쓸수록 가슴에 각인되는 깊이는
애쓰는 의지는 기억의 창고에 수납되기가 쉽고 무의지한
하매 추억이란 말이 붙으면 그건 이미 절반은 자신의 의지를

추억은 바다와도 같은 것 날씨에 따라서 잔잔히 흐르는
좋은 날씨의 추억은 햇살을 닮아 밝고 투명하지만 흐린 날씨의
가장 피롭고 어려운 추억은 거친 격랑에 휩쓸리듯 사나운 추억이
헤매는 것처럼 방향을, 갈피를 잡지 못하는 오리무중인 것이다.

검은 차 한 잔 앞에 놓고 떠올리는 추억은 밝고 투명하지만
매번 진회색 투성이다.
오래된 어릴 적 추억은 돌아보매 슬며시 미소를 보이지만
묻어나는 게 많다. 아직 설익은 탓이리라.
날 살찌게 하는 추억도 있고 마르게 하는 추억도 있다.
이미 청춘을 한참 넘어선 난 추억의 깊이를 헤아릴 정도는 된다.
미욱한 재주로 인해 원고지에 힘들게 풀어놓는 글도 추억과 기억을
추억도 시간이 지남에 따라 과일처럼 익는다.

사람이 한평생 살아가는 동안 꽤 많은 인연들과 만나게 된다.
아프게도 매번 이별을 통해 완성되기 마련이고
추억 중에 가장 질긴 게 있다면 바로 인연과의 이별이다.
나누던 친구도 있다. 호칭이 이별인 만큼 예후가 즐겁고 유쾌할
차일피일 맘으로만 안타깝던 오랜 옛 친구의 부음을 전해 들었을
의지가 갈피를 잡지 못하고 방황 속을 헤매고 있는 사이
인식이 하나씩 넘겨진다.
인연과의 이별이라 해서 기억이 모두 추억의 방으로 옮겨지는

| 제2부 |

기전체(紀傳體) 구성

싱가폴 슬링

　동해안 북단 중소도시 속초, 거기서도 변두리 오래된 마을, 이름만 새마을, 도시도 아니고 농촌도 아닌 곳, 반 도시 반촌의 어정쩡함은 저녁나절 서편 설악산 울산바위 면면에 황혼이 낄 무렵 일부러 어스름을 찾아 거닐 땐 특히 좋아도, 다른 의미와 목표를 생각하자면 가급적 통과조차도 사양하고 싶은 좁은 골목길, 예전 궁벽했던 기억이 절절히 흐르는 그런 곳입니다.
　듣기론 40여 년 전에 들이 닥쳤던 전설적인 태풍 사라호의 막급한 피해로 근동 해변 마을이 초토화되자 보다 안전한 곳을 물색한 곳, 약간은 내륙이랄 수 있어서 원래 마을과 바다로부터 1~2킬로미터 정도 떨어진 곳, 따라서 시대 인연이 자라는 것처럼 자연스럽게 성장한 시가지가 아니라, 시초부터 철저히 계획된 도시 구역이다 보니 네모반듯한 직사각형 골목 거리와 모습이 판박이로 똑같은 지루한 블록 건물들, 너무나도 생경스러운 이름만 새마을이었습니다.

　떠밀리듯 도망치듯 서울을 빠져나와 닿는 대로 여장을 풀고 기초적인 삶의 보따리를 시급히 새로 장만해야 했을 때, 일부러 골랐던 해묵고 구석진 전파사가 하필 거기에 있었습니다. 불과 반의 반세기 전엔 융성을 제법 보장받았던 옛 시절의 '라디오 방'을 말함입니다.

희디흰 파도머리에 풀어지는 멀고 가까운
거품들을 가까운 손안으로 모여 들이자면
주문은 언제나 그것이었습니다.
'싱가폴 슬링'

한 걸음 조금만 더 걸어 나가도 그럴듯한 현대식 대형 전자기기 대리점들이 경쟁하듯 신제품과 친절과 믿을 수 있는 애프터서비스로 중무장하고 있음을 모르는 바 아니지만, 왠지 꼭 그리로 가고 싶었습니다.

'드르륵' 철 바퀴가 레일을 구르는 소리도 아련한 빤한 유리 미닫이, 열고 지날 땐 본능적으로 머리를 숙여야 할 정도로 지금은 찾아보기도 힘든 언제적 붉은 기와지붕, 빈대처럼 납작 눌려진 가게 일부는 동네 슈퍼를 겸하고 있어서 편의를 위한 일상생활용품은 거의 거기 한곳에서 구비할 수 있었다 함은 물론 빌미였습니다.

전기다리미에서부터 자동응답전화기, 탁상용 조명등, 토스터, 면도기까지, 일상생활에 필요한 일습 역시 한 시절은 넉넉히 지난 구식 일색이었습니다. 몇 핸지 모를 분명한 재고품, 속을 겨우 확인할 수 있을 정도로 낡고 빛바랜 비닐 포장이 그간의 시간 역사와 현재 점포의 속사정을 한눈에 말해주고 있었습니다. 파는 사람과 신식 업소야 사활을 확 경쟁이 능사일지언정 사는 편이야 경쟁이 필요치 않기에 그저 맘먹기 나름, 가슴과 발길이 시키는 대로 따를 따름이었지요.

구태여 보여 달라는 내 요청에 그제야 밖으로 들고 나가 두텁게 더께로 앉은 먼지를 한참씩 털어내는 민망함도 못 본 척 했습니다. 이제의 정가표가 아니라서 따지기도 보기에도 난처한 희미한 가격표는 서로 무시하고, 그들이 머뭇거리며 부르는 값으로 이유 없이 지불됐습니다.

점포의 생긴 모양새처럼 내 나이보다 오륙 년은 윗길로 보이던 그들 내외를 각별히 생각하고 있었던 모양입니다. 한 번도 사용하지 않은 새 고물, 그렇게 도저히 처치 곤란한 재고품들을 난 거의 도맡아 처리를 해줬던 것이고, 그들처럼 나도 구식 색깔이 진한 처지라서 초록은 동색이란 복고적 발상이었을지도 모릅니다.

일반 상식에서 크게 어긋난 내 행위상의 엉뚱한 의미를 그들 내외가 모를 리 없었습니다. 비록 장삿속으로 나눠지는 흥정을 통할지언정 맘 씀씀이의 기본을 서로 모를 리가 없었을 것은 양쪽이 같았을 것입니다. 무슨 공치사라고 구태여 드러낼 필요도 없었거니와 감출 재간도 없는 의도적인 도움주기였던 것이고, 이름만 새마을인 붉은 기와집 예스러운 전방 하꼬방에선 그것이 제격이었습니다.

병색이 짙은 바깥주인의 부음을 들은 건 교류가 몇 개월쯤 지나서였습니다. 문이 열렸다 해도 아이들만 보일 뿐 가게 운영이 멈춰지는 경우가 잦았고 부득이 다른 가게를 이용하지 않을 수 없던 차, 문득 열려 있는 문을 열고 들어가 마나님의 무거운 얼굴 표정은 보지 않느니만 같지 못했습니다.

처음부터 바깥주인의 안색을 보고 나도 눈치로서 짐작은 하고 있었음이고, 때야 알 수가 없을지언정 수세미처럼 거칠고 까맣게 탄 매 마른 얼굴이 말해주는 언어 이상의 건강상태를 몰라볼 정도로 눈치 없는 나도 아니었고, 내 잦은 방문의 의미를 모를 리 없는 아둔한 눈치들도 아니었습니다. 고질이었던 내분비 계통 급성 악화로 말미암아 생체기증차례를 기다리다 못해 한겨울을 지나지 않아 서울 큰 병원에서 생을 서둘렀다 하더이다.

더더욱 가슴 저리는 소식이란 불과 몇 차례 대면은 아니었어도 운명하기 직전까지 내 소식과 안부를 자주 입에 올리더란 말은 차라리 전해 듣지 않음만 같지 못했습니다. 인간된 도리 같아선 당연한 듯 더 자주 이용을 해줘야했겠으나 난 발길을 그만 뚝 끊고 말았습니다. 속초를 완전히 떠나 이곳 양양 산골짜기로 깊숙이 들어올 더 몇 개월 동안 말입니다. 다른 골목을 멀리 돌아 다닐지언정 그곳 가게 앞은 일부러 피해 다녔습니다. 그의 세세한 이유를 나로서 다 말할 순 없습니다. 배반이랄 순 없지만 무작정의 선의가 허망했단 뜻

이외엔 나도 잘 모르겠기 때문입니다.

　사람에게 있어 최소한의 배려와 기대기는 말이 필요치 않는 것이고, 바닥은 분명하게 막혀있어야 합니다. 기대기의 바닥마저 구멍이 뚫리면 더 머물 곳 갈 곳이 없음은 빤한 이치일 것입니다.

　돌아보면 나도 어렵게 버텨가던 환자였던 걸, 내 안에 누적된 독소를 해소시키기 위해서라도 최소한의 후의에 부응해 삶으로 버텨 줌은 내게로 향하는 도리였던 걸, 그마저 그는 거부하고 말았던 것입니다.

　일상의 편리함이 보장된 도시 속초를 서둘러 떠나게 된 저간의 이유엔 그의 상실감도 일말은 있을 것이나 비중은 말하지 못하겠습니다. 다만 인간으로 말미암아 중복되어지는 무고한 고통일랑 피할 수 있으면 제발이지 피하고 싶었습니다.

　몇 해 전 속초에 머물 때 바람 불고 날씨만 흐리면 훌쩍 핸들 잡아 달려가는 갯마을 해변에 아담한 호텔이 하나있었습니다. 거리로서 4킬로미터쯤 될까…….

　머물던 해수욕장이 턱밑으로 내려다보이는 한적한 아파트에서 그리 멀진 않아도 신속함과 안전함을 위해 부득이 차를 몰고 다녔습니다. 아파트만 떠나면 묵은 새마을 그곳도 사람들로 제법 바글거리는 동네였기에 천천히 지나치고 싶지 않음도 이유의 하나는 될 것이었습니다. 하지만 내가 진정 피하고자 했던 것은 '라디오 방'에 무고한 아이들, 중고등학교 학생일 것 같은 계집아이들 둘의 천진무구하고 해맑은 눈망울들이었을 겝니다. 이따금씩 머리에 떠오르면 내 심사는 지금도 간단없이 난장판 됩니다.

　말이 좋아 스카이라운지라야 높이 10층에 불과하지만 높직한 위치에서 부감의 겨울 동해바다를 넉넉히 내려다보며 조망하긴 근처에선 오로지 거기뿐이었습니다.

속초란 곳이 천혜의 자연 조건을 모두 안고 있어서 시내에도 조망 좋은 곳이 없진 않겠으나, 열린 조망만을 생각해 일부러 벗어나고자 했던 도심을 또 찾아갈 순 없었습니다. 결국 선택의 여지없이 가깝고도 확실한 칵테일 바는 그곳뿐이었습니다.

'싱가폴 슬링'
멀리서 또는 가까이서 내려다보이는 동해바다 희고 맑은 파도머리에 비춰보면 주문은 꼭 그것이었습니다. 아무리 강한들 진의 맛이 아니라 향과 눈으로 드는 색깔이 꼭 그랬습니다. 속초 근동 해변에선 임장(臨場)현상이 가장 강한 곳, 정신 줄을 마저 놓치지 않으려면 그 정도 강한 향기는 최소한 보장이 되어줘야 했습니다.

희디흰 파도머리에 풀어지는 멀고 가까운 거품들을 가까운 손안으로 모여들이자면 주문은 언제나 그것이었습니다. '싱가폴 슬링'

손님이 드문 계절, 성능 좋은 두터운 이중 유리 조망창 덕택에 겨울바다 파도 소린 미처 들리지 않아도 '웅—웅' 거리며 겨울 하늘을 치달리는 설악의 바람소린 넉넉히 들을 수 있었습니다. 멀어서 더 광막한 바다를 달려와 눈 아래에서 구르는 백파의 무너짐을 눈으로 보고, 귀론 하늘과 설악의 바람소리를 듣고, 혹간 건물이라도 잔잔하게 흔들릴 때, 멀미를 참을 수 없을 때 내 부름은 습관처럼 '싱가폴 슬링'

한참씩 눈길은 창공에 머물고 머리만 혼자 휘청거리다 언뜻 바라보면 빈 가슴에 빈잔, 고갯짓으로 제복 차림 아가씰 슬쩍 부르면 쪼르르 달려옵니다. 한숨 한번 깊게 내쉰 다음 부르는 마지막 주문은 늘 똑같았습니다. '마티니'

부운 '浮雲'의 운향 '雲香'을 흠향 '歆饗'하다

　벌써 일주일째 전혀 누그러들지 않는 영하의 기온은 남은 겨울도 각오를 단단히 하란다. 기온이 어디 도시와 시골을 가려가며 차별을 두겠냐 만, 산속 겨울은 역시 시작부터가 달랐다. 매년이 달랐다.

　3년 전 겨울은 늦추위가 있어 2월도 하순에 물파이프가 한 달 가까이 얼었다지만, 재작년 겨울엔 어인 일로 무사히 넘어갔었다. 추위의 강도는 전년도보다 더욱 심했어도 때 이른 폭설, 두터운 눈 이불이 지표면의 과도냉각을 오히려 막아줘 물파이프가 내내 활동을 멈추지 않았던 것이다. 그런 사정이 올해 겨울도 한참 초입에서 그만 탈이 나고 말았다. 지난 12월 초순 잠깐 외출하고 돌아온 사이에 세면장 수도꼭지가 먼저 얼어서 터져버렸던 것이다. 사방으로 퍼지는 물 천지야 자동 펌프 스위치를 서둘러 빼버리는 것으로 우선 조치는 됐지만, 동장군이 나 몰래 큰일 하나 벌여놓은 것만은 사실이었다.
　혼자 사용하는 물의 양이 그다지 많지 않아 근동 개울물을 길어다 먹는다 한들 겁날 일은 아니겠고 그 또한 진짜 산골짜기 겨울 맛이랄 수도 있겠으나, 아직 동지에도 이르지 않은 계절의 초입에서 기나긴 수고를 각오하려다 보니 슬며시 주눅이 드는 것도 어쩔 수가 없었다. 평시 같으면 운동 삼아 물 길이를 한다 해도 별일은 아니었겠지만……

그럼에도 날씨가 쉬이 풀리진 않을 것이라니 아무래도 올핸 무사히 넘긴 가을보다 들이닥친 겨울이 고비라면 고비가 될 걸 각오해야 했다. 따라서 산속에 홀로 사는 죄가 있다 손쳐도 부디 이 정도에서 징치가 멈추었으면 하는 바람은 실로 있었다.

이리저리 뇌리에 떠오르는 물 걱정이 한갓 허망한 것임을 깨닫게 되는 동기가 뒤이어 발생했다. 2차 한파가 한창 기승을 부릴 무렵 이번엔 기계실의 반 마력짜리 물 펌프가 마저 얼어버린 것이다. 설마하니 맘 놓고 있다가 돌연 기습을 당한 것, 펌프 자체가 얼어 터지진 않았어도 이음새 연결 고무 패킹 하나가 말썽을 일으키고 말았다. 날씨와 도로의 눈치를 봐 부속을 사다 교체하면 수리는 가능하겠으나 기약 불가능한 그때까지가 문제였다.
난방보일러가 함께 있어 비교적 안전하다고 생각한 기계실 펌프가 언 건 이번이 처음이었다. 만일의 경우에 대비해 한 드럼 분량의 식수는 늘 예비해 두고 있었지만 세척용이 문제였다. 하지만 때는 겨울철, 곳은 워낙 눈 깊은 산골짜기가 아니던가, 침착하게 고개를 한번만 내려다보면 문제될 건 하나도 없었다. 생각 한번 바꾸고 맘 하나 여는 것으로 대자연, 동장군과 더욱 가까워질 수 있었던 것이다.

천지에 내 깔린 백설을 녹여 물을 얻는데도 재미난 요령이 있다. 방금 내린 솜털 같은 함박눈이라면 다섯 바가지라야 겨우 물 한 바가지를 얻을 수 있고, 며칠이 지나 제법 다져진 눈이라면 세 바가지 정도로 한 바가지 물은 만들 수 있다. 거의 얼음 수준으로 굳어진 묵직한 눈이라면 담아지는 양의 5할 이상은 물로 쉽게 만들어진다.
다소 묵은 눈을 녹이면 바닥에 낙엽 쪼가리나 티끌이 이따금씩 보이긴 하지만 하등 문제될 건 없다. 잠시 기다려 윗물만 따라 내 찻물로도 끓여 마시고, 뭣하면 생으로 맘 놓고 퍼마셔도 두 달 가까운 지금까지 탈난 적 한번 없었으니까.

용천수 제조용 백설 채취 지역은 일단 자동차와는 무조건 멀어져야 한다. 공단 주변지역은 말할 나위도 없지만 빈번한 도로 연변은 전혀 기대할 수 없다. 최소한 차도에서 300미터 정도는 떨어져야 겨우 신용할 수 있음이다. 백설과 자동차 매연, 특히 경유 매연과는 아주 상극이다. 따라서 주택 기름보일러 연통 방향에도 적극 신경을 써야한다. 이러니 대도시에선 아무래도 무리인가 싶다. 용천수는 기본 조성이 거의 증류수에 가깝기 때문이다. 또 모를 일은 도시에서도 30층 이상 높은 건물 옥상이라면 말이다.

백설을 거둬들임에도 그릇으로 직접 담아냄이 원칙이다. 뭣하면 면장갑 정도는 사용해도 좋겠지만 가죽장갑이나 맨손 특히 화장기, 비눗기가 남아있는 손은 피해야 한다. 용천수에서 고스란히 냄새가 배어난다면 믿어질까? 용천수는 그토록 예민한 물이다.

장소만 믿음직하다면 열흘 이상 묵은 눈도 괜찮다. 더 쌓이지 않은 상태에서 오래 묵은 눈이 확실하다면 그땐 당연히 속눈을 사용함이 좋겠다. 곳에 따라 차이는 많으나 대기 중의 부유 먼지도 고려함이다. 먼저 위 눈을 거둬내고 속눈을 사용함이 좋단 표현은 다분히 심리적인 만족감일 뿐 사실상 효과는 없을게다. 누가 다 알겠는가, 그의 내막을. (여기선 용설수까지 제법 많은 양이 자주 필요하기에 삽으로 함부로 퍼 담긴 한다.)

겨우 조건에 맞췄다 해도 미심쩍음이 남아있다면 물을 한참 동안 재워 둘 때 물위에 한지 또는 창호지를 한 장 동동 띄우면 족하다. 만일에 남아있을지도 모를 미세한 부유 성분은 그렇게 해서 거의 제거가 가능하다.

밑에 가라앉은 약간의 찌꺼기는 윗물만 덜어내 사용하는 것으로도 거의 염려할 게 없다.

용천수는 결코 끓이지 않음이 원칙이다. 백설이 만들어지는 곳이 영하 50도 부근의 청정지역이기에 세균이 살아있을 수가 없고 내부에 '폴리워터' 라고 하는 육각수 천연 활성화 성분이 다량으로 들어있기 때문이며 이는 섭씨 5~7도 이하에서만 생존한다. 제조 즉시 사용이 가장 바람직하지만 냉장 보관도 충분히 가능하다.

어차피 개울물을 힘들게 길어다가 사용한다 해도 이보다 나을 린 없을 것이고 이제까지 잘 이용해 온 보배 샘물 또한 여기서 크게 나아질 건 없으니 의식상의 찜찜함이야말로 전혀 필요 없는 허식이었다. 에너지 또한 인력 운반에 드는 수고로움이나, 물 펌프용 전기나, 눈 녹임에 드는 프로판 가스나 총체적으론 같은 수준일 것이다.

더구나 백설은 자체로서 가볍기가 한량없으되 하늘에서 땅으로 한번 내려온 뒤엔 다른 곳으로 이동하는 무모함을 본적이 없으니 정갈함 하나는 크게 신용할 수 있다.

아무튼 가장 쉽게 만들어서 담기는 그릇도 자주 옮겨 다니지 않도록 움직임을 가급적 단순화시킴은 용천수의 순수성과 절개를 생각할 때 충분한 이유가 있음이리라.

토양이 천수를 지수로 바꾼단 점이야 부정할 수 없지만 빗물일 경우나 해당되는 사항일 뿐, 수질 보장 측면에선 내 눈으로 모든 상태를 직접 확인할 수 있는 눈 녹인 물편이 오히려 가장 확실하다.

대지의 물리적인 필터 작용으로 기왕의 물이 어떻게 달라지는지 다 알 순 없는 일이다. 어떤 부분은 걸러 줄지라도 다른 요소는 오히려 녹여서 넣어주기도 할 것이기 때문이다. 거기서 유 불리를 새삼 가늠함도 용이한 일은 아니다. 단지 어쩔 수 없이 대지에 발을 딛고 살아야 하는 인간이기에 역시 대지가 공급하는 물을 사용함이 원칙일 순 있을 것이나, 보다 높고 원천적인 요소를 희구함도 놓칠 수 없는 추구이다. 머리는 분명 하늘을 향하고 있기 때문이다.

막상 물맛을 보면 참말로 맹물일 뿐더러 장기간 몸에 길들여진 일상의 물과 조성 성분이 많이 다르기에 혀끝에서 밋밋함을 금세 알아낸다. 따라서 처음부터 한꺼번에 많은 양을 마시면 미처 적응되지 않은 장내 환경으로 말미암아 물갈이를 대신할 수도 있다. 기왕에 적당히 오염된 물을 상접하다가 갑자기 성스러울 정도의 용천수라니, 욕심은 금물이나 다소 무리를 했기로서니 속이 약간 부글거려도 부디 내 탓일랑 마시오라.

도회지나 공업지대가 아닌 산골짜기에선 해당되지 않는 경우이나 만일 눈―물에서 알지 못할 맛의 기운이 약간이라도 감지되면 무조건 마시지 말아야 한다. 산뜻하다, 부드럽다, 달다, 매끄럽다, 하는 등 민물 평가용 상투적이고도 구체적인 표현은 모두가 옳지 않다. 바람직하지 못한 환경 탓으로 눈―물, 맹물의 청결함이 훼손됐음을 뜻하기 때문이다.

지수가 아닌 같은 천수라 해도 빗물과 눈―물은 성질과 믿음에서 판이하단 사실을 잊지 말아야 한다. 따라서 겨울철에 때 아닌 비라도 한차례 내리신다면 그때까지 쌓인 눈은 용설수로는 가능하겠으나, 청결함으로 축복된 용천수로서의 의무를 일거에 잃고 만다. 쉽게 마실 수 없는 빗물을 그냥 우수라 한다면 순수하게 눈 녹인 물을 용천수 또는 용설수라 함에도 중요한 이유가 있다.

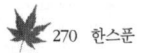

진정한 의미의 맹물이기에 그저 증류수에 가까울 뿐 용천수는 절대로 맨입으로 알아낼 수 있는 맛의 성질을 갖고 있지 않다. 속 깊은 몰입을 통해서만 내밀한 부운의 세계, 운향을 만날 수 있을 따름이다.

  지상의 인연에서 멀리 올라간 수십 킬로미터 상공, 만사를 몽땅 얼려버릴 듯한 냉기의 세계, 평상이라면 견디지 못할 강력한 자외선 자극을 받아 증류수에 가까운 백설 내부에 순수를 넘어선 물기가 생명을 틔우는 것이다. 바로 하늘의 기운 천기를 맘껏 받아들이는 것, 먼저 발생한 오존은 백설 내부를 정결하게 만들고 뒤에 발생한 오존은 비로소 천기를 누적시켜 육각수를 키운다.

  커피를 끓이는 정도로는 물 차이가 판별되기 어려우나 대상이 녹차인 경우엔 크게 달라진다. 잘 고려된 눈—물, 함부로 펄펄 끓이지 않은 용천수로 은근하게 우려낸 한잔의 녹차야말로 주변이 맑은 겨울에나 겨우 접할 수 있는 가깝고도 귀한 넥타, 신들의 음료로서 진정한 의미의 설록차임이다. 용천수는 역시 생수 또는 녹차용임을 기억하자.

  아울러 무극성인 용천수를 80도 이하로 짧게 데울 때의 용기는 가급적 자기그릇 또는 유리그릇이 좋다. 보관은 몰라도 극성이 있는 전도성 금속 성분의 그릇은 효과가 다소 덜어지긴 한다지만, 부득이하다면 사용할 수밖에 없겠다. 쓰지 못할 정도는 아니니 너무 과민하지 않아도 좋겠다.

  특히 강조하거니와 속옷을 삶는데 있어 눈—물 즉 용설수는 대단히 각별한 의미를 갖는다. 세제를 많이 쓸 필요도 없을뿐더러 용설수로 뽀송하게 헹굼까지 마친 뒤 맑은 겨울 햇살에 이틀쯤 내 맡겨 놓으면 겨울의 내밀한 향기가 깊숙한 곳곳까지 속속들이 배어든다. 물기는 얼다 마르고 그럴수록 향기는 되려 젖어드는 대기의 마술 같은 치환의 과정을 난 보고 느낄 수 있으니, 마르긴 햇살에 마르고 적시긴 눈빛이 적셔주더라.

옷을 입을 순간엔 잠시 쨍하지만 두고두고 솔솔 배어 나오는 청아한 계절의 향기인들 원한다면 누구나 상접하고 느낄 수 있다. 그건 엄연한 물이면서도 물 냄새가 아니고 겨울이나 눈 내음도 아닌 것, 바로 먼 이역 하늘에서 날려 오는 부운이란 이름을 가진 새털구름의 향기, 본질로서의 Essence인 것이다. 색깔조차 청운의 청자색은 고스란히 하늘빛을 담아냈으니까.

조건이 약간 까다로울 뿐 제법이 복잡한 것 같아도 정결함이 확보되어 있는 곳에선 아주 간단하다. 그럼에도 맘먹기의 준비과정부터 엄밀한 도정의 연속이다.

천상의 기별은 언제나 그렇듯 가장 단순하게 다가오기 마련, 그걸 안아 들일 것인지 그냥 흘려보낼 것인진 제 순수성의 깊이에 바탕 된 안목에 달려 있음이고 의미를 아는 이들은 이를 천기라 한다.

이처럼 겹치기 동파가 실체적 난관이랄지라도 상상 속에서 미리 가공되고 멋대로 확대되는 고통이어선 안 된단 또 하나의 가르침에 혼자 크게 감동함이다.

자연에 있어 답이 없는 무작정의 난관이란 없는 것처럼, 동파도 부운의 멋 즉 천기를 전달해주는 다소 짓궂은 요령의 하나인 것이고, 용케도 이의 운향을 놓치지 않았음을 난 참말이지 다행스럽게 생각한다. 온 겨울을 순응함으로 사는 대가인 모양이다.

용천수로 녹차 우려 영을 달래고
용설수론 속옷 삶아 몸을 사린다.
아무렴! 영육지간 일상이란 운향으로 족하지.

차게 마시는 담백한 생수는 물론이려니와 신기할 정도로 녹차 그윽함의 효과를 체험할 수 있으려니, 사위가 모두 깊게 침잠하는 이 계절엔 차분하고 고요한 맘으로 다향과 용천수 운향의 내밀한 축복을 함께 흠향해 봄이어라.

소복하게 내리는 백설이 어느 누구에겐 시도 때도 없이 반갑고 동심을 자극하고 천심마저 전달해주는 마냥 순백한 존재인진 몰라도, 막상 설국의 한복판을 맨몸 알몸으로 내맡기고 사는 다른 이들에겐 적용이 엄청 달라지는 경우도 허다하다. 사투에 준할 만한 역동성도 동장군의 등 뒤엔 갑옷처럼 숨어있음을 뜻함, 나와 같이 설국에서 긴 겨울을 나는 무수 생명체 이웃들의 안간힘을 말함이다.

따라서 아무리 지극하다한들 운향 다향의 축복에 일방적으로 취해 의식을 멈추지 말고 중용이란 명제 위에다 측은지심(惻隱之心), 이마저 놓치지 않는다면 그것은 크다.

이렇듯 분명한 이유가 있음에 내 살고 있는 깊은 산골짜기 설국은 조금씩 비틀거리면서도 고집스레 혼자 걸음으로 가고 싶어 한다. 결국 제 곳으로 가더라.

선배, 그러면 안 돼

1

"안 돼! 자넨 그렇게 살아선 안 돼!"
 사람이란 같은 사람 속에서 함께 어울리고 부대끼고 숨 쉬며 짝도 이루며 사는 게 정상일 뿐이란 이론도 아닌 지론을 내세워 내 오지 단독생활을 말리는 다분히 우정 어린 말임을 모르지 않았다.
 우직할 정도로 내 옹골찬 곧은 행보와 선배의 자연스런 갈지자 살아가기가 같을 수는 없단 속뜻이었지만, 일단은 그 말이 듣기 싫어 일부러 조금쯤 사이를 벌리려했던 아랫동네 선배 한 분, 불과 며칠 사이에 급발한 백혈병을 강릉 큰 병원에서도 어쩔 수가 없었단다. 겉보기론 나보다 더 건강하던 선배였는데…….
 선배가 사는데 다소간 빡빡함이 없는 것은 아니었으나 그조차 평범한 시속의 밉지 않은 일면으로 얼마든지 치부할 수 있었다. 경쟁과 투쟁과 공격적 승리만이 삶의 능사란 잘못된 우리 군대식 교육에 깊이 세뇌된 자신은 약은 척 세상의 원리를 다 알고 있는 척해도 말이다. 최소한 내겐 호의를 보이려 애씀 또한 사실이었으니까…….

영락없는 개구리는 청개구리, 선배는 내 말을 끝끝내 듣지 않았다. 알고 지내는 4~5년 동안 벌써 십여 차례다.

"멍청하기는, 사행천을 이루는 개울 한복판에 집터를 정하는 경우가 어디 있어?"

그랬었다. 각박한 현실 세상과 가급적 괴리되고픈 심정의 증좌인 걸 모르진 않았지만, 첫 번째 지적처럼 남대천 개울 한복판에 집 자리를 잡은 것은 내 풍수지리학 상식엔 전혀 들어있지 않았던 것이고, 이는 머지않아 어김없는 진실로 판명이 났다. 그것도 있을 수 없는 가장 잔혹한 방법으로 말이다.

근자에 들어 가장 절실한 충언은 선배가 그간 풀지 못해서 항상 궁금해 하던 질문에 답하기 위한 방편으로 있었다.

"저 소나문 왜 솔방울을 저리도 많이 달릴까?"

선배의 질문은 그랬었다. 입지조건이야 어디 하나 나무랄 데 없었고 질병도 찾아볼 수 없었지만, 뜨락 입구에 해묵은 소나무 하나는 자신의 수명이 다함을 미리 알았던 것이고, 내재의 생존본능에 따라 솔잎보다 더 많은 솔방울 열매로 후손 늘리기에 에너지의 총력을 일로 집중할 뿐, 성장은 이미 멈춰버렸던 것이다. 이 같은 설명 끝에…….

"좋은 일 아니야, 조짐이 아무래도 심상치 않아, 이번 시즌에 무슨 일이 일어날 것 같아"

보다 더 직설적이어야 옳았을까? 경솔할 뿐 너무 아는 척한단 타박을 각오하고 생욕을 먹더라도 말이다. 하지만 믿지 않고 무시해서 그렇지 사태의 정답은 이미 초기에 개울 한복판 입지불가란 상식적인 선언으로 벌써 나와 있었지 않은가.

장거리 여행이 버거운 내 컨디션을 미처 돌아볼 여유도 없을 것 같다. 서울 큰 병원 응급실에 입원한 후 1주일, 유독 날 찾고 기다린단 속초 아우의 전화 타진에 내일 함께 가마고 기왕에 약속을 해버렸기 때문이었다.

선배는 선배, 나는 나, 이번 문병 길에서 돌아오면 심각하게 생각해야할 것 하나가 있다. 진작 날짜로 예비 된 죽음은 없을지라도 미연에 준비된 죽음에 대한 생각이 그것이다.

매 가을 초입마다 준비해 둔 유서가 석 장, 맘만이 아닌 실제에서 이젠 준비를 해둬야 할 것 같다. 그때까지 조금만 더 깨우치고 한번만 더 사랑하다 갈 수 있겠다면 좋겠는데…….

서울 여의도 병원에서 급성 골수성 혈액암 즉 백혈병과의 투병은 벌써 시작됐고 고통과 통증의 잔혹함은 조금씩 그의 마각을 어김없이 드러내고 있었다.

주변의 평판은 의식치 않으면서도 아랫사람을 향한 배려가 습관처럼 자리 잡고 있었던 걸 알고는 있었으나, 억지로 자신 있어 보이려 하는 몸짓 눈짓이 더 안타까웠다.

의례 그렇듯 응급실의 초를 다투는 절박한 분위기 속에서 어제보단 많이 나아진 것 같단 형수의 피곤하고 어설픈 미소가 자꾸 오버랩 되는 걸 보니 내 믿음의 방향 또한 옹골차게도 한곳인 모양이었다.

'그래 죽어도 살아라, 선배여!'

일단의 위기는 넘겼으니 입원실이 나오는 대로 옮길 것이란 당연한 소식을 무슨 새 소식인 듯 밝게 일컫는 형수는 나보다 배는 더 옹골참이 분명했다.

'그래 용하다 용해, 형수여!'

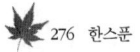

모처럼 올라간 본향 서울행이었지만 무슨 정성으로 번잡함을 사서 만들 것인가, 알리면 붙들리랴 어느 곳인들 연락도 하지 않고 당일로 어울려 서 내려오고 말았다. 서울에의 매력을 완전히 잃은 주제에 더해진 하필 암울한 병원 분위기는 내 머물러 있는 골짜기를 그렇듯 더욱 절실한 곳으로 강조했음이다.

'그래! 어서 빨리 돌아가야지!'

남대천, 여름철 휴가 시즌을 위해 당장 내일 일은 알지도 못한 채 이것저것 장사거릴 잔뜩 준비해 뒀으니, 노천에 숲 속 진열장을 무작정 내버려둘 수도 없는 난처한 일, 자체로서 처치 곤란한 부담 덩어리였다. 이래서 한 치 코앞도 내다볼 줄 모르는 딱한 인간이란 표현은 하나도 틀리지 않았다.

병원에서 처음 만난 의리 있는 인사들 서넛이 주인인 선배도 없이 아우 하나가 우선 지키고 있는 그런 아랫마을 빈집에 들렀단다. 앞을 알 수가 없기에 잘못 채워져 있는 여름 진열장을 다만 얼마쯤이라도 기왕이면 비워주고자 일부러 들렀을 것이다.

분명한 비극적인 사태에 당해 오랜 교분이 아닌데도 자신의 일처럼 관심을 보이고 지원을 아끼지 않는 반듯한 인사들, 대부분 나보다 몇 살쯤 아래이긴 해도 무작정 아랫사람이라 하대할 수 없을 만큼 정정당당함이 얼마나 그득한지 모른다.

일부는 문병 차 방문한 서울의 종합병원 응급실에서 선배와 처음 인사를 나눈 처지들이라지만 그냥 말아선 안 되는 일이었다. 내 스스론 대자연계와 인간계의 경계선을 살아내는 주변인이라 말하지만, 그들에게 나는 모른 척해선 안 되는 엄연한 현지주민인 것이다.

어젠 쥔의 험악한 고난을 미처 모르고 휴식 차 찾아온 우연한 손님들을 위한 얼굴 접대로 어쩔 수 없이 불려나갔다지만, 오늘이야말로 이 바탕에 토종 강원도 옥수수 한 부대쯤 정성으로 삶아가야겠다. 자발적으로 기껍게 말이다.

2

어렵게 철들자마자 너무 쉽게 생의 철문이 '철커덩' 닫히고 마는 생사유전의 원리는 여기서도 통렬한 제 모습을 보여주고 있었다. 하늘은 인간에게 죽지 않을 만큼 견딜 수 있는 정도의 고통만을 건네 줄 따름이란 공전의 언급이 그처럼 허랑할 수가 없었다.

선배 쥔도 응급으로 입원하고 없는 아랫마을을 일부러 찾아 준 서울 손님들에게 현지인으로서 토종 옥수수도 나누고 크게 치하도 하고, 나름대로 소박하나마 정겨운 접대를 하고 돌아오는 귀로에 비치는 짙은 단상을 워낙 의미심장한 시로 남긴 바로 다음 날이었다. 하도 진하고 절절한 시구라서 내심 환란의 원인을 내 시가 공연히 만들어 낸 것은 아닐까? 라는 의구심이 들지 않을 수 없도록 공교로운 시점임은 사실이었다.

이건 진짜 거짓말 같았다. 강릉에서도 자신없다하여 서울 여의도 백혈병 전문병원 응급실에 입원한지 불과 2주일 만에 이번엔 몹쓸 놈의 수마, 미증유의 대홍수가 남대천 하필 개울 한복판 작은 공간에 자리 잡고 있던 오선배의 집과 농장과 자동차와 기천 평 너비의 밤나무가 울울창창하던 숲까지 흔적조차 남기지 않고 말끔하게 쓸어가 버린 것이다. 2002년 8월 말일 '루사'란 예쁘기 그지없는 이국 소녀 이름의 맹렬한 태풍의 짓거리였다. 남은 자리엔 평평한 모래밭과 무수한 자갈들만이 저간의 정황을 마치 거짓말처럼 덮

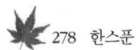

어두고 있었다.

　일평생에 겨우 한번 정도 있을까 말까한 치명적인 위기도 이처럼 쌍으로 동시에 들이닥칠 수 있단 사실이란 이제껏 살아오면서 보고들은 바 일절 없는 경우였다. 눈으로 보고도 믿어지기 힘들지언정 엄연한 현실이었다.

　바로 그랬었다. 서너 달 전 봄철 어느 날 소나무의 엄청난 솔방울 달리기 숙제에 대한 의견을 말할 때 유독 미심쩍어하던 '심상치 않은 조짐'이란 불과 얼마 시간이 지나지 않아 곧 벌어진 사태 바로 이것의 예시였던 것이다. 하지만 막상 미증유의 폭우와 범람이 그것일 거란 족집게는 범인인 나로선 결코 불가능한 일이었다. 소름이 끼치도록 자연계의 내막은 그토록 치밀하고도 엄정했다.

　유머보다 깊은 페이소스성 웃음, 뒤집어질 정도로 정곡을 차고 나가는 일침의 언사를 선배는 좋아했다. 자신의 곤고한 일상생활에서 가장 결핍된 요소, 필요 절실한 요소가 웃음이란 걸 양자 간 묵계로 알고 있었음이고, 난 약간의 능력이 있었다. 어쩌면 육신의 보약에 앞선 심상의 예방약 차원이었을 게다. 뇌하수체 호르몬 엔도르핀의 자구적 효과를 유독 철저히 믿는 선배였으니까…….

　뿐만 아니라 근거도 희박한 민간처방의 한의학을 지독스레 신용하다 못해 일상에서 스스로 처방한 근거도 희박한 약물을 물대신 상식 음용하던 습성은 이번 발병과의 인연을 조심스럽게 추정하기에도 무리는 아닐 것이다.

　허황 잡다한 사고가 실정보다 늘 앞서 있었기로 다소 부족했던 현실감은 다행히 도움 되는 동반자 형수를 만나 다시 새 자리를 잡을 무렵이었단 건 안타까움을 넘어 차라리 유감이 되고 말았다. 인복은 몰라도 시간 복은 더럽게도 없더란 탄식이 흘렀다.

예순을 얼마 앞둔 인사들 거의가 그렇듯 질곡 같은 세상의 한복판을 여지 없이 살아온 분, 달라진 세상도 의식하고 인정할 줄 알았기에 작지만 변화된 모습을 때가 되면 수용하려 했던 자세도 있기는 있었기에 안타까움의 근원은 바로 거기서 시작된다.

"선배는 절대로 이곳에 들어오면 안 돼!"
안정 가료의 중요성을 미처 알지 못했던 선배는 내 마지막 전화 충고조차 이해하지 못했고, 듣지도 않았고, 그것은 회생 불가의 판정에 다름없었다. 흔들림이 덜한 가깝고 안정된 읍내에만 머물러 있었어도 방도를 구할 뒷날을 길게까지 참으며 기다릴 순 있었을 것이다. 일부 뜻 있고 영향력 있는 이웃들로부터 최대한의 배려가 모아지고 있었으니까, 현대식 고도의 치료기술도 일단 상식이란 그릇 위에 담겨져야만 하는 것이니까.
백혈병은 완치까지 흔들림 없는 신체 절대안정이 무척 중요하다. 독한 약물이 체내에서 제대로 작동을 하려면 약물이 신체의 절대 주도권을 잡아야 하나, 재난의 뒤끝과 당장에 처리하지 않으면 안 될 화급한 일들과 당장을 살아가야 할 새 살림살이 장보기까지, 성한 사람이라도 녹녹한 일들이 아니었다. 때문에 길도 길 같지 않게 완전히 망가진 비포장 험로를 함부로 덜컹거리고 다니면서 여분의 기력을 낭비한다면, 약보다 원래 질병이 당연히 더 기승을 부리기 마련이었다. 그렇게 땀 한 방울도 함부로 흘리지 말아야 할 만큼 안정가료라는 수술 못잖게 중요한 치유과정도 지긋지긋한 물 따라 또 건너가 버리고 말았다.

미증유의 대홍수가 지상을 함부로 쓸고 간 후 두 달 가까이 지나서 승용차도 아닌 트럭이나 겨우 비켜 다닐 수 있도록 길이 뚫리자마자 일은 시작됐다.

이전의 길은 다 버리고 완전히 새로 만든 비포장 코스였다.

  누가 그처럼 방대한 일을 매일같이 내일처럼 돌아봐 줄 수가 없었기에 그 중 거리가 가장 가깝고, 시간도 맘먹기에 달린 윗동네 이웃인 내 몫이 되어야 했고, 지원은 기껍고도 당연했다. 하지만 상식을 앞세워 난 속으로 단정했다.

  '선배는 다시 회복하지 못해!'

  일껏 성심으로 도우면서도 환장할 일이 있다면 바로 이점이었다.

  약물 통원치료와 동시에 파손으로 험한 악로를 수도 없이 덜컹거리며 다녀야 하는 전혀 불필요한 왕복 반백 리, 중환자에겐 있어선 안 될, 말 그대로 고난의 길, 사서 구하는 신체 학대는 병든 혈액이 더욱 활성화될 뿐이기에 파국으로 향하는 비포장, 바깥 상황처럼 안으로도 무너진 외길일 따름이었으니 갈데없는 내우외환(內憂外患)이었다.

  평소 사람이 죽고 사는데 의외로 전문지식이 가름하는 경우는 드물다. 많은 경우 상식선 안에서 문제는 시발하고 생사가 결정되는 경우가 태반인 것이다.

  아무리 조심해도 다가오는 위험을 모두 예방할 순 없을지라도 자청해서 발발하는 경우는 대부분 깊은 지식보다 일상에서의 상식 준수 여부가 말해 준다. 여기서 상식은 과욕과 허식을 삼가는 것이야말로 첩경이더라.

  큰일일수록 실행은 가급적 단순하게 임해야 함에도 잔머리 속에서 쉬운 일을 일부러 복잡하게 만드는 경우치고 끝이 건강한 경우를 난 보질 못했다.

  이미 뿌리 채 휩쓸고 지나간 수마야 다시 돌이킬 수 없는 비극이고 손실일 테지만, 선배여! 남아있는 병마만은 반드시 이겨내 달라, 내가 판단에서 경솔

하기 짝이 없는 미운 인사가 되어도 얼마든지 좋고, 던져오는 책망도 기꺼이 즐겨 달게 받을 것이니, 견디지 못할 다중의 고난이란 지상엔 없다 함을 반드시 증명해 달라. 제발이지 한번만 내 말을 듣고, 꼭 한번만 그렇게만 해 달라.

3

 회생이 어려울 것 같았던 아랫마을 오선배가 기어이 유명을 달리하고 말았다. 오래 전부터 따로 사는 친아들, 골수검사 결과 유전자가 맞지 않아 이식도 불가능인 외아들 하나만 남겨놓은 채 집, 자동차, 땅, 희망은 물론 하다못해 앨범 증명사진 하나까지 흔적이란 흔적은 남김없이 몽땅 지우고 가져가 버린 것이다. 이제까지 반세기를 살아오면서 보기조차 처음 대하는 경우로서 어쩌면 흔적을 지워도 그렇게 철저히 또 말끔하게 지울 수가 있음인지 도저히 믿어지지 않을 정도였다. 말 그대로 숟가락 꼭지 하나까지 말끔하게 가져가 버린 것이다.
 화재라면 차마 이 정도는 아니겠고 미리 예고된 병환이란 짐작할 수 없음에, 병환에 뒤이은 홍수 재난이란 이중 겹치기 환란은 잔혹 무상함 이외엔 다른 소감을 댈 수가 없었다. 병원에 입원해 있을 때 동시에 들이닥친 재난인 만큼 순서는 다를지라도 순서 다툼이 흔적 지우개엔 아무런 의미도 차이도 없었다. 화재는 탈 것만 태울 뿐 땅은 남겨놓지만, 대홍수의 수마는 땅과 지도조차 말끔히 쓸어가고 말았다.
 이름 남기긴 차치하고라도 성취와 존재의 흔적마저 일습으로 지워버리긴 쉽지 않은 게 인간의 질기고 모진 흔적이라지만, 그조차 가능하단 사실을 난 나이 쉰에 똑똑히 지켜볼 수가 있었다.
 물론 선배의 앞선 발병과 뒤의 재난이 전혀 상관없는 별개의 불행일지라도, 막급하도록 큰 불행도 겹치기로 함께 올 수 있단 엄연함엔 그저 망연하고 아연할 따름이다.

악착같이 버티던 서울의 병원에 유체가 안치되어 있단 통보가 왔어도 갈 수가 없을 정도로 지극한 배신감 상실감은 슬픔을 조차 넘는 것이었으니까……

지난해 서울 병원으로 문병 갔을 때 교환하던 눈빛 굳은 약속을 선배는 잊을 수가 없었을 것이다. 그래선 지 유달리 재촉하듯 날 기다린단 소식은 듣느니 강박증에 준했다.

막상 불행에 닥쳐서야 세상사는 이치와 방식에 대해 다시 한 번 깊이 있게 생각하게 됐던 모양이었으나 그땐 이미 때가 늦었음이고, 기왕에 습관으로 자리를 굳힌 요령주의가 깨어지긴 워낙 시간 여유가 없었다.

발병에서 임종까지 꼭 7개월 투병 생활 중 3차에 걸친 서울 출장 입원 치료와 일시 퇴원의 절차를 거치는 동안 사람들의 인심은 겉으로 대번에 드러나고 말았다. 처음엔 도리와 의리를 말하며 서울 먼 병원에까지 찾아가 주는 척 했지만, 가망성이 없단 소문이 냇물을 따라 퍼짐과 함께 찾아오는 발길들이 곧 소원해지고 말았음이니, 그것이 탓잡을 수 없는 소시민들 인심의 본질일지도 몰랐다.

내 사는 곳이 같은 남대천 물길을 10킬로미터 가량 오르는 상류이기에 결국 잔일 큰일을 막론하고 내 편에서 선배의 편의를 적극적으로 도울 수밖에 없었다. 특히 차량까지 물에 휩쓸려 갔을 뿐더러 있다 해도 도저히 운전이 불가능한 건강 상태를 외면할 순 없었다. 상류에서 하류로 물 흐르는 방향이 그러하듯 선배는 중류 난 한참 상류에 살고 있었으니 말이다.

거의 매일처럼 접촉이 계속될수록 말로는 위로를 하고 의지를 북돋워 세워주긴 해도 희망은 자꾸 줄어감을 쉬이 알 수 있었다. 서서히 무너져 가는 선배의 상태를 곁에서 줄곧 지켜봐야 하는 내 편의 심사도 당연히 편할 리가 없었다.

길까지 왕창 허물어진 이곳에 결단코 들어와선 안 된단 강압적인 당부를 막상 들어와서 다녀보니 어렴풋이나마 이해된 것은 하지 않느니 와 마찬가지였다. 단순히 감상적인 시야도피가 아니라 적극적이고도 뺄 수 없는 가료 절대안정을 위한 언급이었다.

타고난 인성은 분명 호인이었을지언정 그 시절의 삶이 거의가 그랬듯 뼛속 깊이 인이 배긴 찰나적 요령주의는 깨어지기 그리 쉬운 게 아니었다. 성장과 발전이 문제가 아니라 생존 자체가 단 하나의 의미였을 경우, 이미 예순에 가까운 연륜에서 결정적인 자극이 없이는 결국 그때까지 살아왔던 방식대로 버틸 수밖에 없음이었고, 자신을 되돌아보기에 앞서 닥친 병환은 그저 위중하기만 했다. 철저한 실패로 인생 하나를 마감시킨 시간엔 이처럼 냉혹 무정한 일면이 흔하게 있음이다.

선배뿐만이 아니라 막중한 고생에 한껏 눌려만 살다가 끝내 삶의 의미와 진미를 모른 채 생을 마감하는 안타까운 인사들을 그간 숱하게 봐 왔다. 그렇다 해서 내 자신이 삶의 의미를 다 알고 살아가고 있단 뜻은 아니다. 최소한 길과 길 아님 정도는 분간할 수 있단 뜻, 괴로움 중에도 의미가 있고, 즐거움 중에도 독이 있단 정도는 남들만큼은 안단 뜻일 뿐이다.

한사람의 행위가 일개인, 한 가정의 불행 정도에 그친다면 모른 척 할 수도 있겠으나, 무지의 피해가 주변으로 파급됨도 모자라 길게 유전되어감은 쉽

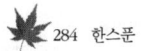

게 묵과할 수 없는 해악이 된다. 따라서 다음 세대가 믿음직하기 위해선 역시 가급적 젊은 층을 아우를 수밖에 없음이고, 그것은 기성세대의 사죄와 반성으로부터 먼저 시작되어야 한다. 한번 길들여진 가치관은 개선을 위한 수고에 비해 결과가 늘 허망할 정도로 미약하기 때문이며, 차라리 죽음으로서 마감하는 편이 훨씬 쉽기에 특히 그러하다. 오선배가 그렇단 뜻은 아니다.

선악과 덕의 가치를 부정하는 사람도 없다. 다만 그들에게 있어서의 선과 의는 교과서적 이론 차원에 언제나 머물러 있었을 뿐, 가까운 주변에서 실증적으로 보고 배운 바가 없었다. 이렇듯 사회 저변의 전통적 기반은 철저히 단절되고 부정됐기에 찰나적인 귀한 순간을 오로지 투쟁적 일변도로 살아낼 수밖에 없었다.

기존의 유일한 방식을 버리면 죽는 줄만 알았을 뿐 사회 변천과 의식의 흐름과 변화를 이해하지도 못하고 노력하지도 않았다. 오로지 생존만이 능사인 시절의 야만성은 특별한 자각이 없는 경우 죽어야만 바뀌는 것이고, 그땐 아무 쓸모가 없어지고 만다. 다만 사회와 주변에 미치는 악 영향은 더 이상 멈춰질 뿐이다. 오선배가 그렇단 뜻은 아니다.

나이가 들수록 사람의 의식이 다양해지는 게 아니라, 극소수의 각성파와 대다수의 야수파 두 종류로 단순하게 갈리고 만다. 쓸 사람 몹쓸 사람으로 쉬이 구별되고 만단 뜻이다. 야수파에게 다양해지는 건 경험이 유일하고, 유일한 무기인 자기만의 경험과 찰나적인 요령에 연명을 의지 해갈 수밖에 도리가 없다. 그간의 경험은 하지 않느니만 못한 것, 한결같은 쓰라린 경험이었음도 부인할 수 없으니, 이 경우의 경험 누적은 슬기로운 지혜보단 자칫 세상사에 대한 무거운 편견이 자리 잡기에 십상이었다. 오선배가 그렇단 뜻은 아니다.

　본성은 분명 호인이라 했으니 선배에게 좀 더 시간이 주어졌더라면 틀림없이 편중 편협한 의식이 바뀌었으리란 예상을 할 순 있었다. 가끔씩 일시적인 삐걱거림은 있었을지언정 의식적으론 흔들림 없는 그간 나와의 교류를 통해 자신이 이제껏 살아온 궤적이 다는 아닐 것이란 판단에 즈음해 있었으나, 시간은 선배 편을 들어주지 않았고 쉰여섯이란 나이 또한 변화를 기다려줄 여지가 없었던 것이다. 변화에 성공을 했다 손치더라도 얼마만큼 사회와 주변에 좋은 영향력을 끼치고 남길 수 있었을까, 라는 의혹은 있을 수 있겠으나, 모르는 사람도 아니고 아는 사람이 당장의 위기에 봉착해 있을 땐 우선은 먼저 구하고 돕고 볼일, 결국 너무 때가 늦었단 말 이외엔 다른 해석과 변명을 넣을 수가 없었다. 이 대목에서의 오선배는 꼭 그렇다.

　"산삼 한 뿌리만 먹어봤으면……."
　대홍수의 해가 바뀌어 2003년 1월도 상순, 크리스마스 직전에 결과적으로 마지막 항암치료를 위해 입원한 서울 병원에서 선배의 절절한 전화요청이 있었다. 유심히 귀담아 듣지 않으면 알아듣기 힘들 정도로 거의 쇠잔한 목소리는 독한 항암제 약물치료로 인해 녹초가 된 몸에 진기가 거의 남아있지 않음을 말해줌이었다. 못할 짓 차라리 귀를 막고만 싶었다. 심정 같아선 나라도 속병 들지 않게끔 맘껏 욕이라도 한바탕 쏟아 붓고 싶었다. 다른 사람들은 선배 앞에서 알아서 조심하는 편이었지만 난 처음부터 그럴 줄을 몰랐다.
　난 작년에 발견한 중형급 산삼 한 뿌리를 쓸모가 찾아질 때까지 산중 제자리에 그냥 놔두고 있었던 것이고, 외부에 발설할 리 없는 이 같은 혼자만의 비밀을 선배는 살고자 하는 원천의 본능 때문이었을까? 얼핏 눈치를 채고 있

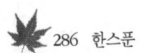

었음이다.

"알았어, 4월 중순까지만 잘 참고 기다려 줘!"

한 바가지 크게 내쏘고 싶은 맘과는 정 반대말이 튀어나왔다. 일단 음지 깊은 산중에 허리 만치 두텁게 쌓인 눈이 녹고 심도 싹이 나와서 눈에 보여야만 나로서도 찾을 수가 있었으니 피치 못할 주문이었다.

어쨌든 소원으로 던져 오는 간곡함을 마다할 나도 아니었다. 치료 방법이 된다면 빠질 수 없는 처방일 테고, 천복이 있다면 간곡한 당신의 의지에 산삼의 능력이 더해져 혹시 살아날 수 있을지도 모를 일이었다.

태풍 '루사'가 숟가락 꼭지 하나 남기지 않고 깨끗이 쓸고 가버린 입장을 모르지 않는데 거기다 값을 논할 계제는 당연히 되지 못했다. 그랬었다. 바로 이런 경우에 대비해 용처가 생길 때까지 큰 거 하나쯤 제자리에 그대로 놔두고 있었던 것이다.

눈감기 이틀 전엔 지푸라기에라도 매달리는 심정이었을 것이다. 심히 앓는 소리를 뒤로 형수의 울먹이는 애끓는 전화가 있었으나, 아직 3월 상순의 숲 속엔 눈이 기어코 허리까지 쌓여있었으니 손이나 있는 힘껏 쥐어주란 말뿐이 달리 언급을 전할 수가 없었다.

"잘 참고 기다려 달라!" 는 충고 아닌 내 마지막 애원성 부탁마저도 청개구리 선배는 끝끝내 듣지 않았다. 시간과 뜻이 모두 합당하지 않을 바에야 즉시의적절하지 않다면 기 준비되어 있는 천복이 거저라 해도 아무에게나 누구에게나 허용되는 게 아닌 모양이었다.

사진 한 장 남기지 않고 집이 통째로 사라진 것처럼 화장으로 흔적조차 남기지 않고 선배는 거짓말처럼 지상에서 사라졌다.

세상사는 무슨 대단한 요령이랍시고 잡다한 유동성 정보는 머리에 가득 담고 있었을지 몰라도, 간단하고 쉬운 자연의 이치는 막상 외면했기에 난 선배의 죽음을 '절반의 자살'이라 칭한다. 아직 묻히지도 않은 고인을 두고 말이 너무 심하지 않느냔 타박도 피하지 않겠다.

못난이 청개구리 오선배가 남긴 마지막 절박한 소원은 그대로 차가운 유언이 되어버렸고, 내겐 뜨거운 유감으로 고스란히 남겨졌다. 선배가 가고, 아주 가고 두 달여 뒤 제자리에 놔두고 있던 원래 중형급 뿌리는 물론, 또 다른 보다 대형 4구 산삼을 마저 찾아냈던 것이다.

어차피 내 생일도 형식적이란 미명아래 그냥 흘려버리고 일절 찾아먹지 않는 나였다. '이건 아니다. 억울하다!'는 판단을 도저히 돌이킬 수가 없어 서울 장례식장엔 아예 참석하지도 않았다. 살아있을 때 그처럼 말로도 행동으로도 할 만큼은 다했으니 선배나 나나 허망한 장의예식이란 형식과 절차를 외면한다 해서 서운함은 별로 남지 않았을 것이다. 혹여 유감이 다소간 남아있을지라도 먼저 귀가 닫히고 이젠 입까지 닫고 사라진 선배는 어차피 말이 없을 테니까…….

내 처음 만나서 낸 첫마디가 물가에 사상누각(沙上樓閣)이었지만 결국 죽어서야 청개구리 처지를 면했을 테니, 강원도 양양군 15년이란 지긋지긋한 물가 세상을 떠나서 제 고향 전라북도 고창군 선산에 뿌려질 것이란다. (명심하거나 말거나 이 같은 매서운 정황들이 있기에 혼자 똑똑한 사람들이라면 몰라도 지금은 한갓 청개구리조차도 한걸음 곁에서 보기에나 그럴듯할 뿐 내성 사나운 물가 가까이엔 절대로 살집을 짓지 않는다.)

워낙 남의 말을 새겨들을 줄 모르는 청개구리 선배였기에 속설처럼 바른 쓴말보다 차라리 거꾸로 달콤한 언사를 넣었어야 옳았을까? 그렇다면 한번쯤 내 말을 들어줄 수도 있었지 않았을까? 허면 아직 생존도?

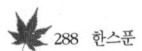

허랑하고 무망한 가정일랑 다 몹쓸 병마와 수마에게 내던져버리고…….
아! 선배, 오 선배는 지금쯤 영면의 길로 한 걸음 먼저 잘 들어섰겠지!

임장현상의 위험에서 벗어났을지 몰라도 그것이 감성지수의 감소를 뜻하는 것이라면 이 또한 슬픈 일이 아닐 수 없다. 하늘빛 청춘이 지나간단 뜻, 나이를 먹어 간단 뜻, 시에서 멀어지고, 가야 할 앞보다 지나온 뒤가 한참 길단 뜻이기 때문이다.

분위기가 사람 잡는 곳

　푸르고 아득한 하늘이 그러하고, 하늘이 비치는 깊숙한 우물이 그러하고, 높은 산정에서 내려다보는 구름의 바다가 그러하다. 마치 아득한 어느 곳에 자신이 곳의 일부로써 온전히 속해 있단 착각, 바로 사람이 자살 충동을 강하게 느끼는 심리현상이 있다. 이처럼 뚜렷한 이유가 사람 잡는 게 아니고 몽환적인 분위기가 사람 잡는 현상을 두고 심리학에선 임장(臨場)현상이라 한다. 자연의 바깥 분위기와 사람 내부의 심리상태가 제대로 동기공명을 이루는 것이다.
　임장감(臨場感)은 죽음에 대한 두려움과 공포심을 아주 간단히 앗아가 버리기 때문에 특히 문제가 된다. 근처에 광막한 바다라도 있을라치면 임장현상의 위험한 분위기에 일순 사로잡혀 버리고 만다.
　하늘이 아득히 높은 곳에 있어 다행이지 만일 바다와 자리바꿈을 했더라면 전 인류의 절반은 그곳에 투신했을 정도로 하늘이 주는 임장감은 가장 강력하다. 바다 또한 품안에 그 같은 하늘을 품고 있기 때문에 두 번째로 강력한 임장현상을 가지고 있음이며, 투신이 가능하기에 안타깝고 위태로운 이들의 영혼을 앗아가는 주범이 된다.
　하늘의 넓이와 함께 바다의 깊이까지 함께 내포하고 있다면 가장 가능성이 높은 장소라 하겠으며, 전국에 산재해 있는 소문난 자살바위는 하나같이 하늘이 잘 비치는 장소에 서있다. 소문난 다리, 한의 전설을 품고 있는 우물도 예외는 아니다. 장소가 북향이라면 임장현상은 더욱 강력해진다.

하늘이 잘 비친다 해서 모든 장소가 특유의 임장감을 품고 있진 않다. 주변의 내밀한 정경과 긴밀하게 어울려 그럴 듯한 분위기를 형성해 줘야만 하는 것이다. 한강에 놓여있는 그 많은 다리 중에도 아무런 감흥을 던져주지 못하는 평범한 다리가 있는 반면, 유난히 강력한 임장감을 품고 있는 지독스레 위험한 다리가 따로 있는 것이다. 겉보기엔 전혀 볼품없는 작은 다리가 유난히 강한 임장감을 품고 있는 이유를 다 알진 못한다. 아득함이란 필수요소를 제외하면 딱히 이론으로 설명할 수 없는 심상의 동기요소가 있음이며, 개인별 감성지수의 농도에 따라 느낌에 약간씩 차이가 있을 수는 있겠다.

그렇다. 바깥에 분위기와 속내맘이 일점에서 딱 동기가 될 때 피해가기 힘든 무의식적 상황, 거부할 수 없는 꼬임에 빠지게 되는 것이고, 드디어 자신도 모르는 사이 분위기에 사람이 붙들리고 마는 것이다. 이를 용이하게 물귀신에 잡혀 끌려간다고 표현한 옛 사람들의 감성에도 충분한 근거가 있었다. 그럴 땐 얼른 눈을 감아야 한다. 제 자리에 주저앉아 눈을 감음으로써 내외 동기시점을 어서 회피하는 이외에 다른 방법은 없다. 시간을 벌어야 하는 것이다. 잠시면 된다. 밀려났던 공포심이 다시 찾아오고 의식이 동기공명 최면상태에서 벗어나야만 살 수 있다. 이론과 설명은 그래도 이미 맘을 빼앗겨 홀려버린 입장에서 맘먹은 대로 눈이 감겨질 수 있을 진 자신할 수 없다.

이제까지 살아오는 동안 필자도 두어 차례 임장현상에 단단히 홀린 적이 있었다. 소리쳐 불러도 대답이 없더란다. 몸이 위태롭게 휘청거리기에 할 수 없이 다가와 팔을 붙들고 냉큼 당겨들었을 때야 난 퍼뜩 제 정신이 들었었다.

이렇게 처음 들이닥쳤던 임장현상은 때마침 동료가 곁에 가까이 있었기에 살아날 수가 있었다. 포항 건너편 홍환 가는 길, 영일만 아득히 높은 절벽 끝에서의 일이었다. 예로부터 물귀신에 홀려 잡혀간단 표현은 이래서 뚜렷한 연유가 있었던 것으로 바로 임장현상에 고전적인 우리식 표현인 것이다. 두 번째 세 번째는 얼른 눈을 감아버림으로써 간신히 위기에서 벗어날 수 있었다. 당시 내 주변엔 아무도 없었다.

감성지수가 특히 높은 이들이여, 부디 가슴 깊이 새겨둬야 한다. 임장감과의 동기공명으로 가슴이 어지러워 올 땐 '무조건 눈을 감는다. 눈을 감는다. 눈을 감아야 한다.' 그럼으로써 자신을 스스로 구할 수 있어야 한다. 임장현상에 속지 말아야 한다. 막막한 최면 분위기에 절대로 홀리지 말아야 하는 것이다.

어두운 밤에 임장현상이 잘 일어날 것으로 생각하지만 결코 그렇지 않다. 시야가 좁아지는 야간엔 순수한 의미의 임장현상이 일어나지 않는단 말이다. 사람에겐 생리적으로 어둠에 대한 공포심이 우성으로 강해 임장감을 다행히 강하게 억누르기 때문이며, 야간에 임장현상이 사람을 데려가는 경우가 유독 적은 이유이다. 만일 임장현상이 공포심보다 우성이었다면 나머지 인류의 절반 또한 간단히 밤을 기해 사라지고 말았을 것이다. 임장현상이 강한 곳은 거의 빠짐없이 경치가 좋은 곳이긴 하나 경치가 좋다고 해서 반드시 임장현상이 강한 것도 아니다.

자동차를 운전하는 도중에 운전석에 앉은 채 임장감을 겪게 되는 위험천만한 경우도 있다. 가파른 오르막 직선도로 정상 부근 8부 능선 근방이 바로 그런 곳이다. 마치 하늘을 향해 밀고 올라가는 듯한 자세로 앞 유리 전면에 단순배경으로 꽉 찬 하늘이 고스란히 비치면 심중에선 이내 난리가 나는 것이다. 언덕 정상 넘어가 급경사이거나 급커브일 경우 운전자의 의지와 상관없이 차는 혼자서 제 갈 길로 가고 만다. 잠깐 사이다. 빠른 속도 때문에 눈을 감아야 아무런 소용이 없다. 예전 경기도 대성리에서 팔당으로 넘어오는 도중 한갓진 북한강변에 그런 골 때리는 한곳이 있었다.

남한강변 남종면 지나는 길에 엄청나게 위험한 곳, 차와 사람을 동시에 붙잡는 대표적인 곳이 있었는데 얼마 전 도로 개수공사를 한 뒤론 크게 안전해졌다. 개수공사라야 길가의 노란색 구획 표지용 안전 시멘트 턱을 역간 높여 둔 것뿐인데도 심상에 와 닿는 임장감의 충격은 거의 사라졌다. 이처럼 아주 사소한 변화에서도 심대하게 분위기 변화를 갖게 되는 것이 바로 임장현상이다.

부주의 운전, 졸음운전이라고 일괄처리 해버리지만 모두가 그렇진 않다. 방심 운전이라 해도 좋은 경치에 한눈을 팔다가 발생하는 한가로운 경우완 전혀 다른 상황이 있음을 우린 열린 가슴으로 이해해야 한다. 다소곳한 코발트빛 하늘에 빠져드는 경우는 있어도 황혼의 휘황한 아름다움에 빠져드는 임장현상이란 있을 수 없음이 그를 증명한다.

지방 도로에서 특히 주간에 발생하는 방심 운전사고의 약 1할 정도는 이같은 임장현상 때문인 것으로 나는 추정한다. 브레이크 미끄러짐의 흔적(스키드 마크)도 없이 발생하는 감성사고로서 속절없이 당할 수밖에 없다. 졸음운전과 똑같은 흔적이고 현상이기에 쉽게 단정하기 힘든 건 물론이고 사고자도 자신의 정황을 조리 있게 설명할 수가 없다. 그러나 사정을 전혀 모르고 사고지역으로 접근하다보면 앞이마와 미간 사이로 불쑥 뜨거운 열기처럼 감

응해 들어오는 선연한 임장감을 우린 예민한 레이더처럼 감지할 수가 있다.
 사고가 임장현상인지 졸음 때문인지 저간의 정황을 한순간에 이해하지만, 누구에게 쉽게 설명해 줄 수도 없는 안타까움에 혼자 몰래 속을 끓이기 마련이다. 사고 원인을 정확히 모르니 그냥 운전 미숙, 부주의 운전이라고 쉽사리 단정해 버리겠지만, 사실은 거기에 감응운전이 하나 더 속해져야 할 것이다. 결단코 있어선 안 될 교통사고 중에도 이처럼 낭만적이고 시적인 사고도 있지만, 그의 많은 발단이 가슴 아린 사연과 연계되는 경우가 적지 않음을 알기에 우린 맘으로부터 추념을 올릴 뿐 공연스레 뒤를 캐려 들지 않는다.
 인간 인내력의 한계를 넘는 고통도 현실에선 있을 수 있어 도발적이고 충동적인 사태라면 누구도 막을 재간이 없겠고, 그 또한 한 가지 해결 방법이랄 수 있겠으나, 최소한 임장현상의 포로가 되어 현상을 무심결에 결정 지워 버리려는 무념무상의 최면상태만은 피하게 해주고 싶다. 이유가 절박함에 따르는 행동이라면 그것은 자살이겠지만, 임장현상은 분명 무고한 타살이기 때문이다.

 꼭 언덕이 아니더라도 경기도 일산을 지나는 자유로 완만한 커브 길에도 임장감이 제법 강한 곳이 한군데 있다. 평지에선 흔치 않은 곳, 그런 곳을 지날 땐 난 나도 모르게 '욱' 하는 낼 숨의 비명을 한 움큼 토해낸다. 잊지 않고 심상의 지도 위에다 붉은 표시점 하나 '꾹' 찍어둔다. 감성지수가 다소 예민한 분들은 특히 경계해야 할 복병 지점이 곳곳에 도사리고 있음을 인지 각오해야 한다.
 일반적으로 운전 중엔 임장현상에 홀리는 경우가 드물어서 다행이지 일단 임장감에 빠져버린 다음엔 백약이 다 소용없다. 때문에 위험지역을 운전할 때 특히 혼자서 가야할 땐 난 정신없이 쏟아지는 대중가요 유행음악을 미리 틀어놓는 경우가 종종 있다. 평소엔 전혀 듣지 않으나 비상용으로 준비해 둔 별도의 요란한 디스코 메들리 테이프가 보닛 포킷에 하나 둘쯤은 있는 것이다. 자기보호에 자신이 없을 경우에 쓰려고 말이다. 낮엔 임장현상 방어용이고 야간엔 졸음 쫓기로 겸용된다.

　난 그동안 의외의 곳에서 덜컥 임장현상에 감응되는 경우도 많았다. 이미 여러 차례 그의 절절함에 노출된 적이 있어서 대책 없이 위기를 맞는 경우도 이젠 거의 사라진 것으로 안다.
　임장현상의 위험에선 벗어났을지 몰라도 그것이 감성지수의 감소를 뜻하는 것이라면 이 또한 슬픈 일이 아닐 수 없다. 하늘빛 청춘이 지나간단 뜻, 나이를 먹어 간단 뜻, 시에서 멀어지고, 가야 할 앞보다 지나온 뒤가 한참 길단 뜻이기 때문이다.

　분위기가 사람 잡는 시적인 곳, 아픔조차 마취시키는 위험한 곳, 어디론가 한갓진 지방으로 여행을 떠날 경우 그곳 임장감의 강도를 표현해 주는 위험지도를 만들어 둬야할까 보다. '고스트 버스터'의 역할로서 말이다. 아차! 그러다 공연히 자살용 안내지도가 되어진다면?

산 위에서 부는 바람

　누가 바람을 형체가 없는 무상의 존재라 했던가.
　바람의 음성 다채로움을 모르는 이는 없다. 따라서 형체 없이 존재하는 공허한 음성은 자연계엔 없다 랄 때 뜨락을 가득 덮고 있는 키 작은 풀들을 보노라면 바람, 그의 형상이 한눈에 들어온다. 참쑥 표면의 짙고 어두운 쑥색과 배면의 희고 밝은 쑥색이 번갈아 뒤집혀 가며 잔잔하게 물결치는 모습엔 바람 그의 형상이 고스란히 담겨 있다.
　너울거리는 행보엔 다리도 있고 팔도 있고 옳거니 가슴도 있다. 무색한 바람이어도 자연계에서 가장 낮은 곳 대지면이라야 자신의 모습을 비로소 투영하는 것이다. 바짓가랑이를 빙빙 어루만지고 돌아나가는 손길엔 바람, 그의 있음을 넘어 정감을 조차 느낀다.
　원천적으로 높은 곳이 고향이 아니기 때문일까, 낮은 곳으로 흐르길 좋아하는 바람은 의지의 방향을 곧장 말해준다. 꿈과 희망의 목적지를 하늘이 아닌 만물의 고향인 대지에 둔단 뜻이다.
　공중 높이 치달리는 바람일수록 자신의 진면목이 아니다. 밤나무 높은 잎새를 흔들고 지나가는 모습이며, 구름을 몰고 떠다니는 더 높은 모습일수록 실지 형체에선 자꾸 멀어진다.
　낮고 낮은 풀잎 위에 투영시키는 자신의 모습을 우린 비로소 바람이라 칭하고, 내 손에 만져지고 얼굴을 쓸고 지나가야 그의 존재를 비로소 느낄 수 있음이다.

　막강한 태풍도 있고 산정을 뒤흔드는 돌풍도 있겠으나 우린 그들을 벗 삼지 않는다. 제 목적이 다른 곳에 있을 뿐 인간을 생각하고 그리워하는 이른바 훈풍이 아니기 때문이다. 높은 곳에서 선행으로 베푸는 능력은 풍운지교(風雲之交)로서 제 벗 부운을 멀리까지 움직이게 하는 일 하나 뿐일 것이다. 강한 자신의 일부나마 한편을 떼어 우리 인간 세상에 순풍으로 되돌려질 때 대기는 비로소 바람이란 친숙한 이름을 갖는다. 막강한 힘을 기운으로 바꿔 무수 생명들이 자람에 지나침이 없도록 알아서 줄이고 낮춰 줌이다.

　가장 개구진 바람은 역시 봄바람이다. 하지만 대부분의 경우 아직 겨울자락의 끝에서 부는 겨울바람임에도 미리 봄바람 취급을 해 꽃을 시샘하는 꽃샘바람이라 칭함으로써 나긋한 계절을 조금이라도 앞당기고픈 조급함을 드러내기도 한다. 그만큼 겨울이 길게 힘들었단 표현이고 환절기에 오는 바람은 이처럼 오해가 많다.
　일부 대륙 저 멀리 고비사막으로부터 황사를 불러오는가 하면 계절병이랄 수 있는 꽃가루 눈병을 일으키는 바람도 역시 이즈음의 봄바람이다. 마냥 순하고 보드랍기만 할 것 같은 봄바람의 감춰진 일 면목으로서 겨울의 뒤를 잇는 바람인 만큼 역시 곳곳에 날카로움이 아직은 묻어있다. 하지만 겨울의 긴 잠을 깨우고 대지에 더운 기운을 불어넣어 한해 시작을 여는 역할로서의 공적은 누가 뭐래도 크다.
　특히 5월에 부는 봄바람이야말로 제대로 햇살 타력을 받아 생명력은 넘치도록 활기차다. 사계절을 두고 생명에 가장 지대한 공을 끼치는 시기로서 1

년 영향력의 절반을 이때 몰아서 한다. 잔인한 4월에 곧 뒤이은 5월을 일컬어 계절의 여왕이라 호칭하고 사랑과 생명으로 충만한 여왕은 분명 봄바람 난 여왕이다.

여름철에 부는 바람은 만 가지 생물들이 너무 깊은 잠에 빠지지 않도록 자주 흔들어 일깨운다. 줄기도 키우고 열매도 익히고 노고의 땀방울도 부드럽게 씻어준다. 그러다가도 태양의 열기가 도를 넘으면 바람은 역할을 잽싸게 바꾼다. 엄청난 위력 파괴력을 가지고 태양의 열기에 당당히 도전장을 내미는 것이다. 이미 5월에 절반의 역할을 해버린 바람이기에 크게 짓궂어도 우린 나무라지 못한다. 바람 이전의 바람, 바람을 벗어난 큰 바람일 뿐이다.

가을이 깊어지면 마지막 계절의 흔적인 낙엽에도 움직임을 한 번 더 부여해 또 다른 생명력으로 되살아나게 하는 능력을 바람은 가지고 있다. 죽을 것조차도 다시 되살려내는 성스러운 위력인 것이다. 나뭇가지에 달려있을 때보다 더 높은 곳으로 치밀어 올림으로써 갈 잎새의 떨어지는 마지막 영혼에 커다란 위로와 함께 의무도 하나를 보탠다.

하루도 마지막을 장식하는 저녁나절 태양이 황혼이란 이름으로 가장 아름다운 것처럼, 늦은 가을날 마른 잎새 하나하나엔 화려했던 지난 시절의 정담이 문자로 짙게 새겨져 먼 곳까지 날아가 어떤 임에게 긴히 소용되는 진홍빛 편지가 되어진다. 이를 우린 단풍 또는 가을날의 낙엽편지라 하며 계절적 가슴앓이로 심하게 멍든 애인들에게 더 이상의 위로는 없다. 지는 낙엽에도 뜻이 있다 해도 이처럼 가을바람 즉 춤바람의 동적인 의지와 도움이 아니면 안 되는 것이다.

수줍은 듯 하면서도 봄바람이 막상 앞에서 불어온다면 가을을 지나 예리하게 제법 날이 선 겨울바람은 등 뒤로부터 불어온다. 선뜻함의 첫 충격을 사람들이 혹여 견뎌내지 못할까 봐 짐짓 눈치를 살피며 목덜미로부터 찾아들고, 옷깃을 세운 바바리코트가 참말로 멋져지는 계절 겨울이 삭풍을 앞세워 동장군과 함께 찾아오는 것이다.
　대충 신체가 냉기에 적응됐단 판단이 서면 그때부터 바람은 제 본색을 여지없이 칼바람으로 드러낸다. 아무리 그래도 준비된 우리네 방랑자들은 감춰둔 두 겹 머플러 아래로 두텁게 숨어들 줄 안다.
　한겨울 분분한 눈발이 제 갈 곳을 몰라 우왕좌왕할 때면 갈피를 단번에 세워 옳은 곳을 지정해 준다. 덕분에 바람의 참견만 있다면 아무리 찰 눈에 큰 폭설이라도 설해목은 발생하지 않는다. 내년에도 살아서 움직여야 하는 참가치들을 단번에 알아보고 무고함을 피해주기 때문이다. 그러나 1년을 두고 쏘다닌 바람에게도 노곤함은 쌓여있을 테고, 그가 잠시 한눈을 파는 사이 설국의 산야는 아야! 비명을 지르며 기어코 설해목을 만들고야 만다. 천지가 잠기듯 고요해 아무도 모르는 겨울 한복판에 말이다. 곤한 바람도 어쩔 수 없어 깊게 잠든 하필 한밤중에 말이다. 역시 대자연이 알아서 하시는 일, 사멸도 생산적인 사멸로써 산림의 약한 존재들을 남몰래 정리하는 내밀한 생명 교체기를 가짐이다. 산중에 그런 아픔이 있는 다음날 뒤늦게 찾아온 바람은 운다. '우웅—웅' 운다. 어김없이 운다.
　그렇게 잠시 한눈을 판 사이에 벌어진 겨울나무들의 상흔을 보고 통증을 알고 나면 바람은 더 이상 잠들지 못한다. 눈 덮인 바스락 대숲을 일없이 흔들며 지나가더라도 다만 서성일 뿐 깊게 잠들지 못한다. 누적된 저간의 긴 사연을 잘 아는 노거수 굴참나무가지에 잠시 기대는 듯 맴돌다가 함께 깨어있는지 내 안위가 궁금해 창가로 문득 다가와 달그락거림으로서 아픈 제 심사를 은유로 표현할 뿐 다시는 쉽게 잠들지 못하는 것이다. 절절한 그의 방문이 있은 날 밤엔 나 또한 쉽게 잠들지 못한다.

내 사는 근방처럼 바람이 특히 좋아하는 지역이 따로 있긴 하지만, 어쨌든 태양이 말 그대로 생명계의 화신이라면 바람은 생명계의 역군임에 틀림이 없는 것 같다.

다만 밀면 밀리고 당기면 끌릴 것이니, 철따라 역할을 달리하는 바람에도 제각기 독특한 풍상이 있는 것처럼 그의 능력도 한가지만이 아님이라, 이미 생명계 화신의 은덕으로 세상에 등장한 자로서 그간 많이도 메마른 누선을 보충하기 위해 바람의 은덕에 기대기하는 계절적 나그네가 나는 또 되어야 할까 보다.

나그네 방랑길은 언제나 비밀스럽다.
하지만 아무리 은밀한 듯 비밀로 감추려 해도
난 돌아서는 그의 빈 등을 보면 한눈에 척 안다.
다만 알아도 모른 척 해줄 뿐이다.

방랑예찬

부운(浮雲), 이 단어를 난 참 좋아한다. 운명이야 수명이야 내 소관이 아니겠지만 당장에 막힘없이 이승을 떠다니는 구름이 어찌 자유롭고 부럽지 않을 수 있겠는가. 몸도 몸이지만 의지와 사유의 자유로움을 진정으로 소망한다. 소망하되 욕심내진 않는다. 꺾이면 실망하고 몸은 내 몸이 아닐 때도 있으니까.

풍운지교(風雲之交)라 하듯 부운에겐 바람이 유일한 벗이다. 있는 듯 없는 듯 떠다니면서 멀리 떼어둘 뿐 그림자조차 소유하지 않는 부운은 하늘아래 가지 못하는 곳도 없다. 말이 없어도 발이 없어도 하나의 뜻으로 연결되는 부운은 바람만이 천상에서 유일한 동반자다.

형체를 온전히 바람에게 내맡기는 부운의 덕은 하늘만큼이나 높다. 아무리 높은 곳에 고고하게 있어도 고향이 대지란 걸 결코 잊지 않는다. 제 몫을 다하고 높이 오른 부운의 방랑은 그래서 헛된 게 아니다. 완전한 휴식을 취하기 위한 호젓한 방법이고 난 거기서 그의 지난 꿈을 찾는다. 아래 세상을 향한 그리움도 읽는다.

미지의 곳에서 얻어지는 생소한 자극도 난 좋아한다. 살아있단 존재 확인이 마냥 고맙게 여겨지기 때문이다. 숨 가쁘게 밀리던 시간의 속박에서 벗어나는 순간 의식은 더욱 팽팽해지고 보이는 것 모두가 한 장 화폭이 되어 심상의 캔버스 안으로 들어온다. 늘 보던 정경도 생소하게 느껴지는 정결한 시간이다.

　방랑엔 단지 시간의 굴레를 벗어나고자 하는 간절한 의지 하나 뿐 다른 목적이 있지 않아야 옳다. 잠시라도 시간예속과 절차의 구속에서 탈피하고자 애쓰는 안간힘이기에 전횡이 바쁠수록 따르는 느낌도 크다.

　99리 해안의 장쾌한 파도머리는 아닌 게 아니라 태평양의 본모습이었다. 연 사흘 거의 밤샘작업을 끝낸 후 휴식보다 급한 건 동경탈출이었다. 하나라도 더 배우려는 욕심에 몸 축나는지 모르고 달려들던 푸른 시절에도 탈출 욕구는 늘 가슴에 화두처럼 담겨 있었나 보다.

　내 나라도 아닌 이역의 한 구석 교통지도 달랑 한 장만 들고 무작정 떠난 곳이 미사키구치였고 이치노미야였다. 도시 전철로 갈 수 있는 가능한 한 멀고 호젓한 바닷가를 선택한 것일 뿐, 미리 알고 선택한 건 물론 아니었다.

　지바현, 이치노미야 99리 해안의 완만하고 단조로운 해안선보다 태평양 검푸른 물과 흰머리의 파도를 거느리고 있는 부운의 모습은 가히 충격이었다. 멀리 중간에 하와이가 있을 뿐 아무것도 거칠 것 없는 본관의 광대함을 앞에 놓고 쿵쾅거리는 심장이 터지지 않는 게 다행이었다. 부운의 벗 바람도 대양의 위세에 걸맞게 내달리는 소리 역시 우렁찼었다. 그렇듯 검은 모래에 흰 파도 드센 바람에 부운 한 무리 젊은 날의 파릇한 가슴을 맘껏 차고 나가는 방랑여행의 충격을 난 지금껏 잊지 못한다.

　감동은 목적지에 닿아서만 얻어지는 게 아니었다. 여름날의 열기를 이겨

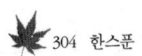

내며 어디건 가고 오는 과정 속에서 절반은 이미 얻어진다. 나머지 절반은 서서히 오는 게 아니라 벽력같이 들이닥치기 일쑤다.

방랑여행이 특히 젊은이들에게 권장되는 이유는 밖으로는 세상 폭넓음과 색채 다양함을 직접 체험하고, 안으로는 바로 이렇듯 돈오와 점수를 기대하는 불퇴전의 화두가 작게나마 간접 체험되어주기 때문일 것이다.

며칠 밤을 샌 피로감조차 침범할 수 없는 감정의 회오리 속에서 한참씩 떨고 있던 부운의 그리운 내 젊은 시절, 배움의 의지는 하늘을 찌르고 욕구는 끝 간 데 없을 만큼 선뜻하게 날이 서있는 와중에도 보이지도 않는 자신의 한 구석을 왜 그리 꼭 붙들고 놓치지 않으려 기를 썼는지 모를 일이었다. 강박증이랄까 옥조임이랄까, 시속의 빼곡한 일상을 탈출하고자 하는 이외엔 다른 목적은 없는 완벽한 나그네, 그게 당시 일시적이고 충동적인 내 모습이었다.

누군가 방랑보다 뒤끝의 허전함이 견디기 더 힘들다고 했다. 맞는 말이다. 난 지금도 가끔씩 꿈속에서 태평양의 파도머리에 휩쓸려 다니다가 부운에 걸려 퍼뜩 잠에서 깨어난다. 한번 깨어나면 그 밤은 다시 잠들지 못한다.

긴 겨울 끝에 동산 넘어 훈풍이 불어올 땐 겨드랑이가 간지럽다. 이상의 고귀한 날개는 아닐지라도 떠나야한다는 재촉이 만만치 않다. 바깥만 바라봐도 맘이 먼저 걸음을 옮긴다. 몸보다 두어 걸음 빠른 맘은 이미 물가를 서성이고 있다.

봄 방랑은 걸음보다 맘이 먼저 바쁘다. 몸과 맘이 제각기 따로 놀 때 그 사이를 채우고 드는 게 바람이다. 공허다. 바람은 당연히 봄바람이고 봄바람에 아주취하면 쓸 약도 없다. 그저 어서 빨리 시간만 지나가 주길 바랄 뿐이고,

맘대로 되지 않음을 빌미 삼아 기어코 도망치듯 방랑은 순식간에 떠나지고 만다. 속박한 시간이 바람처럼 떠나주지 않으면 나라도 구름처럼 떠나야 하는 게 아웃사이더 부운의 필연이자 숙명이다.

등 떠미는 건 바람이고 떼밀리는 건 부운이다. 바람에 떠밀린 부운을 사람들은 나그네라 한다. 봄 나그네는 충동으로 움직일 뿐 계획이 앞서지 않는다. 열린 책장조차 닫을 여유가 없는데 의지를 생각을 앞세울 틈이 있을 리 없다.

혹독한 계절은 겨울이 아니다. 모든 것들이 쇠락의 길을 향해 걷는 때, 바로 가을이다. 가을이야말로 진정한 방랑의 계절이다. 화려하고 흥청거렸던 지난 계절들의 흔적이 다가올 침잠의 계절에 앞서 여운도 길다. 여운은 미련이 되고 5월보다 잔인하다.

봄은 기대가 앞서지만 가을은 서글픔이 앞선다. 봄처럼 어지럽거나 충동적이지도 않고 엄청 화려한 듯해도 꽃이 드문 계절이 가을이다. 봄처럼 밖에서 부르기에 스스로 달려 나가는 게 아니라 바람에 등 떠밀려 하는 수 없이 뛰쳐나간다. 내부엔 무거운 가슴앓이가 부엉이처럼 웅크리고 있는 줄 알기에 바깥으로 달아나 보지만, 거긴 조락의 둔중한 파편들이 독수리처럼 떼로 기다리고 있을 뿐이다. 어디나 통증이 숨어있는 줄 알면서도 뒤가 하필 겨울이라니 피해 갈 방법은 없다.

하늘이 높고 멀어 다행이었지 가깝고 다정한 곳에 있었다면 인류의 절반은 거기에 투신했을 것이란다. 아득한 심연으로 끌어당기는 임장현상은 얼마든 그러고도 남았을 것이다. 추수하고 거둬들이는 숨 가쁜 과정이라도 없었다면 시를 좋아하는 인구의 절반은 이시기에 자살을 하고 말았을 게다. 타작마저 끝낸 뒤 곳간의 포만감보다 남겨진 빈 들판의 허전함을 견디기 힘들어하기 때문이고, 다가올 찬 겨울이 두려운 게 아니다. 우선 시린 가슴의 공백이 날씨보다 더 어둡기 때문이다. 그래, 분위기가 사람 잡는 계절이 바로 가을이다.

방랑을 떠나지 않으면 앉아서 당하기 마련이고 달아나도 소용없단 걸 매년 아플 만큼 아픈 뒤에야 깨닫는다. 횟수 거듭돼도 도무지 인이 배기지 않는다.

방랑은 현상을 도피하려는 자전적 의미가 깊으나 방황은 현실에서 밀려난 듯 자괴적이고 애처롭다. 그래, 방랑은 고즈넉함이 아득하고 방황은 허전함이 가득하다. 방랑이 야한 들길을 찾는다면 방황은 포장된 도시의 이면을 헤맨다. 들길엔 시인이 아득하고 도시엔 바보가 가득하다. 그러기에 방랑은 고독한 시인이 할 일이고 방황은 안타까운 바보나 할 짓이다.

산속에 있을 땐 바다를 그리워하고 물에 있을 땐 뭍을 그리워하는 난 타고난 방랑자, 바보시인이다. 아무려나 갈수도 없고 노래도 못하는 바보시인이 되어 종착지 없는 맴을 돌고 또 돌아야 한단다.

나그네 방랑길은 언제나 비밀스럽다. 하지만 아무리 은밀한 듯 비밀로 감추려 해도 난 돌아서는 그의 빈 등을 보면 한눈에 척 안다. 다만 알아도 모른 척 해줄 뿐이다.

잡석에 대한 단상

산골짜기에 들어와 몇 년을 혼자 살다보면 만 가지 것들이 사전 전제의 방해를 받지 않고 사심도 없이 제 가치를 고스란히 드러내 보일 때가 있다. 비교할 필요성도 다중의 눈치 볼 일도 없으려니와 기존의 상식, 통념들이 와르르 무너지는 극적인 일도 예사다.

귀해서 제 가치를 더욱 드러내는 것들도 없지 않으나, 흔하고 흔한 존재들의 묻혀있던 참가치가 비로소 드러나는 그런 경우야말로 발견 중에 최고의 쾌재라 아니할 수 없다.

물 자체의 본질보다 한갓 타산성이 개입됐기 때문이려니, 기성의 앎들이 일거에 편견이 되어 나가떨어지는 것도 예사고, 당연한 원천의 진짜와 진짜처럼 보이는 인공의 가짜가 확실하게 비로소 제 정체를 곧장 드러내는 것이다.

며칠 전 용처가 정해지지 않았기로 숲 속에 그냥 감춰두었던 산삼 중 하나를 큰맘 먹고 기어이 서재 책상 위로 옮겨왔다. 절기로서 처서를 지나 1년간의 노고를 잘 끝낸 합당한 시기까지 그냥 제자리에 놔둬도 상관없겠으나, 완전히 놔버리지 못할 불안함까지 억지로 참아가며 자연계의 흐름에 맡겨 둘 일은 없었다. 때문에 주위 변동으로 거의 노출이나 다름없이 홀랑 드러난 신

4구 하나만 일단 먼저 회수하기로 맘먹었다. 주변에 가득한 새 노루 발자국은 결정적인 결단의 동기가 됐다.

산골짜기에서의 걱정과 희망은 사람의 맘먹기에 달린 게 아니라, 주관이 자연이고 대상이 야생인만큼 자연계의 엄정함이 먼저 좌우하기 마련이다. 쉽지 않은 야생산삼의 생체이식기술에도 스스로 자신이 있었거니와 미래를 지향한 특출한 희망 전령사 용도로서 안정감을 확실하게 확보해야 할 필요가 하나쯤은 있었다.

이번까지 네 번째 심 돋우기였으나 하나를 제외한 세 개의 심은 모두 생체이식을 성공적으로 이행한 경험이 있었기에 방심하지만 않는다면 그간의 지식과 다루기 요령으로 충분하리란 판단이었다. 가장 작은 하나도 처음부터 온전치 못한 상태가 아니었다면 당연히 생체이식을 했을 것이지만, 이미 발견될 당시부터 종말이었을 정도로 워낙 피폐한 상황이었기에 생육을 무리하게 시도하지 않았을 뿐이다. 고고한 산삼의 자존심을 생각해서라도 사라질 땐 깔끔하게 사라지는 편이 나았으니까.

숙고와 정성을 총동원한 끝에 옮겨진 약 20년 생 4구5엽 청년기의 지종 방울형 삼은 숲 속 못지않은 건강도를 내 책상 위에서 지속적으로 유지하고 있을 뿐만 아니라, 발견 후 열흘이 지나 5월도 하순으로 접어든 이즈음 일곱 개의 꽃망울 중 첫 번째 녀석이 드디어 흰빛 속살을 내보이며 개화를 시작한 것이다. 돋보기도 굵은 돋보기를 쓰지 않으면 보이지도 않을 정도로 작은 별꽃모양으로 백색에 가까운 연녹색 꽃망울이다.

하지만 막상 이 장에서 자세히 언급하고자 하는 것은 귀하다 해서 산삼 이야기가 아니다. 주방에 가지고 있던 것 중 가급적 큰 걸 골라 임시로 마련한 값싼 반투명 플라스틱 반찬 그릇이 어처구니없게도 귀하데 귀한 산삼을 수용하는 화분 역할을 대행하고 있음도 아니다. 분재 화분의 흙 표면에서 들러리라면 들러리랄 수 있는 한갓 잡석, 투박한 산돌맹이에 대한 깊은 생각이 그것이다.

산돌은 말 그대로 잡석이다. 특별히 가공되지도 않았고 물돌이나 차돌처럼 길게 물길에 시달린 나머지 잘리고 갈리고 닦여져 적절한 모양새로 다듬어져 있지도 않다. 오다가다 발에 채여 아프게나 하지 않으면 그나마 다행인 존재, 귀찮으면 귀찮음일 뿐 다시 뒤돌아보지도 않을 길바닥과 산천에 내 깔린 그저 한갓진 돌멩이일 뿐이다.

 돈 들여 일부러 사오는 물건이 아니라 적지 않은 비용을 들여 일껏 내다 버려야 할 아무짝에도 쓸모없는 존재로서 내 뜨락 주변은 강원도 감자바위로 소문난 산골답게 흙보다 돌, 잡석이 훨씬 더 많다. 밭이라 해도 돌밭임이다.

 이처럼 무가치에 가까운 잡석이 깜짝 놀랄 만큼 멋진 모습으로 변모, 의외의 제 역할을 찾아 행사하는 경우가 있다. 원래 없었던 모습이 아니라 일체의 가공도 필요 없는 거칠게 생긴 자연스런 모습 그대로를 말함이다. 이리저리 고를 필요도 없이 아무 것이나 손에 집히는 대로 주워 올리기만 하면 그만이란 말이다.

 다소 여유를 부려 보느라 소일 삼아 뜨락에 내 깔린 잡석을 무작위로 여나문 주워와 산삼 화분 표면에 적당히 세워 놓으니 나 자신도 깜짝 놀랄 만큼 완벽한 아름다움이 발현됐던 것이다. 바로 조화 야생의 극치미라 아니할 수 없었다. 단독으론 그저 무가치한 잡석이 귀한 삼과 공존함으로서 기막힌 아름다움을 창출하고 있었던 것이다.

 사실은 참숯도 꼽아보고 마른 나무도 새워보는 등 물기가 자연에서처럼

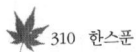

흐르지 않고 멈춰있는 화분의 활성화를 위해 천연의 물 펌프로 삼아보고자 함의 의도가 있기는 있었다. 물과 돌의 인연으로 형성되는 바로 석수지연(石水之緣)의 묘미를 찾고 내 안에서 구현해 보고자 했음이랄 수 있었다.

  석수지연의 동기가 아닌 그의 결과로서 비교적 조직이 여린 부분은 숱한 시련에 의해 다 떨어져 나가고 강건한 부분만 남아있는 물돌 차돌 즉 수석은 이런 경우 제 역할을 수행하지 못하리란 점은 충분히 짐작할 수 있었다.

  잡석은 있는 그대로 자빠뜨려져 있으면 10% 정도를 제외하면 제 가치가 쉽게 찾아지지도 발현되지도 못함은 사실이다. 그래서 일변 잡석이다. 그러나 자세를 바로 세워 일으켜 주면 이번엔 아무렇게나 손에 드는 잡석의 90% 정도가 모양을 갖춰 내면에 잠들어 있던 역할을 너무나도 훌륭하게 발휘해 준다. 나머지 세워지지 않는 불과 10% 정도만 참말로 아무짝에도 쓸모가 없는 잡석, 대책 없는 돌멩이로 남을 뿐이다.

  약간의 요령이 생기자 쓰임이 끝난 낡은 칫솔을 이용해 돌멩이 표면의 흙을 닦아낼 줄도 알게 됐다. 뿐만 아니라 운이 좋으면 아무리 작은 돌이라도 저절로 이끼가 붙어있는 것도 짐짓 의식하게 됐다. 당연히 털어냄이 아니라 분무기로 물을 뿌려 일부러 보호할 줄도 알게 됐다. 중요치 않으니 여러 날 잊고 물주지 않아도 바짝 마른 채 기다리고 있다가 문득 생각나 물만 주면 다시 녹음을 되찾는 끈질긴 생명력이 그저 고맙고 기꺼울 뿐이다. 영문을 모르는 이들이 보면 애먼 산 돌멩이 잡석에다 물 준다고 오해할 것이나 일일이 해명하고 싶지도 않다.

  일개 잡석이 분재 화분 위에서 이끼와 심과 함께 3박자를 이뤄 대자연의 의지를 빠뜨림 없이 표현하게 될 줄은 상상도 하지 못했던 일이고 경이로운 경험이었다. 속세간의 기준과 잣대로는 어림도 없는 아름다움이며 무공해 순수 공식이 그 속에 깃들어 숨겨져 있었던 것이다. 늘 거기 있었던 새로운 미학이었으며 평범한 속에 깃든 경악이었다.

모든 게 만족함도 아니었으니 이곳 잡석에 다소 부족한 점이 있음을 깨닫기도 했다. 바로 색상의 단순함이다. 누런 황토색으로 일률적인 돌들 사이에서 모양으로 고르는 게 아니라 색상으로 고르는 정도의 수고가 새로 생겼음이며, 얼룩이 돌도 그렇거니와 반짝이 운모가 많은 돌도 그렇거니와, 하얀색 석영이 띠 줄로 들어있는 돌멩이라도 발견하면 그렇게 반가울 수가 없다.

형태미야 이미 완벽하게 갖춰져 있었으니 그저 거닐다가 눈에 약간 뜨이는 색상 정도에 유념할 뿐 정성을 넘어 승부를 걸고 찾아 헤맬 필요도 없다. 그로서 한결 완벽한 재현, 실상보다 더 우월한 입체적 표현도 가능하게 됐다. 더구나 주워서 들고 다니다가 귀찮아지거나 맘이 변해 그냥 내버려도 아까울 것 하나 없었다. 온 천지가 보석들이니 말이다.

수석이라 하면 사람들은 거의 틀림없이 냇가의 물돌을 이야기한다. 형태, 색상, 무늬 등 오랜 세월 흐르는 물에 갈고 닦여져 또 다른 자연의 위력과 변혁을 드러냄이다. 잘된 수석은 맘에서 우러나는 경탄을 저절로 불러일으키며 이 경우 수석은 한 덩어리로서 모든 표현을 원칙으로 한다. 하지만 전혀 갈고 닦여지지 않은 흔한 산돌인들 표정에 있어선 수석에 못지않다. 두세 개만 모아 세워놓으면 수석인 물돌보다 작품이 될 확률은 비교할 수 없으리 만치 높다. 일컬어 수석은 천 개 만개의 물 돌 중 한 개가 나올까 말까 하지만, 산돌은 그 어느 것이라도 여간해서 실망을 안겨주지 않는다.

절차탁마(切磋琢磨), 원 없이 깎이고 갈린 하류의 물돌과 본체에서 떨어져 나왔을 뿐 전혀 갈리고 닦이지 않은 상류 산돌의 표현력이 모자람 없이 서로 빈곳에서 일맥상통한다 함은 원천의 내재적 가치만은 어떤 상황에서도 훼손

되지 않는단 말로서 우리에게 시사 하는바가 크다.

 산돌에도 수석처럼 한 개로서 대자연의 표정을 말해주는 것들이 드물지 않다. 널찍한 접시에 물만 담아 돌을 띄워놓기만 해도 온 지구 풍광이 빠짐없이 수납된다. 조직이 덜 조밀한 산돌의 세로결과 틈새를 따라 펌프처럼 빨려 올라가는 물기의 진한 자취도 무시할 수 없는 한 줄기 언어가 되어진다. 입체감이 원체 명료하다 보니 이리저리 돌아봐도 느낌은 하나일지언정 표정이 같은 방향은 없다. 멀리서 보면 작은 동산이었다가 가까이서 보면 태산의 축약판이 주먹만 한 돌 그 하나 안에 모두 들어있다. 끝도 없이 아득한 절벽 단애가 손바닥 절반만 한 그 속에 감춰져 있다. 더 자세히 보면 부드러운 능선이 있고, 깊이를 알기 힘든 계곡 험곡도 있다. 돌멩이 서너 개만 세워 놓으면 대자연의 축약이 너무나도 쉽고 완벽하게 산삼 화분 위에서 찾아졌던 것이다.

 수석 물돌에선 볼 수 없는 선뜻함 예리함의 직선성도 일절 어색하지 않았으니, 이점이야말로 개성과 표정이 거의 한 가지 방향으로 고정되기 마련인 물돌 수석에 비해 오히려 발군의 묘미를 함유함이랄 수 있었다. 게다가 내재의 기운이라면 온갖 시련을 아직 통하지 않은 원천의 산돌이 비할 수 없이 강렬하다면 누가 믿을 것인가, 이같이 뜻하지 않은 산돌맹이들 내재율의 미학과 기상이란 참말로 놀라운 경이일 뿐, 결코 가벼운 소득이 아니었음이다.

 바라볼수록 경치는 심에서 찾아지는 게 아니라 갈수록 잡석에서 찾아지고 있었다. 일단 먼저 눈이 가는 쪽이야 한창 꽃을 피우기 시작해 시간마다 모습이 표정이 달라지는 삼이어도 끝내 눈길이 오래 머무는 쪽은 잡석의 울퉁불퉁한 항구적인 표정이었다. 그때부터 산돌은 산에 있어서 산돌이 아니라, 살아있음에 산돌이었고 더 이상 한갓 잡석일 수 없었다. 깊숙이 숨기는커녕 단지 자빠져 있다가 일으켜 세워짐으로써 생명이 드러난 보석도 그런 보석이 없었다. 세상에 둘도 없는 유일한 보석, 하나하나가 인위적으론 감히 흉내도 내지 못할 원천의 보석이 되어졌다. 물질적 높은 가치로서의 진 보석이랄 순 없으매 내면적 깊은 의미로서의 순 보석이랄 수 있었다.

아무리 작아도 수수 만 년을 이어온 산돌의 의미를 유한한 우리 인간의 머리론 다 측량하긴 어렵더라, 늦은 봄날 물질로서의 산삼 발견에 못하지 않은 의미로서의 귀중한 세상 발견이었고 보편성 숨은 미학의 정점으로 가슴 뛰는 큰 발견이었다.

위대한 것은 원래 쉬운 곳에 깊이 감춰져 있기 마련이던가, 하매 타산으로 오염된 눈으론 쉬이 보이지 않는 것인가, 한갓 잡석인 산돌에서 축약된 천지의 오묘함을 찾아낸 직관력의 행운에 진정 고마워한다.

아무려나 책상 위 조화 3박자가 청년기 지평을 힘써 구가할지언정, 난 갱년기 첫 깔딱 고개를 아프게 넘고 있다.

사은숙배 '謝恩肅拜'

"아무래도 네가 빨리 와야겠다."

어미의 호소는 차라리 절규에 가까웠습니다. 음성도 강건치 못할뿐더러 호흡도 정상이 아니었습니다. 이미 오래 전 칠순을 넘기신 데다 지병이 깊어 더 이상 버틸 자신이 없으신 게지요. 마구 무너져 내리는 가슴 언저리가 그저 막막했습니다. 날 이렇게 두곤 차마 두 눈을 감을 수 없다는 어미의 뜻이 아득했습니다. (누구든 한번은 가야하는 길임을 알지만 아직은 아닐 텐데…….) 하는 우려에 몸 둘 바를 차마 모르겠더이다.

효도는커녕 아직껏 방황 속에서 헤어나지 못하는 나이든 자식의 꼬락서니는 뭣으로도 변명될 수 없는 것, 단단히 맘먹고 감행한 파격이기에 스스로는 각오가 되어있다 쳐도, 어느 어민들 그의 속뜻까지 다 살피진 못할 겝니다. 고난을 감내해서 얻어지는 성취보다 자식의 평안과 복락을 우선 기원하는 종내의 모성이기 때문입니다. 다시 원 없도록 은둔의 내 시간을 홀로 의미 있게 보낼지언정 말로써 세세히 설명 드릴 계제도 아님을 압니다. 따라서 기약된 불효이고 예정된 배도를 피할 수 없음입니다.

"당장 화분 속 산삼을 꺼내 드십시오." 이게 겨우 하는 내 소리였습니다. 올 봄 고사리와 야생초 공부를 위해 참 숲 우거진 산중에 들어갔다가 우연히 발견한 대형 산삼을 말하는 겁니다. 그간 어미는 날 위해 참아두었던 것이고 난 어미를 생각해 고스란히 살려 보내드렸음으로 서로 미루는 틈새에서 서른이 넘는 잘 성숙한 씨앗마저 남겨놓고 늦가을 이제까지 다소곳하게 살아남을 수 있었던 겁니다. 나 또한 언제 어떻게 될지 모르는 환자란 사실을 어미가 차라리 모르면 좋았을 텐데 하는 말입니다. 워낙 다급하셨던지 반 협박을 앞세워 일러 드리는 대로 결국엔 복용을 하셨습니다. 내가 이겼습니다.

너 댓 시간 뒤 다시 전화를 드렸을 때 어미의 생기 차고 기쁨에 넘치는 음성은 내겐 희망의 날개, 회생의 희소식이 아닐 수 없었습니다. 늘 복용하시던 독한 치료약을 배로 늘려도 듣지 않았다는데, 위기의 적시에 산삼이 제대로 말을 해 준 것입니다. 급속히 바로 잡혀가는 회복 증상에 어민 감탄사를 연발하시더이다. 아무렴 그렇고말고요. 당신의 의지와 신념이 살아있음 위에 어느 분의 능력이 십분 발휘되어진 덕분임을 너무나도 잘 압니다.

지금은 글쟁이로 문장에 몰두 진력할지언정 언필칭 기술과학을 전공한 나는 속세간에 신화처럼 전해오듯 산삼의 효능에 대해 맹신을 갖고 있지 않습니다. 그러나 피조물로서 하늘을 지향하는 신심과 인도주의자로서 순수를 지향하는 신념의 마력은 크게 신용하고 있습니다. 따라서 불신의 내겐 소용되지 않을 산삼이지만 효능을 굳게 믿는 어미에겐 느낌 이상의 효과를 볼 것이고, 이것이 나로서 취할 수 없는 첫 번째 고집스런 이유였습니다. 경우에 따라 존재보다 더 소중하고 앞서는 의지도 있단 뜻입니다.

당장 산 할아버지께서 산삼을 점지해 준 그 장소로 나갔습니다. 일상의 한가로운 산책이 아닌 분명한 목적이 있는 외출로써 걸음은 마냥 가벼웠습니다. 은혜로운 장소에 너무 가까이 다가서진 않았습니다. 멀찍이서 사은의 삼

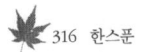

배를 올렸습니다. 그리하지 않곤 배기지 못할 것이기 때문이고, 맘이 시키는 대로 따라서 거리낌 또한 없을 테지요.

"어미를 구해주셔서 감사합니다." 란 언사가 저절로 튀어나왔습니다.

올해 허락된 낙루기회는 지난 가을 초입에 이미 써먹었기로서니 눈시울만 조금 뜨끔하고 말았습니다. 마른기침만 두어 번 뱉었습니다. 기왕에 펼쳐진 가슴 사방으로 돌아가며 골고루 사은의 숙배를 올렸습니다. 문득 하늘을 올려다보니 동편 산마루에 초저녁달님이 크게 웃으며 떠오르고 있었습니다. 보기에도 꼭 좋은 반쪽 달님이 내 하는 꼴을 빠짐없이 지켜보고 계셨던 겁니다. 거기에도 사은의 일 배를 망설임 없이 올려드렸습니다. 천지사방 어디건 근거와 연유를 따질 게제도 없이 빌미만 보이면 아무데나 사은의 은혜에 대한 감사의 인사를 되돌리지 않을 재간은 없었을 겝니다. 돌아와 커피 한잔 진하게 타 놓고 탁자 앞에 앉으니 속으로 올리는 기도가 저절로 튀어나오더이다.

"못나고 또 못난이인 이 아들을 대신해 어미에게 베풀어주신 은혜 절대 잊지 않겠습니다. 언제 불러 가셔도 후회 없이 따라나설 자신감은 진작부터 안고 살고 있느니 만큼, 베풀어주신 은혜는 차라리 이승에다 갚아주고 싶습니다. 결국 불려갈 땐 되돌려 드릴 것 하나 없는 빈 몸, 가치 없는 맨 몸으로 따라 나설 수밖에 없을 겝니다. 하마 염치없음을 모르지 않습니다. 보답할 줄 모르는 배은의 벌칙으로서 날 위한 천국의 문은 그냥 닫아두소서. 멀리 돌아서 갈 뿐 어차피 노크조차 하지 않을 겝니다. 이리저리 다단한 맘 달래기 위해 이 밤엔 술 한잔할 것입니다. 판단이 서시거든 아무 때나 데려가십시오, 제 어미를 살려주시어 더 큰 불효를 면케 하셨으니 그저 무한한 감사와 경배를 드릴 뿐입니다."

기도문이 정리되는 대로 도살풀이 해원 굿을 위해 깨끗한 소지 한 장 훨훨 올리고픈 간곡함 있습니다. 열기를 타고 떠오르는 어미를 묵상하며 가슴에 성호도 겹으로 그을 겁니다. 그런 소박한 행위를 통해 난 삶과 죽음의 경계를 다시 한 번 생각할 수 있을 겝니다. 측은한 어미의 절절함 앞에서 내 관념적 허무는 일개 사치일 뿐, 왔다 머물다 가야 하는 잠깐의 틈바구니, 고집멸도(苦集滅道)의 실체적 진중함에 대하여 말입니다.

섭생의 의미

[반소사음수(飯蔬飼飮水)하고 곡굉이침지(曲肱而枕之)라도 낙역재기중(樂亦在其中)이라] '나물먹고 물마시고 팔 베고 누웠으니 즐거움 또한 그 안에 있더라.'

문장의 시작은 고풍스럽고 유유자적(悠悠自適)한 한학의 고전을 인용했으되 실체에서도 다름이 없음을 나는 감히 말하고자 한다.

여름날 찬물에 말은 밥에 날 배추나 멸치를 고추장에 찍어먹어도 입에선 달기만 하더라, 추운 날 더운물에 밥 말아 북어포나 양배추를 쌈장에 찍어먹어도 그득하기만 할 뿐 모자람일랑 모르겠더라, 육신은 그저 살기만 하면 그뿐 보다 잘 먹고 잘살기에다 의미를 두지 않기로서니 호탕함과 대범함 즉 호연지기(浩然之氣)의 단초는 바로 거기에 있었다.

입 하나 다스리기에 성공하자 근심과 번뇌의 시작이 어딘지 알 수 있었고, 여타 잡다한 것으로부터의 집착은 의외로 벗어나기가 쉬웠다. '시작이 절반' 이란 격언은 참으로 옳은 말, 몸과 맘이 하나로 합쳐져 거칠 것 없는 단출한 삶은 여기서 의미의 정점을 찾았던 것이다.

난 정확하게 닷새에 한 번씩 변을 본다. 공교롭게도 이곳의 5일 장날과 날

[반소사음수(飯蔬飼飲水)하고
곡굉이침지(曲肱而枕之)라도
낙역재기중(樂亦在其中)이라

'나물먹고 물 마시고 팔 베고 누웠으니
즐거움 또한 그 안에 있더라.'

짜가 일치해 기억하지 않으려 해도 저절로 기억하게 되어있다. 월말, 날짜의 흐름이 불가피 어긋날 땐 기묘하게도 하루를 당기거나 늦춰 수치를 정교하게도 맞춰 간다. 뭐 좋은 거라고 억지로 참거나 몸에 이상이 생겨서 그런 건 물론 아니다. 다만 섭취하는 음식물의 양을 의식적으로 줄인 건 사실이다. 다른 이들의 양에 비해 물경 절반 이하일 것이다.

작심하고 오지 산골짜기에 들어왔으니 도회지에서 하던 돈벌이를 위한 그 악스런 머리 쓰기와 몸부림은 자연 피하게 됐고, 몸 움직임이 작으니 먹거리를 단출하게 줄여도 어려움 없었다. 통계를 살펴보니 지난 1년 동안 혼자 섭취한 쌀의 양이 정확하게 36킬로그램이었다. 1킬로그램의 쌀로서 정히 열흘을 먹는단 의미로서 농촌 사람의 1/3, 도시인 평균치의 절반에도 채 미치지 못하는 양임은 사실이다.

난 식사시간이 됐다 해서 의무적으로 음식을 입에 우겨넣진 않는다. 정규적인 1일 3식이란 의미와 이유를 알지도 못할뿐더러 욕구가 없으면 물을 제외하면 하루 종일 아무것도 입에 넣지 않는 경우도 드물지 않다. 그저 몸이 시키는 대로 따름을 자연스러움으로 삼고 있음이다. 식탐이 사라진 대신 음식 가림은 전혀 없다. 머무는 곳이 오지 골짜기이다 보니 맛난 음식 몸에 좋은 음식을 가릴 처지가 아님은 당연하다. 무얼 먹을까 걱정하는 적도 없다. 있는 걸 먹을 뿐이다. 모자라다 싶으면 즐겁게 고기도 구워 먹되 양은 넘치도록 하지 않는다. 상추와 함께 이따금씩 먹어주는 삼겹살을 세어보면 여덟 조각으로 충분하다. 통조림일지언정 생선도 마다하지 않는다. 제철이면 값싼 양미리도 한 두름쯤 계단 밑에 걸어둘 줄도 안다.

대자연의 한복판임에도 불구하고 신선한 야채가 부족함을 감지하고 있으나 그조차 절실하게 여기진 않는다. 김치는 가능한 떨어뜨리지 않으려 의식적으로 애를 쓰긴 하니 최소한의 야채 보충은 될 것이기 때문이다. 음식 양이 준만큼 흡수되는 효율이 매우 높단 건 변 보기에서 분명하게 인지가 된다.

양 즉 밥통이 준 걸 확인하게 되는 재미난 경우도 있다. 모처럼 장보기를 위해 읍내에 내려갔다가 큰맘 먹고 사먹는 한 끼 외식이 자못 부담되는 것이다. 한 끼 외식의 양이면 내겐 평소 하루 분의 식사 양으로서 모자람이 없었고, 결국 남들에겐 평범한 한 끼가 내겐 과식이 되고 만다. 비록 짜장면 한 그릇일지라도 그러하다. 산속에서 갖춰진 버릇인 만큼 음식물을 남기지 않음은 철칙으로 여기고 있으니 따라 나오는 반찬까지도 말끔하게 비우기 마련이다. 두 번 이상 이용해 얼굴을 아는 식당에선 나만 가면 그토록 좋아한다. 눈치와 미소로만 어림 감을 잡는 게 아니다. 미쁘단 찬사를 직접 귀로 들었음이다. '맛나요!' 라는 간단한 칭찬 한마디 덧붙이면 입이 금세 귀에 걸린다. 저도 좋고 나도 좋다.

하지만 이렇듯 순응의 상관관계 속에도 깜찍한 문제가 하나 숨겨져 있었으니, 감사와 감탄을 반찬삼아 단무지 하나까지 남기지 않고 참말로 맛나게 먹어줄 줄 아는 특급 손님이라며 특별히 양도 많게 내놓는 선심을 탓할 순 없는 일, 하매 외식 횟수를 줄임으로서 내 위장사이즈 즉 분수를 넘기지 않으려는 덕분에 도리어 업소가 매상에 차질을 본다는 고도의 한계성 상대성 이론을 쥔 짐작이나 할 수 있을까?

사소한 외식에도 분명한 선제조건이 하나 있다. 뭔가 내놓을 만한 표 나는 보람 있는 일을 했을 경우가 아니면 짜장면 한 그릇일지언정 외식은 결코 하지 않는다. 돌아오는 길 아름다운 남대천 귀로 반 백 리가 다만 회한으로 점철될 뿐이니 욕구에 따라 먹은 게 살로 갈 리도 없다. 내게 있어서의 보람이란 당장의 현실에선 거의가 글 작업이다.

절간의 스님은 아닐지라도 집에선 김치 담은 그릇에 묻어있는 한 점의 양념까지도 물로 깨끗이 헹궈서 마신다. 처음엔 어색하기도 했지만 일단 버릇을 들이면 아주 자연스럽게 행동으로 옮겨지며 설거지도 그만큼 손쉽고 배출되는 오염 물질도 따라서 극히 줄어든다. 삼겹살 굽느라 모여진 프라이팬의 기름도 만두 튀김용으로 알뜰하게 다 쓴다. 그래도 바닥에 남음이 있을라치면 가끔씩 맨밥을 볶아 말끔하기로 하는 등 기름성분일랑 이제껏 단 한 방울이라도 누옥 밖으로 내보낸 기억은 없다. 부득이할 경우 휴지로 닦아 페치카에서 소각시켜버린다. 보기엔 자질구레 하달지 몰라도 뒤로 남는 향 대자연에의 당당함은 크다. 사찰 스님들의 엄중한 발우공양으로부터 보고 배웠을지언정 허식의 계단을 난 또 한 칸 넘어설 수 있었음에 합장으로 감사한다. 대신 물은 남들에 비해 배 이상 많이 마신다. 차를 끓여 마시던 생으로 마시던 하루 5리터 정도는 기본이다.

음식 섭취 양을 절반 정도로 줄였음에도 체중은 오랜 동안 거의 변동이 없고, 효과를 확인할 수 없어 그간 먹던 치료약을 끊은 지 오래되어도 몸에 부담을 느끼지 않을 정도가 저절로 됐다. 이러저러한 이유인지 건강이 얼마만큼 찾아진 걸 스스로 느낄 수가 있다. 참으로 고맙고도 다행한 일이 아닐 수 없다. 삶에의 악착같은 집착을 덜기도 했지만 심보를 보다 여유롭게 갖으려 애쓴 덕택이 아닌가 생각한다.

맛과 혀를 가급적 도외시 한다고 했으나 섭생의 기본을 전혀 생각하지 않는단 말은 아니다. 오히려 절제하되 혀의 감각에만 무책임하게 맡기지 않는단 말이 옳다.

가장 먼저 주목할 것은 때때로 일지언정 생 배추를 간식 삼아 먹는 일이 많아졌다. 장보길 할 때 일부러 쌈 배추 몇 통을 구입해 있을 동안은 짬짬이 먹어준다. 이 사소할 것 같은 배추 보충의 효과가 대단히 좋다. 우선 닷새 일회의 용변에도 불편함을 전혀 느끼지 않음은 이런 이유에서 기인한다. 물론 식욕이 없으면 배추 잎사귀 두 장으로 종종 한 끼 식사를 때우기도 한다. 배추만이 아니라 거의 모든 야채들이란 냉장고에 넣어둬도 오래가지 못함엔 다소 유감이 있다.

다음으로 각별히 먹기에 신경 쓰는 요소는 콩이다. 특히 겨울철처럼 먹거리가 많이 단순해지고 신선도 또한 보장될 수 없는 경우엔 콩을 볶아 자주 간식 삼아 먹어줌으로서 콩 단백질의 영양은 물론 치아와 악관절의 건강을 포함, 두뇌의 자극적 건강까지 함께 돌보는 것이다. 이는 어려서부터 자연스럽게 들여진 가문의 전통적 습성으로서 점차 나이가 드는 근래에 들어 그의 효과를 톡톡히 보고 있다. 난 이제껏 50평생을 살아오면서 치과병원 문턱을 단 한 번도 넘어본 적이 없음이란 반드시 이의 결과라고 확신한다. 더욱이 여분의 양을 조금만 더 늘여두면 겨울철 콩은 내게만 좋은 게 아니라 동면에 들지 않는 산속 생물들에게도 공히 좋다.

다음으론 의도적인 소금기 섭취를 일절 금했다. 언젠가 모 방송에서 우리 민족의 염분 섭취량이 세계 평균치보다 무려 3배를 웃돈단 말을 들은 이후의 일이고, 평상시에 먹는 김치와 장류 또는 가끔씩 라면을 통해 흡수하는 양만으로도 전혀 모자람이 없단 사실을 몸으로 체득했기 때문이다. 삼겹살도 된장 고추장에 찍어먹을 뿐 삶은 감자처럼 달걀 프라이를 할 때도 소금을 전혀 넣지 않는다. 포장 김을 살 때도 소금 친 걸 일부러 피한다. 소금만이 아니라 간장과 함께 언제부턴가 인공감미료 자체를 아예 구비하지 않고 있다. 남들

이 유별나게 좋아하는 매운 청양고추를 먹지 않은지는 이미 5년이 넘었다.

소금 배제와 함께 실천하려 했으나 아직 온전히 실천하지 못하는 게 하나 있으니 바로 구운 음식이다. 구워짐을 넘어 탄 음식은 염분과다에 못지않게 무서운 해악을 끼친다지만, 온전히 멀리하기엔 내 요리방식이 워낙 단순하다보니 이것은 알고도 먹는다. 꺼리긴 고열의 기름에 튀긴 음식도 마찬가지다.

결정적으로 부족함을 느끼면서도 이루어지지 않는 섭생이 꼭 한 가지 있다면 바로 과일 부족이다. 1년 통 털어 몇과 되진 않아도 기필코 노력하진 않는다. 그러나 알밤 떨어지는 한철이면 하루 한 끼는 삶은 밤으로 때우기도 하고 감도 작년부턴 눈에 띄는 대로 재미삼아 놀이삼아 하나씩 먹어 둔다. 헌데 알밤이 과실일 순 있어도 과일이랄 수 있을까? 감은?

최고의 식단을 버리고 상식적인 식성에 그침으로서 생체 활성도가 높아지고 자연치유력이 상승됨을 확연히 느낄 수가 있었다. 덜어냄으로서 오히려 몸속에 누적되어있던 독기가 사라지고 자연치유력이 제 역할을 찾아가기 시작했음은 뭣에 비하지 못할 커다란 소득이었다. 덜어냄이란 표현은 단순히 심리적인 의욕만을 지칭하는 것은 아니다. 실지로 섭취되는 음식물의 양을 말함이다.

탄수화물 즉 곡물이 주식이기에 우리 민족이 한 끼에 섭취하는 음식물의 양은 세계적으로도 가장 많은 편에 속한다. 따라서 소화기관 내분비기관이 감당하는 노고는 상상할 수 없을 정도로 크다. 바로 이것이 우리 민족에게 당뇨와 위암이 특히 많은 요인인 것으로 사료된다.

위액 이자액도 물론이지만 쓸개에서 담즙이 배출되는 양은 하루 1.5리터를 넘길 정도로 막대한 양이니 단순 소화를 넘어 혹사라는 표현도 무리는 아닌 것이다. 다량의 강산성 소화액을 생산하고 배출함으로 인해 장기가 감당하는 직 간접적인 손해와 해독은 여러 곳으로 파급되어진다. 따라서 음식물의 질을 높이는 대신 곡물 위주로 되어있는 전체적인 섭취의 양은 대폭 줄일 필요는 참으로 절실하다. 이를 난 밥보다 반찬을 많이 먹는 방식으로 적극 개선을 보고 있다. 이울러 전술한 바처럼 배가 부를 정도의 포식은 극력 피함이다.

  혼자 사는 여건상 양적으로 보관이 어려울 땐 발효식품이 보관상 이점이 있으나 장류를 빼면 발효된 음식은 오히려 줄었다. 장류라야 대부분은 고추장 한가지로 사철을 때운다. 고성능의 청국장을 특히 좋아하지만 조리방법이 까다로워 드물게 접한다.
  날것은 소화계통이 어지간히 튼튼한 입장이 아니라면 소화에 다소 부담을 느끼는 건 사실이다. 날것 생걸 소화시키기 위해 여러 장기들이 벌이는 노고는 생각보다 막중하기 때문이다. 이에 비해 발효식품은 외부 미생물이나 유용세균에 의해 일차 바깥에서 소화가 된 부드러운 음식이기에 건강한 사람은 물론이려니와 소화능력이 떨어지는 사람에겐 특히 유용하다. 발효과정을 거침으로서 원 물질보다 아미노산을 비롯해 필수 단백질의 양과 질이 달라진 것도 유념할 만하다. 따라서 와병 중이거나 허약한 체질이라면 날것 섭취는 가급적 피함이 옳다.

  일상생활을 단출하게 가짐이 원칙이나 생각만은 깊고도 긍정적으로 가지려 애를 쓴다. 그에 따라 하루에 즐기는 커피만 해도 가볍게 10잔을 넘긴다. 내게 있어서의 일상의 음식 사치는 이것으로 족하고 특히 부담을 느끼기 전엔 변동치 않을 것 같다. 커피 분량과 써지는 글의 양은 분명히 정비례하기 때문이다.

집 주변 참숲 곳곳에 이름난 좋은 약초가 널려있음도 안다. 절반의 호기심과 절반의 운동 삼아 철따라 쑥, 고비고사리, 더덕 정도는 가끔씩 채취해 먹긴 해도 다른 약초에 대한 욕구는 전혀 없다. 질병 치료를 위한 절박함이 아니라면 단순 보신을 위한 섭생은 결코 허용치 않는다. 내 손으로 직접 채취한 여러 분의 산삼조차도 문장으로 표현하기 위해 경험 삼아 큰맘 먹고 먹어준 못난이 하나를 제외하면 돈으로 바꾼 것 하나 없이 다 거저 희사하고 말았다. 불가피하기로 다소 무리랄 정도로 술을 마셨을 경우 숙취 해소를 위해 참 당귀 잎새 한 장을 맑은 물에 씻어 날것으로 씹어 먹어 쉽게 효과를 본 적은 몇 번 된다. 이처럼 흔하고 흔한 참 당귀야말로 내겐 산삼보다 더 직접적인 도움을 주는 건강한 이웃인 것이다. 당귀조차도 건강한 잎새만 아주 가끔 한 장씩 신세를 질 뿐, 원래 약효가 집중된 뿌리는 아까워서 손대지 않는다.

아무튼 종류는 가리지 않고, 맛은 강하지 않게, 양은 넘치지 않도록 유지하는 원칙이 자연스럽게 잠혀있다. 심보 하나를 바르게 갖기 위한 일상 정비가 의외로 건강까지 바로잡아주는 역할 됨을 난 고맙게 느끼고 있다. 비우고 양보함으로서 되레 크게 얻어진단 사양지심의 원리를 난 실상에서 분명하게 구현한 것이다.

식성이 이럴진대 잠드는 시간도 하루 3시간을 넘기는 적이 거의 없다. 물론 일부러 잠을 아껴가며 일을 열심히 하는 것도 아니다. 현실에서 노골적인 움직임은 하루에도 몇 차례씩 갖는 주변산책 뿐이지만, 수년 동안 혼자 지내면서도 일없어 심심하단 느낌을 가진 적은 단 하루도 없었다. 몸이 특히 불편해 견디기 힘들 때를 제외하면 낮에 자리에 눕는 경우도 없다. 졸리면 자고 졸리지 않으면 고맙게 알고 마냥 깨어있을 뿐이다. 과로를 피할 수 있는 여건은 이유가 되겠지만, 잠이 크게 줄어든 것이 꼭 나이 탓만은 아니다. 섭취되는 음식물의 양이 대폭 줄었기로 신체 내부 장기가 혹사를 면한 덕분에 자가회복을 위한 깊은 휴식의 필요성이 덜어진 탓임은 분명하다. 이러니 입하나 덜어냄에서 기인한 이점이 이만저만이 아니더란 대목에 특히 큰 강조점 하나 '꾸—욱' 찍는다.

음주도 마찬가지, 감정이 간절하게 시킬 때면 스스럼없이 혼자서 소주 한두 병 마신다. 전엔 앉은자리에서 너 댓 병의 소주도 문제없이 소화를 시켰지만 지금은 의식적으로 양을 줄인다. 이틀 정도 밤새워 무거운 글과 씨름을 한 뒤엔 더더욱 그러하다. 복잡한 사념을 떨쳐버리고 쉬이 잠들기 위한 도우미 역할인 것이다. 남들과의 주석을 일부러 꺼리는 걸 보면 술에 처지를 의존하지 않음은 분명하다. 어차피 나와 한두 번 대작을 한 위인들은 모두 몸을 사릴 정도로 주량의 면에선 추종을 불허하기도 하거니와 의미가 자꾸 축소됨이 가장 큰 원인이다. 종류와 양을 불문하고 반가움을 안주 삼아 대작할 호쾌한 인사를 근래엔 만나지 못했음이고, 내키지 않으면 한 달이건 두 달이건 술 생각이 나지도 않는다. 한동안 충분히 절제하고 양보를 했단 판단이 들면 아주 가끔씩은 누구와 어울릴 때에 한해서 약간 무리를 해 술을 마시는 경우는 있다. 기왕지사라면 유쾌하게 즐길 뿐 횟수는 늘 염두에 둔다. 난 아무리 취해도 태도가 꼿꼿할 뿐, 남들이 질리는 이유도 사실은 거기에 있다. 그러한 기회조차 불가피한 경우가 아니면 의식적으로 삼간다.

생선회를 좋아하기에 두어 달에 한 번씩은 큰맘 먹고 읍내 단골 어물전에서 회를 떠온다. 소주 두어 병과 함께 혼자 즐기는 고즈넉한 자리에서 참으

로 안온한 기쁨을 느낀다. 물론 그럴 만한 일을 반드시 성취했어야 만하고 회와 외식은 결단코 겸사하지 않는다. 배가 부르면 회 맛을 모르기도 하거니와 기왕에 소식으로 작아진 위장, 배 터져 죽는 가장 멍청한 경우는 피하고 싶음이다.

 정신력의 가치만 유난히 강조하는 건 아니다. 다만 무수한 오해와 관습으로 굳어진 섭생 습관과 생존의 무게를 유연하게 가짐으로서 보다 뜻 있게 사는 방법을 함께 강구하고자 함이다. 숫한 선입견과 오해 때문에 하나뿐인 육신이 보장은커녕 남의 일처럼 혹사당하고 있음을 알았기 때문이다.

 식습관이란 결코 필요치 않은 용어다. 편식이 가장 무거운 습관일 뿐 자연스러움을 유지함이 좋다. 움직임과 일의 양에 따라 몸에서 요구하는 대로 따르되 다소 감한단 자세는 가장 긴요하다. 배고프면 골고루 먹고 고프지 않으면 먹지 말일이다. 불가피 바깥과 어울릴 때 권유에 의함이라면 몰라도 습관적 포만은 여러모로 좋지 않은 결과를 틀림없이 예약할 뿐이다.
 집안의 유전적 내력이든 어떤 이유든 편식은 일방으로 넘쳐서 해악이 되는 경우와 나란하게 한편의 모자람이 발생하기 마련이며 따라서 두 배로 해악이 누적되기 마련이다. 뿐만 아니라 일부 영양소의 결핍은 인성에 직격적인 영향을 가져 온다. 편식은 즉 편집적인 인성을 나타내기 마련이니 난 편식을 입에 올리는 인사들과는 큰일을 결코 도모하지 않을뿐더러 미래를 깊이 신용하지도 않는다.
 편식과 포만 과식 이상으로 나쁜 습성이 또한 기이식이다. 몬도가네 식 탐식기행은 그를 추종하는 만큼 정신세계의 경건함을 피할 수 없이 잠식한단 선언은 진실일 뿐 과장이 아니다. 체내에서 소화시킨 경험도 없고 따라서 소화능력도 전혀 갖춰지지 않은 기이식을 몸에 좋을 거란 단지 소문만으로 섭취한다면, 그동안의 심신 안정은 일순에 깨어질 확률만 높아질 따름인 것이다. 혀의 만족이란 단지 입맛 하나를 위해 영혼과 신체의 리듬을 탐욕을 앞세운 공연한 실험의 대가로 비싸게 지불하는 셈일 따름이다.

육신에게도 제 체질과 방식대로 펼칠 수 있는 여지를 줘야 한다. 위한단 깜냥에 먼저 앞질러 감으로써 독을 채우지 말일이다. 이해와 깨우침이 없는 앞지름 즉 탐심은 잘해야 비만 나아가 누적된 해독으로 작용하기가 일반이다.
생체가 자연스럽게 할 일과 약과 음식으로 보충해야 할 일이 분명하게 나뉘어져 있음을 알면 좋다. 생체의 복원능력을 돕는단 의미를 넘어 약과 음식으로서 건강을 모두 감당하려고 한다면 결국 생체는 자생적 임무가 약화됨을 지나 퇴화될 것이고, 약과 맛있는 음식으로 계속 건강을 유지할 수 있다는 원리는 세상엔 없다. 먹지 못해 얻어지는 병은 충분히 가벼우나 넘쳐서 얻어지는 질병은 역시 무겁다. 현대에 와서 얻어지는 대부분의 질병은 비싸게 사서 얻는 것들이 많다.

인간의 육체는 비상시를 대비해 잉여영양분을 쌓아두려는 예비적 본능이 있다. 유감스럽게도 이 잉여영양분이 수명을 오히려 단축시키는 역할을 한다. 평생에 한번 있을까 말까 한 무원고립 비상시를 대비해 건강에 별 도움이 안 되는 지방을 비축할 것인지, 건강 장수를 위한 절식을 선택할 것인지는 개인별 형편에 따라 선택되어질 내용이지만, 몸에 좋고 맛난 것만 골라먹는단 현실 만족형 취향은 미래 수명 단축을 적극 담보한단 점을 잊지 말아야 한다.
아주 가끔씩 호화로운 음식을 즐기는 일이야말로 감사함을 알고 즐긴다면 축복이며 또한 찬양할 만한 일이다. 감사할 줄 알고 이웃에 자랑하지 않는단

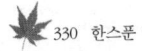

엄중한 조건 아래라면 바깥 세상에 굶주림으로 죽어가는 딱한 이웃들이 많단 사실도 아주 가끔씩은 잊어도 묵인 용인될 수는 있겠다. 분에 넘침에도 쾌락적 횟수가 잦거나 염치없이 이웃에 자랑을 일삼으면 장담하거니와 틀림없이 비싸게 사서 구하는 병 된다.

운동과 노동, 수고와 고생의 차이처럼 과다한 음식은 역효과임을 명심하지 않으면 안 된다. 건강도 일상에서 질적으로 찾아야지 은행에 돈 쌓아두듯 양적으로 누적 보관할 수 없는 것이기 때문이다.
이에 병행해 약에도 반드시 독이 묻어있단 사실을 명심해야 한다. 병이 급할 땐 당연히 서둘러 올바른 약을 써야겠지만, 다른 한 가지는 희생시킬 각오를 하고 써야하는 것이다. 혹독한 질병을 치유하자면 그보다 더 지독한 약이 필요함이며, 부작용 없이 완전한 명약도 우리 세상엔 아직 존재하지 않는다.

마시는 차 종류만 해도 어디어디에 좋단 강조가 많다. 그러나 위에 좋단 차도 위가 든든한 사람은 마시지 말아야 한다. 더 좋아질 일 없음은 물론이려니와 엉뚱한 곳에 부작용을 되려 쌓아준다. 특히 부실한 곳이 있을 경우에 한해 해당된 차를 마시면 차 이상의 치료 효과가 있음은 분명한 사실이나, 결과가 좋아지면 즉시 끊음이 원칙이다. 아무리 몸에 좋단 차라도 내게 소용되지 않으면 독 된단 엄중함을 인식해야한다.
무조건 몸에 좋단 말은 무조건 틀리다. 10여 가지 다양한 약재를 차로 만들어 물대신 상식하는 경우도 본적이 있으나, 그의 건강은 나보다 오히려 못하다. 강골일 뿐 원래 약골이 아니었음에도 내분비, 면역체계에서 늘 잔병을 안고 산다. 몸에 이상이 나타나면 사용되는 약재들이 자꾸 더 강화되고 누적되는 독성은 이젠 종류조차 늘어가고 마는 것이다. 몸이 해야 할 기본적인 일을 아무리 값비싸고 좋은 약재라도 부작용 없이 대신해 주진 못하는 것, 몸이 갖춰은 나보방어막을 오히려 약물이 가로챔이다.

약간의 호사를 원한다면 다양한 종류의 차를 번갈아 가끔씩 마실 걸 차라리 권하고 싶다. 그조차도 정신 건강에 좋을 뿐 육신의 건강엔 적극적인 도움이 되어주지 않는단 정도는 각오해야 할 것이다. 건강한 사람에겐 말이다. 단 시의적절이 기반 될 때 간단한 인진쑥 차를 약처럼 사용해 종합병원에서조차 수술로도 원인을 알 수가 없어 치료에 실패한 우인의 아동을 위기로부터 구해낸 적도 있었다. 이처럼 적요를 찾아낸다면 일상의 음식이나 사소한 차도 명약이 될 수 있고, 적요가 없는 무의식적인 보약은 독도 될 수 있음을 알아야 한다.

아무리 크고 든든한 물그릇이더라도 옆구리에 뚫려있는 작은 구멍 하나로 전체 수위가 결정되는 것처럼, 빈틈을 용케 찾아내고 그를 가장 짧게 다스리는 요령이 약을 가장 크게 쓰는 요령인 것이다. 마찬가지로 한쪽을 유난히 키워 봤자 전체를 위한 건강은 찾아지지 않는다. 전체 조화와 밸런스가 아닌 돌출은 바람만 집중으로 타기 십상이며 스스로 겸허하지 않으면 반드시 꺾임을 당한다. 그러나 조심을 넘어선 지나친 건강염려증은 얻어지는 것보다 잃는 것이 많단 사실을 인정하긴 생각처럼 쉽지 않다. 비교적 건강한 사람에게 보약이란 따로 있을 수 없다. 따라서 건강하되 건강염려증 환자들은 조금씩 스스로 자살 중인 경우가 의외로 많다.

신선한 자연식이 좋긴 하나 무균식이랄 정도로 정갈한 섭생 또한 바람직하지 않다. 인체의 내성 증진과 각성을 위해서라도 상식과 도를 넘는 악식만 아니라면 폭넓게 허용함이 좋다. 난 야생 산 더덕을 캐 먹을 때에도 껍질을

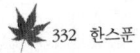

벗기지 않음은 물론 겉면의 흙만 보이지 않을 정도로 맑은 물에 헹궈 그냥 씹어 먹는다. 사과도 물에 잘 씻어 껍질 채 먹는다. 삶은 감자도 소금 없이 껍질 채 먹는다. 남이 안 볼 땐 수박도 씨앗을 일일이 골라내지 않는다. 내 팔자는 잘 보호된 온실 덕분에 적응력이 약화된 화사한 화초일 수 없음이고, 바깥에서 활동을 해야만 하는 대부분의 사람들도 그러할 것이다. 면역력을 약간 자극함으로서 신체 내부에 치밀하게 준비되어있는 자연치유력이 과잉보호로 퇴화되지 않도록 각성시켜주면, 단지 그것으로 대부분의 발병률은 크게 감소될 것이다. 하물며 난 1년에 두어 차례 일부러 약한 독성을 먹어줌으로써 신체의 제독부활기능이 잠들지 못하도록 각성시켜두기도 한다. 독식 요령은 봄철엔 고사리를, 가을철엔 싸리버섯 삶은 물에 라면 하나 넣는 방식으로 손쉽게 수행한다.

어려울 것 없음은 모든 물성 안엔 신성이 들어있단 말과 내 안에 부처님이 들어있단 선문답은 당연할 따름이다. 이처럼 각기의 물성엔 나름대로의 본성과 이유를 갖추고 있고, 그를 바르게 헤아려 역행을 피해주면 그것이 바로 긴 진화의 역사를 통해 만들어진 순리 순행의 원칙 곧 상식인 것이다.

짧게 살더라도 사는 동안만은 쾌락을 즐기며 살겠다면 그 또한 말릴 수 없는 노릇이다. 그러나 의식 없이 입과 혀와 위장의 찰나적 즐거움을 위해 맛난 음식을 단순히 식탐하는 일은 제발 없었으면 한다. 절제를 통해 인간미를 성장시키는 즐거움이 가벼운 혀와 뱃속을 달래는 즐거움보다 훨씬 크단 권유가 사방에서 잦았으면 싶다. 무의식 아래 행해지는 탐식은 육체의 고문뿐 아니라 정신력이 성장해야 할 여지를 비싸게 잠식, 탈취 당하고 말기 때문이다.
그릇 넘침이 미덕이 될 수 없는 것처럼 맛난 음식을 양으로 실컷 먹으면서

도 장수할 수 있는 팔자를 대중은 물론 왕후장상에게도 조물주는 결코 허용
치 않으신다. 비만하면서도 지혜와 슬기와 덕성을 함께 갖추기란 보통 인간
으로선 이루기 어려움 또한 사실이다. 역사가 쉽게 증명한다.

　세상이 좋아져서 음식도 골라먹는 시대가 됐다. 가장 기본적인 삶의 방편
은 정복했단 뜻이다. 그러나 행위에서 절제와 자중함이 없다면 이의 유지와
평안 또한 오래 보장되지 못한단 사실을 우린 역사에서 주변에서 누 차례 봐
왔다. 이런 이유로 난 텔레비전의 맛 기행, 탐식 요리 프로그램을 매우 싫어
한다. 특히 간사한 혀만 살아있을 뿐 뜻도 모르는 젊은 리포터들의 '쫄깃해
요, 쫀득해요' 란 무가치한 형용사적 발언이 나올라치면 채널을 얼른 돌려버
리거나 아예 꺼버린다. 한 치라도 더 맑아져야하는 인간의 정신세계를 유혹
오도함이고, 사치 퇴폐의 시발이며, 정체를 넘어 퇴락의 시작신호이기 때문
이다. 이의 내재적 위험성이 의외로 간과되고 무시됨에 위기를 느끼지 않을
수 없다. 아무리 크고 강건한 댐이라도 개미구멍 하나로부터 도괴는 시발한
단다. 언필칭 최고 지성이란 언론계의 무의식과 대중 영합을 탓함에 아울러,
역사상 내부로부터 붕괴된 나라치고 하나같이 사치 퇴락의 시작인 탐식 미
식 등 호의호식에 빠지지 않는 곳이 없었음을 딱히 지적하고자 한다.
　이에 근거할 때 팔이 안으로 굽는단 사정을 감안해도 우리 민족 재래 전
통의 먹거리가 과학적 입장에서 가장 우수하단 발상은 쉽게 수긍할 수가 없
다. 민족의 건강을 우선하는 실질보단 허식적 대중 의식과의 가볍고 일시적
인 영합일 뿐이다. 따라서 짜고 맵고 뜨겁고 영양가 낮은 음식을 오로지 양으
로 메우려 했던 부인할 수 없는 치명적 약점이 계속 감춰진 채 전승되어 내려
오고 있다. 양적인 충족조차도 비교적 가까운 근세의 일일 따름이다. 지금도
우리 민족의 대장과 소장의 길이는 세계 민족 중에서 가장 길이가 길단 엄연

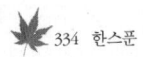

함을 상기해야한다. 몸은 말라도 배는 뽈록한 모습이란 빈약한 영양분을 가급적 많이 흡수하려는 신체장기의 안간힘인 것이다.

20세기 후반에 들어와 인간 수명이 대폭 늘어난 현상도 먹거리 향상보다 유아사망률의 급격한 저감을 불러온 예방의학을 위시로 진단의학, 약학, 외과수술 등 의술의 급속한 발달에 절대 기인했음은 자명하다.

이제까지 수년을 지나오는 단독섭생생활 중에서 크게 느낀 점 하나라면 다름 아닌 맛난 음식이야말로 현생에서 누릴 수 있는 가장 커다란 축복 중의 하나란 점이다. 더구나 그런 축복을 조차 양보 절제함으로서 비로소 건강 장생할 수 있는 비결을 얻었음에 있다 해도 과언이 아니다. 내게 있어 세상에서 가장 맛난 음식이란 수고와 성과에 대한 보답으로 자신 있게 사먹는 단골식당 짜장면 한 그릇으로 충분하니, 내 행복에 드는 비용은 참 싸서 좋다.

하루 빨리 벗어 던져야 할 호의호식이란 유치찬란한 단어가 우리 민족에겐 고래로부터 최대의 행복지표로 유전되어 왔으나, 이에 가려져 있는 천민근성을 간과해선 옳지 않았던 것, 워낙 먹거리가 일천했던 시절의 한 맺힌 절규였을 뿐 이상적 행복지표로서의 고매한 표현은 결코 아니었다.

만들어 낼 수 있는 음식 종류만큼 사는 길도 많을 것 같지만, 거듭 강조하거니와 '축복도 절제'가 건강장수의 최적비결인 것이다. 얼마든지 누릴 수 있는 축복과 즐길 권리조차도 다소곳이 일부나마 양보함으로서 얻어지는 신체의 자생적 여지와 심보의 정당성은 그 뭣으로도 채워선 안 되는 더없이 귀한 빈자리, 그런 값비싼 공석을 싸구려 쾌락적 욕구로 함부로 채워서 얻어지는 환란을 '무의식적 자살'이라 칭해도 크게 틀리지 않는다. 하긴 어차피 한

걸음 차이로 단명한 세상 결코 남에게 피해는 주지 않는단 전제아래, 원도 한도 없도록 짧고 강렬하게 불태우듯 살다가겠다면 그도 말릴 도리는 없겠지만…….

 탐심이 앞서면서 생각이 사악함으로 흐르지 않을 재간은 없다. 해봤자 흉내 내기 위선일 뿐 사악한 정신을 가지고 선행이 옳게 행사되기도 힘들다. 너나없이 모두를 힘들게 하는 패망의 시발점이 결국 탐심 하나로부터 기인함인즉 먼저 자신의 혀 하나만 스스로 다스릴 수 있다면 고약한 악습도 의외로 간단히 제어할 수 있음이란 너무 쉬운 비결이자 큰 위안이다. 늦고 이르고 때는 정해진바 없으니 이제가 시작이다. 시작은 작아도 결과는 자신과 이웃은 물론 온 지구를 되살릴 만큼 효과는 엄청나다.

 육신의 태생적 고질적 한계 때문에 난 건강하게 오래 장수할 수 없음을 각오하고 있다. 하지만 벌써 사라졌어야 할 신상이 아직껏 버티고 견뎌주고 있음엔 이유가 없지 않음이니, 이를 더 늦기 전에 주변에 널리 알리고 권유하고 싶다.
 분명히 제한된 육신이지만 장생의 비결이 섭생 단순화에 있단 평범한 진실이 실상에서 널리 회자되고 행사되길 바라거니와, 덕택에 맑게 쥐지는 보너스 그의 여백을 선용해 인간미 향상을 우리 서로 경쟁하자거니, 천재들에게서 발현되는 문화 예술적 성과에 감탄하며 누리고 축복하다가 혹간 질투도 해가며 사는데 까지 함께 어울려 살게 되길 간절히 원할 따름이다.

도토리와 운명방정식

'설마' 하면서도 습관적으로 주워 모은 도토리가 한말을 훌쩍 넘겨버렸다. 이 정도면 내가 혼자 책임지긴 어려운 양이라서 모여진 알밤 속에 따로 넣어 서울로 올려 보냈다. 세 배나 많은 알밤보다 도토리를 더 반겨하실 모친의 미소가 예상되어 흐뭇하다.

산책 삼아 슬쩍 들러보는 굴참나무 아래엔 여분의 도토리가 조금씩이나마 계속 낙하하고 있었다. 사흘 새 다시 모여진 개수가 백 개를 넘었다.

이제 끝물이라 어차피 먹을 양이 되지 않을 것은 사실이라서 그냥 다람쥐 점심 소풍용으로 남겨둬도 좋겠지만, 내겐 분명한 용처가 있으니 바로 팽이를 만들 일이다.

도토리 팽이가 워낙 소홀하고 사소한 장난감이긴 하지만 아이들 장난감은 될 수 없다. 요즘의 기발하고 워낙 다양한 장난감에 길든 아이들이 한갓진 도토리 팽이에 매력을 느낄 리가 없기 때문이다. 결국 아이들이 안 볼 때 몰래 한 번씩 돌리며 웃어보는, 가난하고 결핍된 시절의 옛 운치를 아는 어른들 복고 회상용 장난감일 수밖에 없다.

조상이 같은 참나무 족속이면서도 알밤과 도토리는 생리적인 차이가 적지 않다. 알밤은 악착같이 불균형의 형체를 띠고 있지만 도토리는 악착같이 타

원형으로 대칭적 균형을 갖춘다. 따라서 도토리라면 몰라도 알밤으로 팽이 만든단 소릴 난 들어본 적이 없다.

알밤 떨어지는 소리는 큰들 가을이 익어 가는 소리에 머물지언정, 완벽한 균형감 때문인지 도토리 낙하하는 소리는 작아도 우주 통문의 빗장을 여는 소리에 준할 수 있다. 알밤은 언제까지나 식물적 생명체에 머물겠지만 도토리는 엄연한 식물이면서도 대칭형 손 팽이란 동물적 운동기능을 하나 더 갖게 되기 때문이다.

이처럼 의미가 깊은 도토리 팽이임에도 만드는 방법은 워낙 쉽고 단순하다. 깊이 수 밀리미터 구멍 하나를 평평한 머리꼭지에 바르게 뚫어 이쑤시개 절반 자른 손잡이를 빡빡하게 하나 꼽아주는 것으로 그만이다. 접착제도 필요치 않다. 물론 꼭지 한복판 정확한 중심점 잡기에 다소 정성이 필요할지언정 아무려나 쉬운 건 사실이다.

도토리 팽이가 제 발로 일어서기 위해선 최소한 두 가지 조건이 필요하다. 하나는 자체 중력을 충분히 이길 정도의 회전 원심력이고, 둘째는 바로 마찰력이다. 여기서 마찰력은 회전 마찰력이 아니다. 팽이 회전에 있어서 회전 마찰력은 없거나 작을수록 유리한 것이지만, 중력 축으로부터 옆으로 미끄러져 벗어나지 못하게 하려는 지지 마찰력은 오히려 필수적으로 필요한 요소이다. 표면이 매끄러운 유리판 위에선 팽이가 제 능력으로 바로설 수 없음이 이를 증명한다. 이 지지 마찰력이야말로 운명 방정식의 분모로서 가장 절대적이고도 주된 기반요소가 된다.

도토리 팽이 손잡이를 기준으로 세로 중심이 무게중심이라면 가로 중심은 구조적 중심이 되며 교점에 가상의 중심 하나가 만들어진다. 가상의 중심이

지만 그곳이 바로 자전의 중점이 된다.

　가로 세로 두 중심선이 서로 직각으로 교차하면 어느 쪽이건 안정점이 쉬이 찾아지나, 90도 각도로 직교하지 않고 오차가 있으면 팽이의 제 소임을 잃어버리고 만다. 수평 회전력의 분포가 일정치 않음에 오차만큼이 불필요한 편심으로 변하고 그만큼의 무게를 밖으로 떼어내 덜어버리려는 파괴력으로 돌변한다. 마치 지구가 유동성이 있을 때 달이 지구에서 떨어져 나간 것처럼 말이다. 지구가 편심만큼 무게를 덜어냄으로서 자전의 안정감을 찾았고, 달을 지구에서 지금 거리만큼 던져내는 힘이 됐으며, 달의 지구 공전 자전주기와 지구의 자전주기가 똑같은 이유이자, 지구상에선 달님의 전면 54%만 바라볼 수 있을 뿐, 나머지 이면은 영원히 바라볼 수 없는 연유가 됨이다.

　알려진 바대로 바닷물 조석간만의 차이는 달님의 인력에 의해서 발생한다. 인력이라면 태양의 그것이 가장 크다 하겠으나 지구에서 약 420배나 워낙 멀리 떨어져 있어 힘은 거리의 제곱에 반비례한다는 물리학 법칙에 따라 훨씬 가까운 달님의 영향력을 주로 받게 된다. 이에 의거 달의 인력과 반대편의 지구는 가장 커다란 썰물이 들어야 하나 오히려 밀물이 들게 되는 이유는 바로 지구의 세차 운동에 있다. 세차 운동이란 지구가 남북 중심축을 기준으로 정확하게 축 회전을 하는 게 아니라 약간은 털면서 즉 몸을 사방으로 흔들면서 회전한다는 뜻이다. 달과 지구의 보이지 않는 중력의 끈으로 말미암아 지구 자전축도 달 쪽으로 약간 쏠려있기에 달 인력의 반대편으로 관성이 생겨 당연한 썰물이 아닌 의외의 밀물이 들게 되는 것이다. 곁에서 보면 지구는 달이란 이름의 혹이 하나 붙어있어 회전중심이 약간 편심된 팽이인 것이다.

　덜어낼 수 있어서 두 중심이 직교점에 가까워지면 물체는 순행 운동력을 얻어 생명을 유지해 가지만, 그렇지 못할 경우엔 평형을 잃게 되고 자체 한계를 넘는 회전력에 의해 급속한 붕괴로 이어진다. 일단 붕괴과정에 접어들면 이를 바로잡을 시간도 방법도 없음이니 자기능력 즉 분수를 이미 넘었단 뜻이다.

달도 지구에서 떨어져 나갈 당시의 상태가 묽은 반죽 겔 상태여서 가능했겠지, 좀 더 굳어진 상태였다면 궤도 고정은 물론 지구 자체가 산산조각이나 아득한 혜성을 양산하거나 또 한 무리 소혹성 군으로 전락했을 것이다. 도토리 팽이도 터무니없는 곳에 힘점인 손잡이를 꼽아 세게 돌리면 이내 사방 어느 쪽인가 함부로 튀어 달아나기 마련이다.

무게중심은 멈춰있을 때 자체 질량으로써 팽이를 지배하고 '정' 구조적 중심은 회전을 해야만 팽이에 원심력 '동' 으로 발생한다.
운명의 요소 중에도 정은 선대에 의해 유전적으로 이미 쥐진 것으로써 '생물체 최대한의 이론적 수명' 을 뜻하며, 동의 요소는 개별적 활동특성을 뜻한다.

중심의 중심 즉 한복판은 정과 동이 함께 작동을 해야 만들어지고 그의 만들어지는 안정감에 의해 자체 수명의 질이 결정된다. 바싹 마른 도토리 팽이가 비록 무생물일지라도 움직임으로서 생물적 수명이란 속성을 갖게 된단 말이다. 우주 안에 존재하고 움직이는 모든 물체는 이와 같으며 이를 운동성 수명 즉 운명이라고 하자.

모든 물질이 가지고 있는 물리적 운명은 (정심 곱하기 동심의 제곱)나누기(지지 마찰력 즉 제어력)에 의거한다. 여기에 분모에 속하는 마찰력은 이제껏 알려진 네 가지 힘 즉 중력, 인력, 약력, 전자기력 등에 의해 주어진다. 이처럼 한 가지 힘은 운동성 에너지가 되어주기도 하지만 다른 한쪽은 마찰 억지력이 되기도 한다. 마찰력이 없음 즉 분모가 0일 경우 전체가 관념상으로나 가능한 실체 불성립으로 사라져 버리며, 너무 커도 활동성 운명 즉 전체수명의 상대 수치가 작아져 너무 무기력하고 단명한 존재가 된다. 따라서 수학적 의미인 분수는 철학적 의미인 자기분수와 상통하며 (정심 곱하기 동심의 제곱)인 분자는 생체활성 에너지로 화력의 성격을 갖는다.

실존이므로 수치의 결론은 언제나 허수가 없는 가분수의 형태 즉 1이상이 된다. 분모가 존재하는 한 전체가 실수가 되어주기도 하지만 동시에 제한적 운명을 피할 수가 없다. 특히 분모인 마찰력은 적절한 크기보다 기실 불가변의 안정성이 더 중요하다.

여기에 부가되는 중요한 상수(K)도 있으며, 지각 능력의 정도와 행위적 수단의 발달 정도에 따라 상수의 크기는 얼마든지 크게 달라질 수 있어서 이를 운명의 연금술이라 한다. 연금술답게 역시 자연과학이 주도한다.

상수(K)를 제외하면 운명이란 지극히 단편적이고 개별적인 요소이다. 이제의 운명을 팔자라 바꿔도 상관없다. 이처럼 운명이란 물질 나아가 생명체에 주어진 기본적인 본능이자 과거형일 뿐 미래 결정형이 될 순 없다. 자유의지를 바탕으로 얼마든지 변화 발전이 가능한 상수(K)가 뒤에 있기 때문이며, 이에 마이너스 즉 부논리도 실상에서 충분히 발생한다. 부논리는 결국 미끄러짐을 뜻하며 관성적 수명 즉 사고 질병 등 모든 상실의 발발변수가 된다. 그렇기에 대부분의 생명체들이 기왕에 주어진 제 운명 또는 수명의 수치를 고스란히 누리고 순탄하게 회전을 멈추는 경우도 그리 흔치 않은 일이다.

모든 물질적 운명의 품질은 자체 무게중심과 운동 중심의 두 축이 얼마나 물성의 이치에 순행함으로 직교 중심 오차가 적으냐에 따라서 결정되며, 타동적 운명을 무생물 자동적 운명을 생물이라 한다.

운명 중엔 인간처럼 지능이 높은 존재에게나 속하는 영적인 운명도 있으니 기본공식은 물리적 운명방정식과 같다. 단 영적인 경우엔 운명방정식이라 하지 않고 가치방정식이라 한다. 적용 요소별 성격도 당연히 달라진다. 즉 정심은 이미 주어진 물리적 운명방정식의 답이 되고 동심은 개체별 심리만족도가 되며, 분모인 지지 마찰력 억제력이야말로 욕망이 된다. 이 경우의 분자를 곧 행복지수라 할 것이며 여기에 상수(K)는 누적 신용도가 된다. 이때의 상수야말로 가치 연금술이라 하며 우선 자율적 행동양식 다음으로 윤리 도덕 철학 등 인문과학의 영향을 약간 받는다.

상수(K)가 제외된 영의 공식을 단순히 개체공식이라 하며 상수가 포함된 행동공식을 비로소 가치방정식이라 한다. 이러한 요소에 의해 한 개체의 효용성 점수가 매겨지고, 혹자는 어른과 영웅으로 혹자는 기생충의 대접을 받게 되는 것이다. 이처럼 상수의 유무와 크기 즉 신용도에 의해 단순한 존재성인지 크게 존중받을 행동가치인지가 구분된다.

결국 상수(K)가 없는 한 거지와 부자, 어른과 기생충의 존재가치는 똑같다. 외부에 영향력이 전혀 미칠일 없는 불활성이기에 그렇다. 하지만 기생충이라면 제 본색을 언제까지 얌전히 감춰두고 있을 수 없으며, 어른이라면 그의 향기는 일부러 감추려 해도 오히려 어려운 법, 가만히 내버려두면 어른은 숙성에 의해 위대한 성인으로 성장할 수 있어도, 기생충에겐 매시 매사가 죽고 사는 문제이고 속물답게 사소한 일에도 곧잘 목숨을 건다.

두 가지 방정식 위에 활성의 탑을 쌓아가게 되는 미래 특권이 생물 나아가 동물 특히 인지기능이 뛰어난 인간에겐 주어져 있으니, 여기서의 인지기능이란 자의적 선택능력인 권능을 의미한다. 이처럼 단순한 존재가 됐든 위대한 존체가 됐든 심신을 구성하는 운명방정식과 가치방정식은 지구상의 아름다운 가을을 경종하는 무수 도토리들의 생명론의 모체, 존재론의 뗄 수 없는 기반이 된다.

　올핸 수중에 남은 도토리로 팽이를 한 백 개쯤 만들고 싶다. 생각이 깊고 열린 젊은이들에겐 잘 도는 팽이를 주고, 가슴이 도탑고 포근한 이들에겐 크고 잘생긴 팽이를 들려주고 싶다. 잠시 형상비교에 의한 혼곤(昏困)의 시간이 지나면 종국엔 모두가 만족할 것이기에…….

단순한 존재가 됐든, 위대한 존체가 됐든,
심신을 구성하는 운명방정식과 가치방정식은
지구상의 아름다운 가을을 경종하는
무수 도토리들의 생명론의 모체,
존재론의 뗄 수 없는 기반이 된다.

차 한 잔 한숨 한 스푼, 술 한 잔 눈물 한 스푼

 의외로 사람에겐 옛 추억을 골라서 생각하는 능력이 없다. 불수의(不隨意) 능력이라선지 자신의 의지이면서도 자신의 맘대로 다룰 수가 없다. 그러기에 어떤 특별히 지정된 정보 또는 지식을 딱히 골라 뽑아 되새긴단 의미와는 분명 다르다.
 잊지 않으려 애쓰는 추억과 잊어버리려 애쓰는 추억이 간단히 구분되지도 않는다. 오히려 잊으려 애를 쓰면 쓸수록 가슴에 각인되는 깊이는 거꾸로 더 깊어진다. 잊지 않으려 애쓰는 의지는 기억의 창고에 수납되기가 쉽고 무의지한 감성적 느낌이라야 추억의 골방에 남겨진다. 하매 추억이란 말이 붙으면 그건 이미 절반은 자신의 의지를 벗어난 자신의 옛일일 따름이다.

 추억은 바다와도 같은 것 날씨에 따라서 잔잔히 흐르는 것도 있고 격랑을 이루며 구비치는 것도 있다. 좋은 날씨의 추억은 햇살을 닮아 맑고 투명하지만 흐린 날씨의 추억은 역시 회색이며 무겁다. 가장 괴롭고 어려운 추억은 거친 격랑에 휩쓸리듯 사나운 추억이 아니다. 끝도 모르는 바다 안개 속을 헤매는 것처럼 방향을, 갈피를 잡지 못하는 오리무중인 것이다.

 검은 차 한 잔 앞에 놓고 떠올리는 추억은 맑고 투명하지만, 맑은 술 한 잔

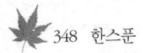

앞에 놓고 떠올리는 추억은 매번 진회색 투성이다.

오래된 어릴 적 추억은 돌아보매 슬며시 미소를 보이지만, 근래 만들어진 추억은 눈물 한 방울 '찍' 묻어나는 게 많다. 아직 설익은 탓이리라.

날 살찌게 하는 추억도 있고 마르게 하는 추억도 있다.

이미 청춘을 한참 넘어선 난 추억의 깊이를 헤아릴 정도는 된다.

미욱한 재주로 인해 원고지에 힘들게 풀어 놓는 글도 추억과 기억을 밑바탕으로 삼을 수밖에 없다.

추억도 시간이 지남에 따라 과일처럼 익는다. 익고 또 익다가 삭는다.

사람이 한평생 살아가는 동안 꽤 많은 인연들과 만나게 된다. 만남은 만남으로 완성되는 게 아니다. 아프게도 매번 이별을 통해 완성되기 마련이고, 이제가 마지막이길 늘 소원한다.

추억 중에 가장 질긴 게 있다면 바로 인연과의 이별이다. 깊이 사랑을 나누던 연인도 있고 오랜 우정을 나누던 친구도 있다. 호칭이 이별인 만큼 예후가 즐겁고 유쾌할 순 없다.

차일피일 맘으로만 안타깝던 오랜 옛 친구의 부음을 전해 들었을 때 벼락을 맞은 듯 사고는 의지를 꺾는다. 의지가 갈피를 잡지 못하고 방황 속을 헤매고 있는 사이 친구는 기억의 창고에서 추억의 방으로 모든 인식이 하나씩 넘겨진다.

인연과의 이별이라 해서 기억이 모두 추억의 방으로 옮겨지는 것도 아니다. 부모 자식 등 필연적 인연 간에 이별은 고통의 정도를 가늠하기 어려울 정도라선지 인연이 언제까지나 기억의 창고에 남아있는 채 추억 방으로 넘어가질 못한다. 기억의 장에 남아있는 한 아무리 시간이 흘러도 숙성되거나 익어가지 못한다. 늘 설익은 모습, 고통스런 기억으로 계속 남아있을 뿐이다. 기억의 창고는 머리에 있고 추억의 방은 가슴속에 있기 때문이며, 가슴이 이별을 인정하지 못해 들이길 거부하기 때문이며, 하도 공고하게 뭉친 응어리라 모가지 울대를 고비를 차마 타고 넘지 못하기 때문이다.

머릿속 기억은 색이 바라면 바랬지 숙성되는 경우란 없다. 망각이랄 순 있어도 기억이 승화된단 표현도 우린 하지 않는다. 숙성되고 승화되고 종내 곰삭는 건 오직 가슴속 추억일 뿐이다.

사랑이야말로 분명히 인연이다. 사랑이 제아무리 짙다 하더라도 분명히 선택적 인연이고 언젠가 필연적인 헤어짐을 전제로 한 지극히 단편 일시적인 인연이란 말은 사실이다. 사람이 누구와 사랑을 나누는 기간엔 과거를 생각하지 않는다. 오로지 현실적 달콤함에 젖어들고 내일로 미래로 줄곧 지향할 뿐이다. 발은 땅을 딛고 있을지라도 상상의 날개는 자꾸 위로만 향한다. 세상 모든 말들이 찬양 일변도이고 세상 모든 얼굴들은 하나같이 웃고만 있다. 만날 생각만 해도 즐겁고 만나면 즐거움이 배가된다.

사랑이란 감정은 처음엔 가슴에서부터 시작된다.
머리로 시발하는 사랑은 사랑이 아니다 라고 해도 크게 틀리지 않는다.
사랑이 사랑으로 끝나면 계속 가슴에 남아 숙성되지만 사랑이 깨어지거나 배반을 당하게 되면 의지는 거꾸로 머리로 향한다. 질투심, 분노 등은 모두가 머리에서 이루어지는 자의식이다. 그래서 사랑을 모르고 또 모를 일이라 하는가 보다.

맺어질 수 없는 사랑은 인연 중에도 가장 고약한 인연된다. 천국과 지옥을 한 몸에 품고 있는 아주 고약한 인연 말이다. 그대 생각에 가슴이 설레지만

막상 존재 자체로는 고통이다. 빤히 눈에 보이는 관계의 한계성은 뛰어넘기 힘든 절벽이 되어 어깨를 짓누른다. 고약하단 표현이 틀리지 않은 이유는 이러한 의식이 머리 또는 가슴 어느 한곳에 안정되이 머물러 자리 잡지 못하기 때문이다. 정신이 갈팡질팡하는데 몸이 자유로울 리 없다.

사람이 어느 한 가지 입장에만 빠진다면 심하게 허우적거릴지라도 자살까지 생각하는 경우는 드물다. 의식이 머리와 가슴을 함부로 넘나들게 될 때 보통 사람은 견디기 힘든 고통과 혼란에 빠지게 된다. 혼란이 착란이란 한계에 다다르는 경우 사람은 비로소 자살적 충동을 받는다. 실제 우린 가끔씩 이런 순애보를 전해 듣기도 하니까, 긴 시간을 두고 동서양의 문학 음악 미술 등 무수한 예술 작품들이 이런 상황을 묘사하고 있는 걸 보면 가볍되 사소하지 않은 그의 의미를 충분히 납득할 수 있다.

커피 한잔을 앞에 놓고 젖어드는 추억은 커피색처럼 진하다. 색만 진하지 한숨 한 스푼에 온기는 어느새 차갑게 식어버린다. 무심한 사람들이 미처 의식하지 않아서 그렇지 단맛은 식은 커피가 더 달다. 시간도 우려 넣고 한숨도 우려 넣고 빈 눈길로 오래 휘저었으니 마냥 우러난 커피가 더 단 건 당연하다.

맘껏 주고 싶은 게 사랑이면서도 죽기 전에 진정한 사랑을 꼭 한번쯤 받아보고 싶다. 언제나 한결같기를 갈망하면서도 늘 변하는 게 또한 사랑인 듯, 사랑은 자 의지를 피해 제멋대로 흘러가기 일쑤다. 처음엔 잘 모르지만 조금만 시간이 지나면 내가 희망하고 간구하는 대로 흐르지 않기 일쑤다. 역시 피치 못할 상대성이기 때문일까?

감정이 사랑의 포로가 되어 의지를 앞서갈 때 우린 드디어 사랑의 지배를 받기 시작한다. 거의 모든 사랑이란 거기서 환희의 절정을 알게 만나고 동시에 모르게 고비도 시작된다. 결국 '황홀한 오해'가 사랑의 보편성이라니 꿈같이 달고 짧은 황홀함이 지난 뒤 갈데없이 남겨진 오해의 쓴맛은 고스란히 현실이 되고 만다. 달콤한 커피 속맛이 사실은 쓰데 쓴맛인 것처럼, 사랑의 달콤함은 알아도 그 번뇌는 모르는 자, 그들을 우린 철부지라 한다.

마저 비우지 않으면 안 될, 끝장까지 바닥이 보이지 않는, 한 모금 남은, 칠흑같이 깊고 어둡고 식은 커피 잔을 들여다본다.

사랑처럼 보이는데 사랑이 아닌 것도 많다.
뜨거울 때 사랑이 식어지면 미움 되기도 한다.
그토록 정형도 없는 사랑의 모양새에 우린 엄청난 집착을 한다. 사랑이란 역시 살아있는 생물에게나 허락되는 생명의식이니까.
사람을 크게 성장시키는 사랑이면서도 사람을 일거에 망가뜨리는 능력도 있다. 사람에게 가장 큰 행복을 선사하기도 하지만 가장 많은 눈물을 요구하기도 한다.
작년까지만 해도 난 다신 사랑을 구하지도 탓하지도 않겠단 굳은 속다짐을 했었다. 그걸 까맣게 잊어버리고 이렇게 다시 사랑타령을 뇌까리고 있다. 내가 한심하단 걸 나도 안다. 어쨌든 누구네 맘이 열려만 준다면 그래도 난 누군가를 사랑할 것이다. 아직은 살아있고 사랑은 산 자만의 특권이라니까.

비밀하나, 누군 가슴앓이를 아예 품고 산다. 제대로 고약한 계절과 만나면 병이 도져 죽음 직전에까지 이른 적도 있다. 그걸 핑계 삼아 다 비워진 찻잔에 이번엔 술 한 잔을 가득 채운다. 지옥같이 짙고 검었던 속내가 천국처럼

말갛게 찰랑거린다. 무심코 들여다본 표면에 어떤 사내 하나가 어른거린다. 멈추면 그만 퐁당 빠져 버릴 것 같은지 잘디잘게 흔들린다.

사내에겐 언제까지나 풀리지 않는 의문 하나가 있다. 선한 의지만 가득한 세계에도 왜 어두운 그늘은 줄어들지 않는가, 라는 거.
말하기 좋게 동전에도 양면이 있고 양지에도 음지가 있다고 한다.
그림자처럼 이유 없는 고난도 분명 존재하는 게 세상이라고 한다.
무던하단 표현은 세상사의 무책임, 부조화를 인정하는 것처럼 들려 한사코 거부한다. 원칙과 질서만 지키면 아무런 찌그러짐이 없어야 하는데 세상사 흐름이 반드시 그렇진 않단 사실을 깨닫게 되고, 이런 맘속 갈등에서 헤어나지 못할 때 사낸 일상을 탈출하고자 위험한 시도를 감행할 수밖에 없었단다.
안타깝게도 많은 경우 이런 시도는 성공하지 못한다. 용케 탈출한 곳도 역시 세상의 한 귀퉁이였고 모양만 달리한 부조화가 똑같은 크기로 감춰져있었기 때문이다. 사내도 마찬가지, 어느 곳이든 온전히 대피할 수 있는 장소가 이 세상엔 없음을 깨닫게 되고 그저 말없이 참고 견뎌야 하는 사내의 고통을 아는 사람은 안다. 고통이 오래되면 병 된다는 사실까지도 겪어본 그는 안다.

수많은 허구와 무지에 둘러 쌓여있어도 참을 수 있었다.
의지와 희망을 유보 당하는 것도 참을 수 있었다.
자존심 양보도 의무란 이름 아래에선 얼마든지 참아낼 수 있었다. 다만 간신히 하나 남은 사고의 자유마저 다른 이의 경박함에 의해 탈취당하는 마지막 비인간적인 모습은 도저히 참아낼 수가 없었을 것이다. 그마저 참아서 미래가 보전된다면 또 모를 일이었으나, 시간이 지날수록 상흔의 크기는 종류와 함께 더욱 늘어날 뿐이었다니까.

파격, 그랬었다. 기득한 제 삶의 격을 깨뜨리는 방법이 그나마 외부의 피해를 줄일 수 있었고 사내도 살 수 있는 유일한 길, 관건이었다. 무작정의 인내와 양보도 길은 아니었고 세상을 탈출해 봐도 소용이 없었단 엄연함 앞에서 결국 사낸 격을 깨뜨림으로서 스스로를 구할 수밖에 다른 도리가 없었단다. 격을 깨고 보니 모든 기득이 세간의 허구.
즐거움과 쾌락이 삶의 궁극적 목표일 수도 없었다. 유희란 수고의 대가로 주어지는 일시 허여된 소모성 축복일 뿐, 자체로선 누굴 살찌게 하는 요소는 못되는 것, 이유 없는 일방적 즐거움이란 탐닉과 같아서 고마움의 한계선을 모를 뿐, 심상의 샘터에 정화된 요긴함이 고일 틈을 자꾸 앗아가 버리기 마련이었다. 진정한 행복이란 큰 수고 뒤에 주어지는 보답의 일부로서 아무리 작아도 크며, 이조차 감하고 미룰 수 있다면 이는 가장 크다.

만일에 대비해 어떠한 즐거움이라도 가능한 짧게 끝내는 아픈 버릇이 사내에겐 생겼다. 어차피 예비 되어 있는 불행이고 겪어야 할 고통이라면 가슴이 비어 있는 상태에서 찾아오는 건 얼마든지 참아낼 만큼 연습도 준비도 되어있으나, 즐거움에 들떠 한껏 상기된 상태에서 갑자기 찾아오는 불행은 견디기 힘들 정도로 잔인한 일일 테니까.

맑았던 잔도 비워졌다.
사내도 사라졌다.

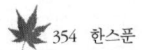

차 한 잔 한숨 한 스푼, 술 한 잔 눈물 한 스푼
한스푼

초판 1쇄 발행일 2012년 6월 20일

지은이 고충녕
펴낸이 박영희
편집 이은혜·김미선·정민혜·신지항
인쇄·제본 AP프린팅
펴낸곳 도서출판 어문학사
　　　　서울특별시 도봉구 쌍문동 523-21 나너울 카운티 1층
　　　　대표전화: 02-998-0094/편집부1: 02-998-2267, 편집부2: 02-998-2269
　　　　홈페이지: www.amhbook.com
　　　　트위터: @with_amhbook
　　　　블로그: 네이버 http://blog.naver.com/amhbook
　　　　　　　 다음 http://blog.daum.net/amhbook
　　　　e-mail: am@amhbook.com
　　　　등록: 2004년 4월 6일 제7-276호

ISBN 978-89-6184-267-9 03810
정가 13,000원

이 도서의 국립중앙도서관 출판시도서목록(CIP)은 e-CIP홈페이지(http://www.nl.go.kr/ecip)와
국가자료공동목록시스템(http://www.nl.go.kr/kolisnet)에서 이용하실 수 있습니다.
(CIP제어번호: CIP2012002447)

※잘못 만들어진 책은 교환해 드립니다.